Schneider/NIEDERLÄNDISCHE WATTINSELN

Die Autorin
Claudia Schneider ist als freie Journalistin mehrere Monate im Jahr auf Reisen. Sie schreibt Reportagen für Reisemagazine und Zeitschriften in der Schweiz und in Deutschland. Sie lebt zeitweise in Zürich und in Amsterdam, wo die Watteninseln quasi vor der Haustüre liegen.

Herzlichen Dank an: Marlys und Peter; Marian; Annette, Kannath, Rob und Alice; Henk und Yvonne; Wiebe; Wyb Jan, Marlon, Jacob Huisman und Juke Visser; Rapallo; Siggi und Francis; Klaus und Peter; die lokalen VVV-Büros.

Claudia Schneider

NIEDERLÄNDISCHE WATTINSELN

TEXEL
TERSCHELLING
VLIELAND
AMELAND
SCHIERMONNIKOOG

selbst entdecken

Regenbogen Reiseführer Verlag

Autor und Redaktion dieses Reiseführers haben alle veröffentlichten Angaben nach bestem Wissen erstellt. Obwohl die Redaktion die Fakten mit größtmöglicher Sorgfalt überprüft hat, sind inhaltliche Fehler nicht vollständig auszuschließen. Daher besteht auf die Angaben keinerlei Garantie seitens des Verlages oder des Autors – für alle Angaben übernehmen weder der Verlag oder der Autor Gewähr.

Dieser Umstand gilt besonders auch für die Preise; denn auch nach dem Recherchieren vor Ort dauert es einige Zeit, bis ein Reiseführer produziert ist und erscheinen kann. Hinzu kommt die schwer berechenbare Inflation.

Wenn man aber auf die in diesem Buch angegebenen Preise einen Erfahrungswert schlägt, kommt man auch in den folgenden Jahren noch auf das dann herrschende Preisniveau.

CIP-Kurztitelaufnahme der Deutschen Bibliothek
Schneider, Claudia
Niederländische Wattinseln
Texel, Terschelling, Ameland, Vlieland, Schiermonnikoog
selbst entdecken/Claudia Schneider
Zürich, Regenbogen Verlag 1993
ISBN 3-85862-079-3
NE:GT

Alle Rechte vorbehalten
© 1993 by Regenbogen Verlag, Zürich

Reihenkonzept: Klaus Stromer
Reihengestaltung: Peter Zimmermann
Lektorat: Alexander Geh
Fotos: Claudia Schneider
Gesamtherstellung: Poppe & Neumann, Konstanz

Inhalt

Naturerlebnis Waddeneilanden 7

Anreise 11
Bus und Bahn 11
Auto 11
Flugzeug 12
Schiffsverkehr 12

Inselverkehr 14

Praktische Hinweise 15
Auskünfte 15
Klima/Reisezeit 15
Gesundheit 16
Gepäck 16
Telefon 17
Geld 17

Auf den Inseln 18
Unterkunft 18
Verpflegung 20
Unterhaltung 21
Sport/Aktivitäten 21
Sehenswertes 21

Gastgeber und Gäste 27
Kleines Wörterbuch 30

Die Inseln und ihre Bewohner ... 30
Aus Wasser wird Land 32
Im Rhythmus der Gezeiten 34
Unentschlossenes Wattenmeer 34
Salz als Lebenselexier 35
Wenn Dünen seßhaft werden 36
Der See abgerungenes Land 37
Zartes Laub im jungen Wald 38
Der Anfang einer Zeitbombe 39
Der Kreislauf schließt sich 40
Seehunde im Spiegel der Zeit 41
Goldenes Zeitalter des Walwahns 42
Aus der Vogelperspektive 45
Kaninchen und andere Immigranten 47
Naturschutz und Umweltverschmutzung 48
Geprägt durch Geben und Nehmen 49
Vom Strandjutter zum Retter 51

Ausgangspunkte auf dem Festland 54
Den Helder 54
Leeuwarden 56
Groningen 59
Harlingen 60
Holwerd 62
Lauwersoog/Dokkum 63

Texel 64
Orientierung 70
An- und Rückreise 70
Inselverkehr 71
Praktische Hinweise 71
Inselkalender 71
Kulturelles 73
Sport und Spiel 73
Ausflüge 80
Den Burg 81
De Koog 86
Den Hoorn 91
Oudeschild 95
De Waal 97
Oosterend 98
De Cocksdorp 100
Naturschutzgebiete 103

Vlieland 106
Orientierung 112
An- und Rückreise 112
Inselverkehr 113
Praktische Hinweise 113
Inselkalender 114
Kulturelles 114

6 Inhaltsverzeichnis

Sport und Spiel 115
Ausflüge 116
Fahrradtour 117
Oost-Vlieland 118
Naturschutzgebiete 123

Terschelling 125
Orientierung 130
An- und Rückreise 131
Inselverkehr 132
Praktische Hinweise 132
Inselkalender 132
Kulturelles 135
Sport und Spiel 135
Ausflüge 137
Fahrradtour 138
West-Terschelling 139
Midsland 145
Formerum 148
Hoorn 151
Oosterend 153
Naturschutzgebiete 155

Ameland 156
Orientierung 163
An- und Rückreise 163
Inselverkehr 164
Praktische Hinweise 164
Inselkalender 165
Kulturelles 165
Sport und Spiel 166
Ausflüge 168
Fahrradtour 169
Nes 171
Buren 176
Ballum 178
Hollum 180
Naturschutzgebiete 184

Schiermonnikoog 186
Orientierung 190
An- und Rückreise 190
Inselverkehr 190
Praktische Hinweise 192
Inselkalender 192
Kulturelles 193
Sport und Spiel 193
Ausflüge 194
Fahrradtour 194
Schiermonnikoog Dorf 196
Naturschutzgebiete 201

Register 203

Naturerlebnis Waddeneilanden

Kaninchen hoppeln über den Radweg, und bunt schimmernde Fasane verstecken sich wie aufgeschreckte Hühner im Dickicht der Dünen. Eine Eule dreht ihre Runden in der Abenddämmerung, während ein Schwarm Möwen wie eine weiße Wolke über das weite Land zieht. Ein Austernfischer hackt mit seinem roten Schnabel auf einer Muschel herum, als gäbe es nichts Wichtigeres im Leben. Blökend schaut eine Herde Schafe ziemlich dumm den vergnügten Urlaubern auf ihren Stahlpferden nach. Oder dann fluchen und schimpfen die Radfahrer so laut sie nur können gegen den Wind, der sie trotz Strampeln kaum vom Fleck kommen läßt – und niemand stört sich daran.

Die holländischen Watteninseln bieten ein Naturerlebnis, wie es dieser Tage Seltenheitswert hat. Die unberührte Landschaft entzückt die Urlauber immer wieder aufs Neue. Am breiten, feinen Sandstrand zerzaust der stets wehende Westwind das Haar und scheint alle belastenden Gedanken aus dem Gehirn der Besucher zu pusten, während der tief liegende Himmel stetig neue Luftschlösser baut.

Das Streiflicht der Sonne taucht die urtümlichen Gefilde des Quellers in mystisches Licht, als wäre die Zeit irgendwann vor Tausenden von Jahren stehengeblieben. Dann plötzlich zieht mitten im Sommer Seenebel auf, der die endlose Weite des Wattenmeeres beängstigend einhüllt, um sie am nächsten Morgen wieder in strahlendem Licht glänzen zu lassen.

Unaufhaltsam ist der Wechsel von Meer zu Land und zurück zu Meer, der Rhythmus des Lebens, das kommt und geht. In stetem Wandel sind aber auch die Inseln an sich. Keine, die auch nur über ein Jahr ihre Form beibehalten würde. Ständig tragen Wind und Wasser da etwas ab, um es dort wieder anzuhäufen. Dauernd wechselt auch der Duft der Luft, von der Frische der Nordsee über den intensiven Moosgeruch der lauschigen Wälder zum eigentümlichen Aroma des Watts, während in den niedlichen Dörfern mit ihrem harmlos unschuldigen Charakter der Geruch nach Fritiertem unverkennbar klarmacht, daß man sich in Holland befindet.

Eine leichte Biederkeit hängt hinter den niedrigen Fenstern an den geblümten Gardinen, und die Menschen scheinen alles daran zu legen, dieses Gefühl der Idylle zu bewahren. Doch es ist keine Illusion, in der sie sich wiegen. Der Überlebenskampf hat in Hunderten von Jahren den Charakter der Insulaner zu stark geprägt und läßt sie mit beiden Füßen auf ihrem kleinen Stückchen Erde stehen. Zuverlässigkeit verleiht ihrem Charme eine gewisse Trockenheit.

»Watteninsel ist gleich Watteninsel« mögen Sie vielleicht denken. Doch da täuschen Sie sich massiv. Jede der fünf bewohnten Inseln hat ihre Eigenarten, ihre Vorzüge und Nachteile. Die meisten Urlauber bleiben ihrer Entdeckung über Jahrzehnte treu und kehren Sommer für Sommer an ihren Stammplatz zurück. Aber in diesem speziellen Fall kann man nur Untreue empfehlen.

Lassen Sie sich doch einmal von einer Nachbarinsel überraschen, oder wagen Sie wenigstens im Rahmen eines Tagesausfluges einen Seitensprung.

TEXEL, die südlichste Insel, erhält am meisten Besucher, ist aber am wenigsten von ihnen abhängig. Sie gehört auch als einzige nicht zur Provinz Friesland, sondern zu Nordholland. Kein anderes Eiland bietet so zahlreiche Unterhaltungsmöglichkeiten von Sport bis zu Kabarett. Aber auch keine andere Insel hat ihren ursprünglichen Charakter so stark verloren. Ausgeprägte Naturfreunde sollten sich an eine andere Insel halten.

Das benachbarte VLIELAND ist so klein, daß jeglicher Streß, noch dies oder jenes zu sehen, entfällt. Die Tage zerschmelzen beim Beobachten der Schmetterlinge; man träumt in den Tag hinein oder reitet auf dem Rücken eines Pferdes durch die Landschaft. Den Unterkünften und Restaurants ist ein gediegenes Flair nicht abzusprechen. Doch wer Allergien gegen militärische Anlagen entwickelt, sollte eine Insel weiterreisen.

TERSCHELLING ist das Reich der Jugendlichen. Ein heißer Sommer, endlich mal ohne Eltern, dafür umgarnt von Verehrern und Verehrerinnen – welcher Teenager träumt nicht davon? Einzigartig wirkt die Schönheit des Ostzipfels, der zum Europäischen Naturdenkmal auserkoren wurde. Einmalig ist auch das alljährliche *Oerol*-Festival, wenn die Natur als Kulisse für Kleinkunst dient.

Während man im Sommer direkt zwischen den drei bisher genannten Inseln verkehren kann, erfordern die beiden nördlichen Eilande eine Entscheidung.

AMELAND ist das Land der jungen Familien und Schüler, die am besonders gepflegten Badestrand die herrlichsten Sandburgen bauen. Sollten Sie mit Hühnerhaut auf Kindergeschrei reagieren, dann reisen sie jedoch besser zur nördlichsten und einsamsten Insel: SCHIERMONNIKOOG. Das Inselchen bietet weniger mondäne Anlagen und künstlich geschaffenes Vergnügen als alle anderen, dafür mehr unberührte Natur als die übrigen. Der Strand auf Schiermonnikoog ist der breiteste Europas.

Jede der Inseln ist abwechslungsreich genug, um den Besucher immer wieder Neues entdecken zu lassen. Doch die Attraktionen werden ihm selten auf die Nase gebunden. Wer Mühe hat, sich selbst zu beschäftigen, bucht besser Clubferien. Gerade die Ruhe und Unberührtheit locken anderseits in unseren gestreßten Zeiten ein immer breiteres Publikum an und lassen die Nebensaison zu einer attraktiven Reisezeit werden.

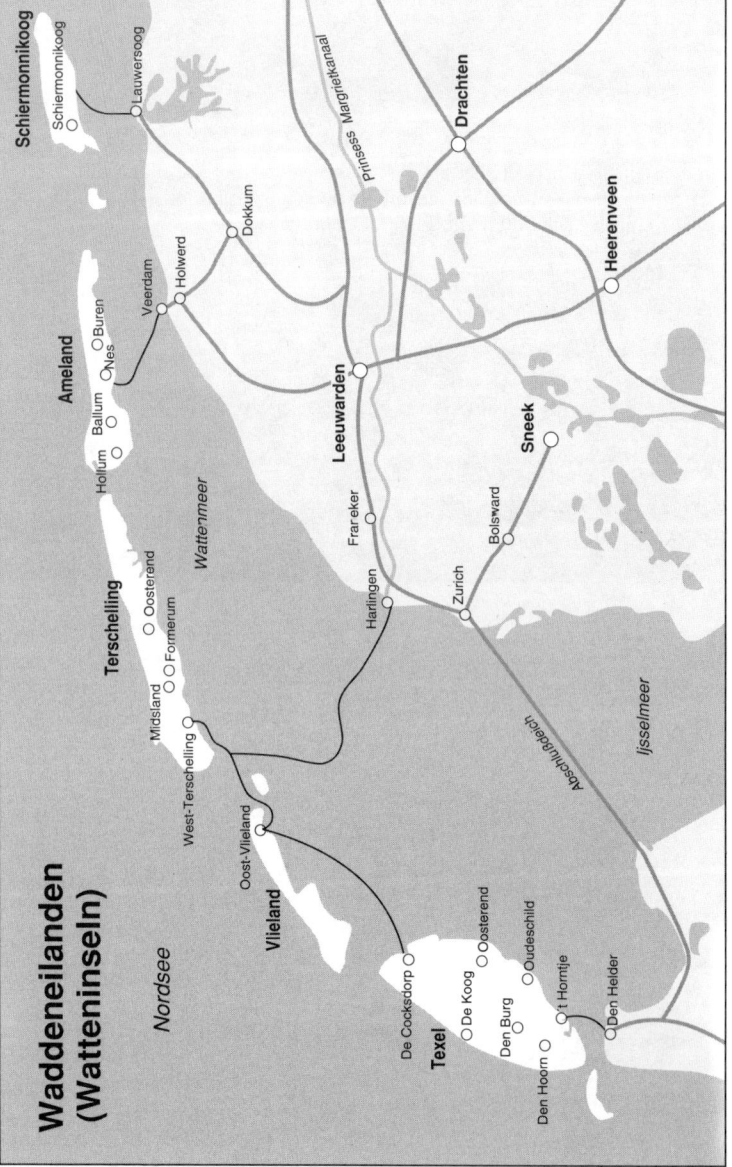

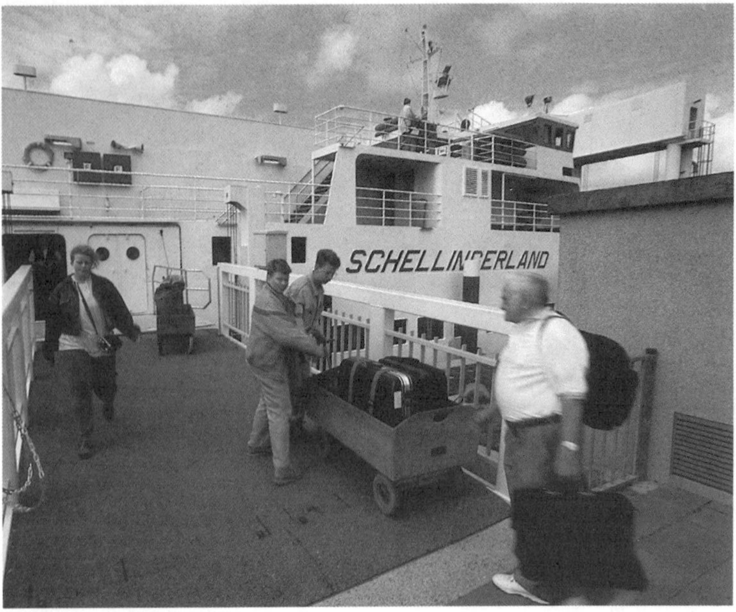
SCHELLIN ERLAND

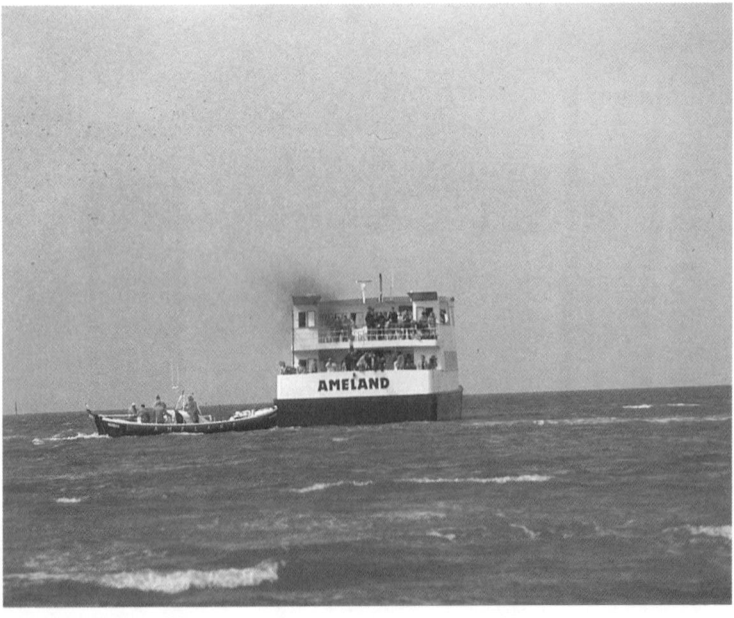
AMELAND

Anreise

Bus und Bahn

Abgesehen vom Bahnhof *Den Helder* für Texel, heißt die Umsteigestation für Bus und Bahn *Leeuwarden* oder *Groningen*. Von beiden Provinzhauptstädten bestehen regelmäßige Verbindungen zu den Fährhäfen in Harlingen, Holwerd und Lauwersoog. Sie sind auf die Abfahrtzeiten der Schiffe abgestimmt, und die Fahrgäste werden direkt vor der Tür zur Kasse abgesetzt. Einzig vom Bahnhof Harlingen sind es für Schwerbeladene ein paar lange hundert Meter bis zur Fährstation. Einzelheiten erfahren Sie im Kapitel »Ausgangspunkte auf dem Festland«.

Auf die Grundtarife der Bahn sind verschiedene Vergünstigungen und Sonderangebote, auch Tages-, Wochen- und Monatskarten erhältlich. Jugendliche unter 26 Jahren und Gruppen erhalten Preisermäßigungen. Im Bus zahlt man mit einer sogenannten *Strippenkaart*. Diese Karten sind, je nach Preis, in eine Anzahl Streifen aufgeteilt, die der Fahrer entsprechend der Distanz abstempelt. Die kürzeste Strecke besteht aus zwei Feldern und kostet um f 2.50. 15 Streifen kosten beispielsweise rund f 11. Die Fahrkarten sind landesweit gültig und an vielen Kiosken, bei den Fremdenverkehrsvereinen und bei den Busbetrieben erhältlich.

■ **Information Bahn:** Tel. 06-899 11 21.
■ **Information Bus:** Tel. 06-9292.

Auto

Wer mit Campingausrüstung, Surfbrett, Kindern, Hund und Meerschweinchen in Urlaub fährt, hat gute Gründe, sein vollgepacktes Auto mitzunehmen. Für die Überfahrt mit der Fähre nach Terschelling und Ameland muß allerdings Monate im voraus eine Reservierung gemacht werden. Einzig die Fähre nach Texel verfügt über eine Kapazität, die spontanes Mitfahren erlaubt. Die Adressen für eine Reservierung finden Sie in den entsprechenden Inselkapiteln, wobei die Kennummer Ihres PKW für das geplante Datum notiert wird. Auf den fast autofreien Inseln Vlieland und Schiermonnikoog dürfen nur Ortsansässige mit einem Fahrzeug herumkurven. Bei allen Ausgangsstationen auf dem Festland kann man seinen Wagen auf Parkplätzen nahe dem Fährhafen abstellen.

Vor allem deutsche Feriengäste, die gewohnt sind, auf den landeseigenen Autobahnen zu rasen, regen sich gräßlich auf, weil sie das Taschengeld für die Ferien öfters schon während der Anreise an die niederländische Polizei abtreten müssen. Während der Sommermonate wissen die holländischen Verkehrskontrolleure nämlich genau, daß sie auf den grundsätzlich gebührenfreien Schnellstraßen zahlreiche Verkehrssünder zur Kasse bitten können.

Einmal auf der Insel angekommen, steigen die meisten Badegäste glücklicherweise aufs Fahrrad um und lassen den Wagen bis zur Heimfahrt stehen. Wer auf das Autofahren nicht verzichten will, muß sich bewußt sein, daß Radfahrer, Fußgänger, Kaninchen und Igel auf den Inseln das Vorrecht haben.

◀ *Fähren nach Ameland und Terschelling*

Anreise

■ **Geschwindigkeitsbegrenzungen:** Stadt 50, Landstraße 80, Autobahn 120 km/Std.
■ **Pannenhilfe:** Tel. 06-0888; Tag und Nacht.
■ **Automobilclub ANWB,** Museumplein 5, Amsterdam, Tel. 020-673 08 44; Mo-Fr 9-16.45 Uhr, Sa bis 12 Uhr.

Flugzeug

Der gut ausgebaute internationale Flughafen *Schiphol* liegt 13 km südwestlich von Amsterdam und ist alle zehn bis zwanzig Minuten per Bahn mit dem Amsterdamer Stadtzentrum verbunden. Direkte Bahnverbindungen gibt es auch zur friesischen Provinzhauptstadt Leeuwarden, die Ausgangspunkt für vier der fünf Watteninseln ist. Zudem kann man direkt am Flughafen Autos mieten.

Es lohnt sich, nach Möglichkeit, ein Flugticket zum Superpex-Tarif zu kaufen. Voraussetzung für die rund 50 % Ermäßigung auf Linienflüge sind fix gebuchte Reisedaten und eine Samstagnacht zwischen Hin- und Rückreise. *Vorsicht:* Zum Teil müssen die Flüge mindestens sieben Tage im voraus gebucht sein.

Privatmaschinen können auf den beiden Inseln Texel und Ameland landen, wobei Texel einen internationalen Flughafen hat. Die Anreise nach Ameland bedingt wegen der Zollabfertigung eine Zwischenlandung auf dem Festland.
■ **Auskunft:** *Schiphol,* Linienflüge Tel. 020-601 09 66, Charterflüge Tel. 511 06 66.
■ **Flughafen Texel:** Tel. 02220-114 36 und 114 64.
■ **Flughafen Ameland:** Tel. 05191-440 30.

Schiffsverkehr

Zwischen den Reedereien und den örtlichen Fremdenverkehrsvereinen besteht ein besonderes Verhältnis, denn die Fähren bestimmen mit ihrer Transportkapazität zu einem wichtigen Teil die Besucherschar auf den Inseln. Natürlich sind die Reedereien daran interessiert, am Transport von Autos zu verdienen, während die Insulaner nicht gerade erpicht auf mehr Verkehr sind.

Abgesehen vom Fährhafen für Texel, stehen Gepäckwagen bereit, bevor man an Bord geht. Merken Sie sich die seitlich notierte Wagennummer – es erleichtert die Suche nach den Koffern bei der Ankunft. Auch Fahrräder werden transportiert, und an Bord kann man sich an den Selbstbedienungsbuffets verpflegen.

Die Überfahrt ist an sich schon ein Vergnügen. Nach Texel dauert sie zwanzig Minuten, nach Vlieland und Terschelling eineinhalb Stunden, nach Ameland und Schiermonnikoog eine Dreiviertelstunde. Die Preise sind entsprechend unterschiedlich von gut f 10 bis rund f 35 für Hin- und Rückfahrt. Einzelfahrkarten werden grundsätzlich nicht verkauft. Nach Vlieland und Terschelling ist auch ein Schnellboot im Einsatz. Ausgangspunkt auf dem Festland ist für Texel Den Helder; für Vlieland und Terschelling Harlingen; für Ameland Holwerd und für Schiermonnikoog Lauwersoog.

Eine direkte Schiffsverbindung besteht im Sommer zwischen Texel und Vlieland. Zwischen Vlieland und Terschelling verkehrt das ganze Jahr, mindestens einmal pro Woche, ein direktes Schnellboot. Zwischen den übrigen Inseln gibt es nur sehr unregelmäßige

Das Watt ist in Europa eines der wichtigsten Refugien für Seevögel und Zugvögel ▶

Anreise 13

Verbindungen in den Sommermonaten. Die Details zur Anreise finden sie in den entsprechenden Inselkapiteln.

Wer mit dem eigenen oder einem gemieteten Schiff anreist, kann im Jachthafen jeder Insel anlegen. Allerdings ist das Fahren auf dem Wattenmeer eine knifflige Angelegenheit. Die Fahrrinnen sind durch europaweit gültige, grüne, spitze Bojen für Steuerbord und stumpfe, rote Bojen für Backbord gekennzeichnet und durchnumeriert. Dennoch ist eine Seekarte, auf der Untiefen deutlich angegeben sind, eine Voraussetzung für die Anreise auf eigene Faust. Plötzlich aufkommender Seenebel und starke Strömungen stellen zusätzliche Anforderungen.

Eine abenteuerliche Möglichkeit, die Watteninseln kennenzulernen, bieten die Vermieter von historischen Segelschiffen. In Begleitung von professionellen Skippern können Einzelreisende und Gruppen bis zu vierzig Personen mehrtägige Rundfahrten bei folgenden Adressen buchen:

■ **Stichting Historische Zeilvaart,** Noorderhaven 34, Harlingen, Tel. 05178-132 42.
■ **Zeilvloot Harlingen,** Noorderhaven 17, Tel. 05178-171 01, Fax 142 86.
■ **Rederij Vooruit,** Geeuwkade 9, Ijlst, Tel. 05155-1485.

Inselverkehr

Bei Ankunft der Fähre stehen im Hafen der Inseln Busse und Taxis für den Transport zur Unterkunft bereit. Auf allen Inseln sind Taxis auch telefonisch bestellbar, und die Busse verkehren regelmäßig zwischen den Ortschaften und den größeren Feriensiedlungen.

Zum Teil kann man am Hafen gleich ein Fahrrad mieten. In jedem Dorf findet sich aber zumindest ein Händler, der unterschiedliche Modelle anbietet; vom einfachen Stahlroß ohne Gangschaltung für rund f 8 pro Tag über Tandems (um f 20) bis zu Mountainbikes (ca. f 15). Am besten lassen Sie sich die Sattelhöhe gleich beim Händler richtig einstellen; sie wird durch einen Schraubverschluß angepaßt. Wer nachts fährt, sollte auf jeden Fall das Licht überprüfen. Natürlich gibt es auch Kindersitze und Kinderfahrräder. Ganz super für Familien sind die Strand- oder Polderkarren, in denen die Jungmannschaft gemütlich Platz findet. Sogar Hunde schätzen diese Art von Transportmittel. Mofas und Motorräder gibt es auf Texel zu mieten.

Bei starkem Wind beneidet man einige ältere Insulaner, die an ihrem Fahrrad einen kleinen Motor eingebaut haben. Es lohnt sich, die Routen mit Rücksicht auf den meistens aus Westen wehenden Wind zu wählen und offenes Gelände gegen den Wind zu meiden. Eine gute Investition sind die paar Gulden für eine detaillierte Inselkarte, die jeweils beim lokalen Fremdenverkehrsverein erhältlich ist.

Ein weit umfassendes Netz von Radwegen, oft mit Schill (Muschelbruchstücken) fixiert, führt durch die unterschiedlichen Landschaftsformen zu den Dörfern und Sehenswürdigkeiten. Sogenannte *paddestoelen,* also pilzförmige, niedrige, weiße Wegweiser, zeigen auf ihren vier abgeschrägten Seiten Ortsangabe und Distanz in Kilometern an. Mit den Miteträdern ist es übrigens nicht erlaubt, auf dem Strand zu fahren. Und noch ein Tip: Die Nummer Ihres Mietrades ist auf dem Schlüssel und Schutzblech notiert, was das Wiederfinden in der Masse erleichtert.

Praktische Hinweise

Auskünfte

Allgemeine Informationen über die Niederlande erhalten Sie im Ausland beim *Niederländischen Büro für Tourismus (NBT)* unter folgenden Adressen:

- **Deutschland:** Laurenzplatz 1-3, 5000 Köln 1, Tel. 0221-2570 383.
- **Österreich:** Kärntnerstraße 12/ Kupferschmiedgasse 2, 1010 Wien 1, Tel. 01-512 35 25.
- **Schweiz:** Talstraße 70, 8023 Zürich, Tel. 01-211 94 82.

Vor Ort lohnt sich immer ein Besuch der lokalen Büros der *Vremden Verkeers Vereniging (VVV)*. Man erfährt, was aktuell läuft, kann sich für Exkursionen und Ausflüge einschreiben, eine gute Inselkarte kaufen und Infomaterial aussuchen. Die VVV-Vertreter helfen auch bei der Suche nach einer Unterkunft. Zudem werden mehrtägige Arrangements, Telefonkarten, Busabos und Fahrscheine für die Bahn auf dem Festland verkauft.

- **Texel:** Emmalaan 66, 1791 AU Den Burg, Tel. 02220-147 41.
- **Vlieland:** Havenweg 10, Postbus 1, 8899 ZN Vlieland, Tel. 05621-1111.
- **Terschelling:** Willem Barentszkade 19 a, 8880 AA West-Terschelling, Tel. 05620-3000.
- **Ameland:** Rixt von Doniaweg 2, Postbus 14, 9163 ZL Nes, Tel. 05191-520 20.
- **Schiermonnikoog:** Reeweg 5, Postbus 13, 9166 ZP, Tel. 05195-312 33 und 319 00.

Klima und beste Reisezeit

Der Wind, der Wind, das himmlische Kind. Er ist uneingeschränkter Herrscher über die Watteneilande. Weht er im Hochsommer einmal ausnahmsweise nicht über die herrlichen Sandstrände, beklagen sich die Badegäste über die große Hitze. Denn tatsächlich können die Temperaturen zur Haupturlaubszeit durchaus südliche Dimensionen erreichen. Meistens bleibt es aber angenehm frisch bei einer Durchschnittstemperatur von 20 °C. Und an langen Sommerabenden schmiegen sich die Touristen in warme Pullover.

Obwohl auf den Watteninseln, dank dem steten Wind, bis zu dreißig Prozent weniger Niederschlag als auf dem Festland fällt, verstreicht kaum ein Urlaub ohne Regen. Gut eingepackt, macht es dennoch Spaß, in der Natur herumzustrolchen, die Tropfen im Gesicht zu spüren und sich in den Cafés wieder aufzuwärmen. Sonnenhungrige, die gierig nach Hitze sind, sollten im Sommer aber gegen Süden fahren. Wenn es von Herbst bis Frühjahr sowieso kühl ist, mag sie das Wattenklima mehr begeistern.

Der Herbst ist lange und mild. Während die Blumen allmählich verblühen, schießen die Pilze aus dem Boden. Erst im November toben die wildesten Stürme über das Land, und der Nebel vermag binnen kürzester Zeit

◄ *Ein gut ausgebautes Netz von Fahrradwegen verteilt sich über die Inseln*

16 Praktische Tips

alles zu umhüllen. Es gibt Leute, die kommen speziell wegen der Stürme auf die Inseln. Denn die tobende Nordsee und der endlos weite, dramatisch verhangene Himmel bieten ein einzigartiges Spektakel. Es gibt kein besseres Rezept, Aggressionen abzubauen, als den Kampf gegen den Wind.

Nach den trüben Nebeltagen treibt im Winter der bitterkalte Nordostwind öfters Schnee über das Flachland. Die Kinder kramen ihre Schlittschuhe hervor und schlitteln auf dem Hosenboden die Dünen hinunter. Die Erwachsenen wachsen ihre Langlaufskier. Das Wattenmeer gefriert schnell und gleicht einer Nordpollandschaft, in der die Gezeiten und der Wind wahre Kunstwerke schaffen. Früher waren die harten Winter ein Problem, wenn selbst die Eisbrecher nicht mehr zu den Inseln vorzudringen vermochten. Inzwischen wird notfalls ein Helikopter für die Versorgung eingesetzt.

Der Frühling kommt etwa drei Wochen später als auf dem Festland. Dafür ist der Himmel weniger verhangen, und im März springen bereits die ersten Lämmer über die Wiesen.

■ **Regionaler Wetterbericht:** für die Watteninseln und Nordholland, Tel. 06-911 233 41. Wasserbericht für das Wattenmeer und das Ijsselmeer, Tel. 06-911 223 52.

Gesundheit

Weil es am Strand stets windet, vergißt man gerne die starke Sonneneinstrahlung, was bei der heutigen Ozonschicht je länger, desto ungesunder ist. Dennoch begegnet man immer wieder krebsroten Leuten, die im Nachhinein keine Freude am Sonnenbrand haben. Der Wind ist ebenfalls schuld, daß man sich, vom Radeln durchschwitzt, leicht erkältet. Auf allen Inseln haben Ärzte ihre Sprechstunden für Urlauber. Im Ernstfall wird ein Helikopter für den Transport zum Festland eingesetzt. Einzig von Schiermonnikoog aus muß der Patient notfalls im Schnellboot transportiert werden. Zwischen der Niederlande und Deutschland/Österreich besteht ein gegenseitiges Krankenkassenabkommen. Schweizer brauchen eine Auslanddeckung.

Gepäck

Regenanzüge verkaufen sich an manchen Tagen wie frische Semmeln auf den Inseln. Haben Sie schon einen, packen Sie ihn doch gleich ein. Regenschirme sind ein ziemlich hoffnungsloser Fall in den kräftigen Windböen. Warme Kleidung wird auch im Sommer gebraucht. Unentbehrlich zum Beobachten der Tierwelt ist ein Feldstecher. Bleibt Platz im Gepäck, lohnt es sich, Gummistiefel, Plastikeimer und Schaufel für die Entdeckungstouren auf dem Watt mitzunehmen. Wer fotografiert, sollte sich ausreichend mit Filmen eindecken, denn oft sind in den Geschäften nur gewöhnliche Papierfilme erhältlich. Alles, was irgendwie speziell ist, nimmt man besser von Zuhause mit. Kleinigkeiten des täglichen Bedarfs sind überall auf den Inseln erhältlich. Vergessen Sie auch nicht, die Angelrute, den Badeanzug, den Papierdrachen und dergleichen einzupacken.

Telefon

Am einfachsten und billigsten telefoniert man in den öffentlichen Kabinen bargeldlos mit einer Telefonkarte, die bei jedem Postbüro, bei den Fremdenverkehrsvereinen und in vielen Geschäften für 5, 10 oder 25 Gulden erhältlich ist. Die Anzeige am Apparat verrät, wieviele Einheiten noch auf der »Kreditkarte« sind. Nach dem Warnton bleibt genügend Zeit, um ohne Unterbrechung eine neue Karte einzuschieben. Die aufgebrauchten Karten landen in der Sammelbüchse der Kabine. Auf den Inseln sind an allen möglichen Ecken Telefonzellen aufgestellt.

Um von Holland nach Hause zu rufen, wartet man nach dem Eintippen des Landescodes auf den Summton und wählt dann die Ortsvorwahl ohne die erste Null, gefolgt von der lokalen Rufnummer.

- **Landeskennzahlen:** Deutschland 0949; Österreich 0943; Schweiz 0941.
- **Auskunft Inland:** 06-8008.
- **Auskunft Ausland:** 06-0418.
- **R-Gespräche:** 06-0410.

Die lokalen Rufnummern für Texel, Ameland und Schiermonnikoog sind fünfstellig. *Wichtig:* Die vierstelligen Nummern für Terschelling und Vlieland werden voraussichtlich etwa 1994 fünfstellig, wobei der Stamm bleibt und nur vorne eine Nummer dazukommt. Die Vorwahlen aus dem Ausland sind wie folgt:

- **Niederlande:** 0031-
- **Texel:** 02220-
- **Vlieland:** 05621-
- **Terschelling:** 5620-
- **Ameland:** 05191-
- **Schiermonnikoog:** 05195-

Geld

Die holländischen Gulden können Kopfzerbrechen bereiten, da die Aufteilung in Viertel ungewohnt ist. So gibt es Münzen zu 25 Cents (*kwartje*) und zu f 2.50 sowie Banknoten für 25 und 250 Gulden. Die übrigen Münzen lauten auf fünf Cents (*stuiver*), 10 Cents (*dubbelje*), einen Gulden und fünf Gulden (*rijksdaalder*). Dazu kommen Scheine im Wert von 10, 50, 100 und 1000 Gulden.

Als Abkürzung für die niederländische Währung wird in diesem Buch ein -f- verwendet, das, wie in -Hfl-, -Dfl- oder -fl-, ein Erbstück der alten Währung *Florin* ist. Hie und da sieht man auch den Kürzel -NLG-.

Der Höchstbetrag für Eurocheques und Postcheques ist f 300, wobei der Direktbezug ab Automat nur mit der EC-Karte möglich ist. Für das Einlösen der Postcheques wird am Schalter ein Ausweispapier verlangt. Kreditkarten werden nur in »besseren« Häusern akzeptiert.

Auf den Inseln

Unterkunft

Was gibt es Schöneres, als spontan durch den Sommer zu fahren, am Hafen die Fähre zu besteigen, guten Mutes auf der Watteninsel ein Zimmer für die Nacht zu suchen – und nach dem zehnten Hotel festzustellen, daß auf der ganzen Insel nicht ein einziges freies Bett zu ergattern ist. Falls Sie denken, mit Campingplätzen sei es besser, irren Sie sich gewaltig. Abend für Abend, fahren im Sommer einige Urlauber total frustriert zum Festland zurück, weil sie einfach keine Bleibe finden konnten.

Die treuen Badegäste haben bereits im letzten Sommer ihren Stammplatz für die kommenden Ferien reserviert. Und was an Platz noch übrig ist, geht in Windeseile weg. Natürlich nervt das. Andererseits ist es nur durch eine eingeschränkte Bettenanzahl möglich, den relativ unverdorbenen Zustand der westfriesischen Inseln zu erhalten. Planen Sie den Sommer also frühzeitig, oder fahren Sie in der reizvollen Nebensaison hin.

Sofern Sie Ihre Unterkunft nicht selbst organisieren wollen, erledigen dies die lokalen Fremdenverkehrsvereine gegen eine Reservierungsgebühr von f 15-30. Auch Auskünfte und Prospektmaterial stehen zur Verfügung. Zudem organisieren die *VVV*-Büros verschiedene Pauschalangebote und Spezialarrangements.

Meistens verlangt der Vermieter eine Vorauszahlung, und bei Annulation kann er darauf bestehen, einen Teil der gebuchten Übernachtungen in Rechnung zu stellen. Wo nichts vermerkt ist, sind Haustiere nicht willkommen. In Holland gibt es leider die mühsame Regelung, daß Zimmer und Wohnungen ab 14 Uhr zu beziehen, bei der Abreise aber schon morgens um 10 Uhr zu verlassen sind. Sogar Fünf-Sterne-Hotels erlauben sich auf höchst uncharmante Weise, Gäste auf diese Regel aufmerksam zu machen. Im Adreßblock ist jeweils vor der Telefonnummer die Postleitzahl, bestehend aus vier Ziffern und zwei Buchstaben, vermerkt.

■ **Hotels/Pensionen:** Der Traum vom Hotel direkt am Strand hat sich auf den Watteninseln immer wieder als Alptraum entpuppt. Denn früher oder später sorgten Sturmfluten für das Ende noch jedes Strandhotels. Im Schutze der Dünen steht dennoch auf jeder Insel ein Hotel so nahe an der Nordsee, wie es zu verantworten ist. Diese Luxushotels bieten einen durchaus fantastischen Ausblick, kosten aber auch mindestens f 80 pro Nacht und Person. Die Infrastruktur ist auf Konferenzen und Seminare ausgerichtet. Einfachste Zimmer, ohne eigenes Bad, sind ab etwa f 25 zu ergattern. Gemütliche Zimmer mit Bad kosten ungefähr das Doppelte. Die vermerkten Preise verstehen sich *pro Nacht und Person, inklusive Frühstück*. Als Abkürzung für Vollpension steht »VP«, für Halbpension »HP«.

■ **Für Gruppen:** Schulklassen, Vereine, Großfamilien und Freunde fahren zahlreich zu den Inseln, denn sie bieten, vorwiegend in umgestalteten Bauernhöfen, Massenunterkünfte für kleine und große Gruppen bis maximal etwa hundert Leute. Diese Kampierhöfe bleiben während des Winters oft geschlossen, da sie nicht voll heizbar sind. Meistens steht eine ausgerüstete Küche zur Verfügung, wobei viele auch Halb- oder Vollpension anbieten. Bettwäsche muß in der Regel selbst mitgebracht werden, und die sanitären Anlagen lassen selten auf Sauberkeitsfanatiker schließen. Den Haushalt und die Reinigung besorgen die Mieter selbst. Die Grundkosten ohne Verpflegung betragen pro Person und Nacht mindestens f 10 und gehen bei luxuriösen Ausführungen bis etwa f 30.

■ **Camping:** Kampieren ist im Land der Wohnwagen natürlich sehr populär. Die meisten Urlauber kommen denn auch auf Zeltplätzen unter. Geöffnet sind sie vorwiegend von April bis Oktober, und die Grundkosten pro Person sind etwa f 5 pro Nacht und f 3-8 pro Zelt oder Camper. Auf Vlieland und Terschelling, wo nur die Insulaner in Autos herumfahren, sind die Campings reine Zeltplätze. Auf den übrigen Inseln kann man auch fest installierte Caravans, Bungalows und Chalets mieten. Meistens unterhalten die Campingplätze einen eigenen Gepäcktransport von der Fähre zum Ferienziel. Die Infrastruktur ist einfach bis aufwendig, wobei Texel die größten Ansprüche erfüllt.

Auch im Hochsommer wird es nachts empfindlich kalt. Wer seinen Schlaf nicht als schlotternder Seebär verbringen möchte, besorgt sich einen sehr guten Schlafsack oder zusätzliche Decken. Damit das Zelt nicht beim ersten Lüftchen davon fliegt, gibt es ein paar Tricks: Überprüfen Sie die Ausrüstung vor der Abreise. Damit das Zelt wasserdicht ist, muß es mit einem Mittel vom Fachhandel imprägniert werden. Die Zeltöffnung sollte im Südosten liegen, da von dieser Seite keine Unwetter zu erwarten sind. Zu kurze Metallheringe lösen sich schon beim ersten Windstoß. Besseren Halt bieten Heringe aus Holz.

■ **Ferienhäuschen/Wohnungen:** Die Auswahl ist immens, in allen Größen, an allen Lagen, zu allen Preisen, für jeden Geschmack, einsam gelegen oder voll im Zentrum. Allgemein gültig läßt sich nur sagen, daß sie alle möbliert sind und die Küche eingerichtet ist. Ob Bettwäsche mitzubringen ist, muß im Einzelfall abgeklärt werden. Wer Haustiere dabei hat, braucht dazu die Erlaubnis des Besitzers.

Vor allem Ferienwohnungen reserviert die Kundschaft gerne schon im Sommer vorher für das nächste Mal. In der Hauptsaison ist es deshalb schwierig, ein Häuschen zu ergattern. Meistens werden sie dann nur für die Mindestdauer von zwei Wochen vermietet. Außerhalb der Saison kann man auch für ein paar Tage ein Apartment beziehen. Im Normalfall gelten die Verträge von Samstag bis Samstag. Eine Annulationskostenversicherung macht etwa 3 % der Mietsumme aus. Manche Vermieter verlangen eine Kaution, die bei der Abgabe zurückbezahlt wird. Erkundigen Sie sich vor Vertragsabschluß, ob Nebenkosten, wie Wasser, Strom, Heizung und Endreinigung, separat verrechnet werden.

Fast so zahlreich wie die Häuschen und Wohnungen sind die Besitzer, die sie vermieten. Es ist deshalb absolut unmöglich, in diesem Buch eine nur annähernd befriedigende Auswahl vorzustellen. Bitte wenden Sie sich an die lokalen *VVV*-Stellen, die gerne einen Prospekt mit Adressen und Details zuschicken und Sie auch persönlich beraten. Die Ferienwohnungen privater

Vermieter sind zur Klassifizierung in 5 Kategorien aufgeteilt, wobei die Lage und die Infrastruktur der Umgebung nicht berücksichtigt werden. Sollte es aus irgendwelchen Gründen zu Streitigkeiten zwischen Vermieter und Mieter kommen, fungiert der Fremdenverkehrsverein als Schlichtungsstelle.

Verpflegung

Zartschmelzende Seezunge, feine Schollen und frische Garnelen läßt sich kaum ein Besucher entgehen. Auf Texel bringt eine eigene Fischerflotte die Meeresfrüchte an Land, und auch die übrigen Inseln decken sich mit frischer Ware ein. Ganz billig sind die Delikatessen jedoch nicht. Für ein Fischdiner mit Beilagen muß mit rund f 40 gerechnet werden. Preiswerter kann man seine Lust nach Meeresspezialitäten bei den Fischhandlungen befriedigen, die eine herrliche Auswahl an Snacks, von gebackenen Muscheln bis zu geräuchertem Aal und natürlich den unvermeidlichen Hering anbieten.

Weniger teuer als Fisch sind die zahlreichen Fleischgerichte. Insbesondere Lammfleisch ist ein absoluter Renner, und falls Sie mit Vorurteilen gegen das zarte und kaum fetthaltige Fleisch behaftet sein sollten, lassen Sie sich doch vom Gegenteil überzeugen. Eine Mahlzeit, so um f 30, beinhaltet eine reichhaltige Garnitur mit verschiedenen Gemüsen oder Salaten sowie meistens Kartoffeln in allen möglichen Varianten.

Anspruchsvolle Gourmets waren die Holländer aber noch nie. Man kann sich zwar selten über das Servierte beklagen, doch genau so selten sind die Gerichte als kulinarische Höhepunkte zu bezeichnen. Das Servicepersonal besteht vorwiegend aus ungeschulten Studenten, die zwar charmant, aber ziemlich ungeschickt bedienen. Angenehm fallen auf Texel in Den Hoorn das Restaurant *Het Kompas,* auf Terschelling in Oosterend *De Grië* und auf Ameland in Ballum die Küche des Hotels *Nobel* aus dem üblichen Rahmen. Die Speisekarten sind auf Texel und Ameland meistens ins Deutsche übersetzt. Eine Hilfe bietet das Kapitel »Kleines Wörterbuch«.

Das Frühstück ist bei Hotelbuchungen inbegriffen und besteht aus verschiedenen Broten, Ei, Käse und Aufschnitt. Spezialität der Holländer sind die lebkuchenartigen Frühstücksgebäcke und als Brotaufstrich die *hagelslag* genannten Schokoladensplitter oder bunten *muisje* aus Zucker.

Als Zwischenverpflegung bieten die Holländer eine breite Palette an »Junkefood«, seien es Pommes mit Mayo oder Ketchup, Hamburger, die Frikadellen ähnlichen *gehaktballen,* die hier *fricadelen* genannten Würstchen sowie Kroketten mit Fleisch-, Gemüse- oder Fischfüllung. Nahrhaft und günstig sind Pfannkuchen mit süßen oder deftigen Beilagen. All diese kleinen Mahlzeiten werden auch in den Strandpavillons serviert, die von März bis Oktober mit einer großen Sonnenterrasse an den Badestränden stehen. Abwechslung bieten vereinzelt Pizzerias und asiatische Küchen.

Viele Urlauber ziehen es vor, selbst zu kochen. In den Dörfern gibt es ein gutes Angebot an Lebensmittelläden, wie Supermärkte, Fischhandel, Metzger, Bäcker oder Delikatessengeschäfte. Auch biologisch angebautes, auf der

Insel gewachsenes, Gemüse ist im Angebot.

Zum Essen wird am liebsten Bier getrunken. Lassen Sie sich nicht dazu verleiten, nur die bekannteste holländische Biermarke zu bestellen. Sie würden bei der umfangreichen Auswahl an verschiedensten Sorten wirklich etwas verpassen. Vermehrt haben die Restaurants auch europäische Weine im Angebot. Spezialität auf den Inseln sind zahlreiche Kräuterbitter, die teilweise süßlich wie Likör schmecken.

Unterhaltung

In den Sommermonaten organisieren die Inseln kulturelle Programme. So werden Diashows und Filme gezeigt, Märkte und Festivals veranstaltet. Die lokalen Tanz- und Musikgruppen zeigen bei diversen Gelegenheiten ihr Können. Die Spielfilme in den Kinos werden in der Originalfassung mit holländischen Untertiteln gezeigt.

Nachts kann man sich bis mindestens zwei Uhr früh in den lokalen Cafés und Bars amüsieren. Vor allem De Koog auf Texel sowie West und Midsland auf Terschelling ziehen Nachtschwärmer an. Der Zutritt zu den Tanzlokalen ist meistens gratis, und die Musik in den Provinzdiscos erweist sich als abwechslungsreicher Mix aus Evergreens und neustem Sound. Die Preise für Drinks an den Bars bleiben auch nach Mitternacht normal.

Sport/Aktivitäten

Während der Sommermonate bieten die Watteninseln zahlreiche Sportmöglichkeiten, wobei grundsätzlich gilt: je größer die Insel, desto breiter das Angebot. Verschiedene, sogar internationale Sportveranstaltungen finden jedes Jahr statt. In der Saison organisieren die lokalen Vereine auch Plauschturniere und Wettläufe für Jung und Alt. Über die aktuellen Ereignisse informieren die gratis ausliegenden Broschüren der Fremdenverkehrsvereine. Darin sind ebenfalls die Zeiten von Ebbe und Flut vermerkt – eine wichtige Information, ob Sie nun wattwandern, surfen oder angeln wollen. In der Nebensaison fallen zwar einige Sportarten aus; aktive Leute finden dennoch ausreichend Bewegung. Die Details jeder Sportart sind in den entsprechenden Inselkapiteln vermerkt.

■ **Strandleben:** Hauptanziehungspunkt sind selbstverständlich die herrlichen Badestrände im Sommer. Großandrang herrscht selbst in der Hochsaison einzig an den Strandzugängen, wo die Pavillons mit Sonnenterrasse stehen. Wer im Meer baden möchte, sollte wegen der starken Strömungen nur an diesen bewachten Badestränden und nur bei Flut, wenn sich die Nordsee auf den Strand zubewegt, ins Wasser gehen. Es ist sehr gefährlich und deshalb nicht erlaubt, mit Luftmatratzen oder Gummipneus zu planschen! Achten Sie auf die Flagge an den bewachten Badestränden: Hängt die grüne Fahne, ist das Schwimmen erlaubt, die rote bedeutet Badeverbot und die blaue macht auf gefährliche Verhältnisse aufmerksam. Vor besonders hinterlistigen Stellen warnen Schilder mit Vermerken wie »*verboden* *te zwemmen«* oder *»baad niet bij eb«*. Wer sich dennoch in Gefahr fühlt, sollte mit winkenden Armen und Rufen die Aufmerksamkeit auf sich lenken. Es hat keinen Sinn, gegen die Strömung anzuschwimmen. Versuchen Sie, sich seitlich dazu der Küste zu nähern.

FKK ist einzig auf Ameland offiziell nicht erlaubt. Die übrigen Inseln schlagen bestimmte Strandabschnitte dafür vor oder bitten ihre Gäste einfach, nicht gerade dort, wo es die anderen nerven könnte, nackt zu sonnen und zu baden. Wer ein Stück weit geht, hat den Strand sowieso für sich allein.

Zu Sommerbeginn bildet das Meer öfters einen starken weißen Schaum, der durch eine Überproduktion von Algen entsteht, die dann massenweise absterben, wobei Eiweiß produziert wird. Die bläulich durchsichtigen Quallen spült die Nordsee glücklicherweise nur in der Nebensaison massenweise an.

Die meisten Urlauber genießen es einfach, am Strand herumzutollen. Der feine Sand eignet sich bestens, um ritterliche Burgen und kunstvolle Skulpturen zu bauen, die mit wunderschönen Muscheln verziert werden. Nicht erlaubt ist es, mit Fahrzeugen auf dem Strand herumzukurven, und in der Saison gelten für Reiter spezielle Vorschriften. An Wind mangelt es nur selten, so daß kleine und große Kinder ihre Drachen steigen lassen. Ein Kinderspiel ist das Steuern allerdings nicht, und manch ein Drache hetzt im Sturzflug auf den Strand zurück und macht eine Bruchlandung. Auf den meisten Inseln bieten Spezialgeschäfte verschiedene Modelle an, sei es ein *Speedwing,* ein *Powerkite* oder ein mehrstöckiger *Delta.* Klar, daß jeder Pilot die bewundernden Blicke der Zuschauer schätzt. Aber denken Sie daran, daß die »Düsenjäger« ganz schön gefährlich sind, und achten Sie bitte auf einen ausreichenden Sicherheitsabstand zu den übrigen Badegästen.

Werden die Winde stürmischer und die Temperaturen kühler, lieben es die Urlauber, stundenlang dem Strand entlang zu gehen, während die Wellen der Nordsee tobend auf den Sand schlagen und der Himmel wuchtige Wolkenbilder malt.

■ **Segeln:** Jede Insel hat einen Jachthafen, wo man mit dem eigenen Schiff anlegen kann. Auf Texel und Terschelling bietet sich die Möglichkeit, auf einen Segeltörn mitzugehen. Historische Segelschiffe kann man für mehrtägige Fahrten mit professionellen Skippern mieten (siehe »Anreise«). Auf Texel besteht zudem die Möglichkeit, einen Kurs in Katamaran-Segeln zu belegen.

■ **Kanufahren:** Allein mit sich und der Natur ist ein ganz spezielles Erlebnis im Kanu. Richtig paddeln lernt man auf Texel und Terschelling in mehreren Kursen. Auf Vlieland kann man Kanus mieten.

■ **Surfen:** Der stets blasende Wind läßt jedes Surferherz höher schlagen. Allerdings sollten sich nur ausgesprochene Könner auf die Nordsee wagen. Auch das Wattenmeer bietet beste Voraussetzungen für Luftsprünge, und auf den meisten Inseln gibt es Buchten, die sich besonders zum Surfen eignen. Idealer Zeitpunkt dafür sind die zweieinhalb Stunden vor und nach Hochwasser. Bei Ebbe kann die Rückkehr bei starken Wind- und Strömungsverhältnissen echte Probleme bereiten. Stellen Sie fest, daß der Rückweg nicht zu schaffen ist, verlassen Sie auf keinen Fall das Brett, denn zum Schwimmen ist die

Strömung zu stark. Lassen Sie vielmehr das Segel fallen und lenken Sie die Aufmerksamkeit auf sich. Früher oder später wird man Sie entdecken. Auf Texel, Ameland und Schiermonnikoog kann man die Ausrüstung mieten und Stunden nehmen. Zum Teil ist man verpflichtet, eine Schwimmweste zu tragen.

■ **Angeln:** Zum Fischen in der Nordsee und im Wattenmeer ist kein Schein erforderlich, im Gegensatz zum Angeln in Binnengewässern. Man sollte nicht mehr als zwei Häkchen im Abstand von 50 cm an der Leine befestigen. Die besten Chancen, im Wattenmeer Plattfische wie Scholle, Flunder oder Butt zu fangen, bestehen von März bis Juni und von September bis Oktober, zwei Stunden nach Ablauf der Ebbe bis zur Flut, wenn sich die meisten Fische in den starken Ebbeströmen aufhalten. Als Köder eignen sich Prielwürmer am besten. Man fängt sie bei Ebbe selber oder kauft sie im Fachhandel. Erfolg versprechen die Seewürmer allerdings nur, wenn sie ganz frisch sind. Um Plattfische anzulocken, zieht man den Köder langsam durch Aufwinden der Haspel über den Meeresboden. Nur warten, bis einer anbeißt, erweist sich selten als erfolgreiche Methode. Aal fängt man im Wattenmeer bei Flut ab Mitte Mai am besten bei Abenddämmerung oder bei bedecktem Himmel – in der Nordsee sind die Fangchancen hingegen bei Ebbe zwischen den Sandbänken am besten. Von März bis Juni beißen auch Hornhechte an, die sich gierig auf Köder, wie die weiße Seite eines Plattfisches, stürzen. Von September bis November beobachtet man Garnelenfischer, die bei Ebbe bis zum Bauch im Wasser durch die Priele streifen. Muscheln nimmt man nur, wenn sie auch bei Ebbe unter Wasser liegen und geschlossen sind.

Um weite Würfe zu ermöglichen, muß man natürlich mit dem Wind im Rücken fischen. Für die starke Strömung an der Küste ist es oft erforderlich, Gewichte von 40-60 Gramm zu benutzen, sowie eine ziemlich dicke Unterleine, um den Fang an Land zu ziehen. Versuchen Sie es mit einer Leine, die nicht dicker als 26/100 ist, wobei man einen sogenannten Vorläufer von zehn Zentimeter Länge und 35/100 Dicke daran befestigen kann. So hat man eine schwere Leine für das Senkblei und eine dünnere Leine zum Auswerfen. Lassen Sie bitte keine Haken oder Schnüre liegen, denn Tiere können sich daran verletzen! Auf fast allen Inseln werden übrigens auch Angelfahrten auf Fischkuttern organisiert (siehe »Ausflüge«). Petri heil!

■ **Schwimmbäder/Sauna:** Texel, Terschelling und Ameland verfügen über ein Tropenbad mit allem Drum und Dran, wie Whirlpool, Wasserrutsche, Jetstream, Sauna und Solarium. Verschiedene Hotels bieten bei Buchung vergünstigten Eintritt zu diesen Bädern. Öffentliche Schwimmbäder mit geheiztem Wasser hat es auf allen Inseln. Einige Hotels besitzen (abgesehen von Schiermonnikoog) ein eigenes Hallenbad mit Sauna und Solarium, das auch Gästen offensteht, die nicht im Haus wohnen.

■ **Reiten:** Auf allen Inseln wurden spezielle Reitpfade angelegt, die in Gebiete führen, welche mit dem Fahrrad nicht erreichbar sind. In der Saison gelten für Strandritte spezielle Vorschriften. Auch Anfänger können sich problemlos mit den Tieren anfreunden, denn die Pferde sind so dressiert, daß sie

24 Sport aktiv

nicht auf das Kommando der Laien horchen, sondern dem vordersten Pferd auf Schritt und Tritt folgen. Eine Stunde kostet rund f 20. Kinder können ihre ersten Versuche auf dem Rücken eines Ponys wagen. Wer das Reiten ernsthaft erlernen will, meldet sich zum Unterricht an.

■ **Tennis:** Tennis wird auf allen Inseln gespielt, wobei zahlreiche Hotels ihre eigenen Plätze auch an Außenstehende vermieten, sofern sie nicht von den Gästen beansprucht werden. Die Kosten pro Stunde schwanken so zwischen f 13 und f 20. Rackets und Bälle darf man ausleihen. Auf Texel gibt es auch Squash-Plätze.

■ **Wandern:** Zu Fuß erreicht man einsame Landstriche, die sonst kaum zugänglich sind. Insbesondere die Naturschutzgebiete locken zu erholsamen Spaziergängen. Während der Vogelbrutzeit kann man sie allerdings nur in Begleitung lokaler Führer betreten. Man kann auch speziell gekennzeichneten Wanderrouten folgen, zu denen die Fremdenverkehrsbüros entsprechende Routenbeschreibungen verkaufen, oder man folgt einfach seiner Nase.

■ **Wattwandern:** Wenn bei Ebbe das Wattenmeer trocken liegt, lockt die endlose Weite zu Entdeckungstouren. Um böse Überraschungen zu vermeiden, sollten Sie sich vor Abmarsch über den Zeitpunkt der zu erwartenden Flut erkundigen. Die Wassermassen fließen dann in enormem Tempo heran und lassen schmale Priele zu Wasserläufen anschwellen. Auch kann man relativ leicht die Orientierung verlieren, vor allem, wenn plötzlich Seenebel aufkommt. Versuchen Sie in einem solchen Fall, Ihren eigenen Spuren zurück zu folgen. Wem ein bißchen Bange ist, sich allein auf das Watt zu wagen, der kann sich einer geführten Gruppe anschließen. Das hat den Vorteil, daß man Interessantes über die einmalige Landschaft erfährt. Auf jeden Fall benötigt man gutes Schuhwerk für den morastigen Untergrund, auf dem das Gehen ziemlich anstrengt. Ideal sind fest sitzende Gummistiefel oder Sportschuhe, die allerdings nachher, wie auch die Kleider, vor Dreck stehen. Barfuß ist eine denkbar schlechte Lösung, weil man sich an den scharfen Muschelsplittern leicht die Füße aufschneidet. Lassen Sie sich von diesen Warnungen nicht davon abhalten, das Watt aus der Nähe zu betrachten. Als ideales Zubehör erweisen sich eine Schaufel, zum Umgraben des Bodens, wobei allerlei Getier zum Vorschein kommt, und ein durchsichtiges Plastiksäcklein, in dem sich Muscheln und Meeresschnecken genau beobachten lassen.

■ **Fallschirmspringen:** Auf Texel und Ameland nutzen Wagemutige den Aufenthalt zum Lernen dieser aufregenden Sportart. Voraussetzung ist ein ärztliches Attest. Wer jünger als 16 Jahre ist, braucht die schriftliche Zustimmung der Eltern. Die Kurse umfassen Theorie, Grundausbildung und Training. Schließlich folgen als Höhepunkt insgesamt acht Sprünge aus dem Flugzeug. Der Kurs mit A-Diplom zum Abschluß kostet auf Texel rund f 750, auf Ameland um f 900.

Ein einmaliges Erlebnis für Ungeübte ist ein Tandemsprung, wobei man mit einem Profi im Flugzeug zu einem dicken Paket zusammengebunden wird. Dann Augen zu, und hopp! Durch die Fallgeschwindigkeit dröhnt der Wind in den Ohren, während man wie eine Banane in der Luft liegt, bevor sich der

Schirm öffnet und die Geschwindigkeit abrupt abbremst. Dann bleibt Zeit, den Blick aus der Vogelperspektive zu genießen. Wer nicht zuviel Gewicht auf die Waage bringt, kann bei der Landung die Beine hochziehen und sich voll auf den Partner verlassen. Zudem stehen Helfer zum Abfangen bereit. Kosten bei beiden Flughäfen um f 300.

■ **Rundflüge:** Weniger Überwindung als für den Fallschirmsprung braucht es für die Rundflüge in einer kleinen Maschine, welche ebenfalls auf den Flugplätzen von Texel und Ameland zu buchen sind. Es gibt Platz für drei bis vier Personen. Der Flug dauert mindestens eine Viertelstunde und kostet pro Person um f 40.

■ **Exkursionen/Ausflüge:** Auf allen Inseln gibt es ein reichhaltiges Angebot an geführten Wanderungen durch Naturschutz- und Vogelbrutgebiete, an denen man für ein paar Gulden teilnehmen kann. Ebenso lehrreich sind die Führungen bei Ebbe auf dem Watt. Großer Beliebtheit erfreuen sich Kutschenfahrten, die es überall zu buchen gibt. Oder wie wäre es mit einem Schiffsausflug auf dem Wattenmeer? Vor allem für Gehbehinderte und kleine Kinder sind auf Vlieland, Ameland und Schiermonnikoog die Fahrten in umgebauten Lastwagen oder Bussen interessant, die zu den schwer erreichbaren Sandplatten am Inselzipfel führen. Auf den größeren Inseln werden auch Busrundfahrten angeboten.

■ **Wintersport:** Sobald es gefriert, holen die Insulaner ihre Schlittschuhe hervor und gleiten über das Eis zugefrorener Weiher. Wenn Schnee fällt, kann man auch Langlauf machen.

■ **Spiele:** Billard- und Pooltische findet man ebenso wie Minigolfanlagen auf jeder Insel. Hier und da gibt es Spielsalons. Bowlingbahnen sind auf allen Inseln vertreten.

Sehenswertes

Spielt das Wetter nicht mit, wie man es sich wünscht, füllen sich die Gassen und Sträßchen der niedlichen Inseldörfer mit Urlaubern, welche die Gelegenheit für einen Einkaufsbummel nutzen. Vor allem in Den Burg auf Texel, in West auf Terschelling und in Nes auf Ameland sind zahlreiche Boutiquen und Geschäfte, zum Teil sogar Warenhäuser, beheimatet. Die Preise haben allerdings vorwiegend Kurortcharakter.

Für Budgetbewußte ist ein Museumsbesuch schon viel naheliegender und (davon abgesehen) auch lohnenswert. Vor allem das *Naturhistorische Besucherzentrum* auf jeder Insel sollte man nicht auslassen, denn es vermittelt einen Eindruck von der Entwicklung der Natur und von der Tier- und Pflanzenwelt. Wußten Sie beispielsweise, daß Hummer blau ist, bevor er durch Kochen rot wird? Oder daß das Auge der Scholle erst nach einiger Zeit nach oben wandert? Besonders spannend ist der Besuch im Seehund-Auffangzentrum *Eco-Mare* auf Texel.

Abgesehen von Schiermonnikoog, haben die Inseln auch ein *Heimatmuseum,* das in liebenswürdiger Weise den vergangenen Lebensstil der Walfischkapitäne, der Bauernfamilien und der Strandräuber vermittelt. Zu den Ausstellungsobjekten gehören alte Bettschränke ebenso wie Silberschmuck, antik eingerichtete Küchen und mit wunderbaren Wandkacheln verzierte Wohnstuben.

26 Sightseeing

Selbstverständlich steht auf jedem Eiland ein *Leuchtturm,* wobei nur jene auf Vlieland und auf Ameland von innen zu besichtigen sind. Mit den *Mühlen* verhält es sich ähnlich. Es gibt sie zwar auf drei Inseln, doch Besichtigungen sind nur sporadisch möglich. Dafür zeigen einige Landwirte auf Texel, Terschelling und Ameland ihren *Bauernhof* – meistens mit der Produktion von Käse verbunden. Im *Agrarmuseum* von Ameland kann man die Tiere im Stall begrüßen, und auf Texel zeigt der Hofschmid seine Arbeit vor Publikum.

So manches *Kirchlein* ist eine Sehenswürdigkeit für sich, das während der Saison als Konzertsaal oder für Diashows genutzt wird. Ohne makaber zu sein – die *Friedhöfe* sind oft ein Besuch wert. Am beeindruckendsten ist jener auf Terschelling, mit uralten Grabsteinen von Walfischfängern, und jener auf Schiermonnikoog, auf dem Gefallene des letzten Weltkriegs liegen.

Auf allen Inseln kann man zusehen, wie einst wilde Enten in den *Eendekooien* für den Speisezettel gefangen wurden.

Die Natur an sich ist natürlich auch bewundernswert, etwa die wilden Orchideen und eigenwilligen Gewächse, die man aber nur anschauen und nicht pflücken darf. Zudem hat jede Insel ihre eigene Spezialität, zum Beispiel auf Terschelling die *Cranberry-Fabrik* oder auf Ameland das *Rettungsbootmuseum.*

Gastgeber und Gäste

Es gab Zeiten, da ging es den Insulanern mehr schlecht als recht. Als die große Seefahrerzeit vorüber war, fehlte es an Verdienstmöglichkeiten. Die Menschen schlugen sich mit dem bißchen Landwirtschaft, ein wenig Fischerei und allem, was sie am Strand finden konnten, durchs Leben. Die Provinzen des Festlandes rümpften die Nase über diese Anhängsel, deren aufwendiger Unterhalt mehr kostete als einbrachte. Vlieland sollte dem Lauf der Natur überlassen werden und wäre früher oder später von der Landkarte verschwunden. Auf Texel verfiel der heute populärste Badeort De Koog fast vollständig.

Der nach dem Zweiten Weltkrieg stark einsetzende Tourismus darf deshalb durchaus als Geschenk Gottes betrachtet werden. Ohne ihn sähe es heute böse aus für die Insulaner. Abgesehen von Texel, leben achtzig Prozent der Bevölkerung vom Fremdenverkehr. Das Geschäft mit den Badegästen verhalf ihnen zu einem angenehmen Reichtum, förderte aber auch den Wunsch nach steter Steigerung, der lange Jahre problemlos erfüllt werden konnte.

Die Inseln machen jedoch viel krasser als der Erdball klar, daß alles irgendwo seine Grenzen hat, daß der Aufbau, wie das Züngleín an der Waage, ab irgendeinem Punkt in Zerstörung übergeht. Nun, in den neunziger Jahren, haben die Watteninseln dieses Limit erreicht, was die Einwohner noch stärker als die langjährigen Besucher zu spüren bekommen. So herrscht beispielsweise, trotz massenhafter Ferienhäuschen und Apartments, eine krasse Wohnungsnot für Einheimische und Einwanderer vom Festland, denn jedermann vermietet seinen Besitz lieber gewinnreich per Woche an Urlauber als monatsweise an dauerhafte Mieter. Die mangelnde Unterkunft ist auch ein Grund, weshalb das Personal in Hotels und Restaurants alles andere als professionell ist. Rund achtzig Prozent der Angestellten kommen während der Saison vom Festland. Vorwiegend Studenten nehmen einen Sommer lang in Kauf, in kleinen, ungemütlichen Zimmern zu hausen. Ein Koch, der etwas auf sich gibt, sucht lieber eine Stelle auf dem Festland. Erwarten Sie also keinen großartigen Service.

Die Zahl der Übernachtungsmöglichkeiten für Touristen ist auf allen Inseln eingefroren worden, und es dürfen keine neuen Anlagen mehr gebaut werden. Als einzigen Trick gibt es die Klausel, beispielsweise eine Massenunterkunft in Apartments umzugestalten. Die meisten Urlauber verbringen ihre Ferien auf Campingplätzen oder als Gruppe auf Kampierhöfen. Wie überall geht die Tendenz aber auch hier Richtung besser, luxuriöser und exklusiver. Denn an einem Manager in Kur verdient man bekanntlich mehr als an einem Schüler in den Sommerferien. Statt die Bettenzahl zu steigern, versuchen die Inseln vermehrt, die Saison zu verlängern, was allerdings Infrastrukturen wie Hallenbäder oder Reithallen bedingt.

Die meisten Urlauber sind Stammgäste, die Jahr für Jahr wiederkommen. Später sind es deren Kinder, die mit

Die Grabsteine auf dem Stryper Totenacker datieren
◄ *aus dem späten Mittelalter*

28 Fremdenverkehr

ihrem eigenen Nachwuchs an den Ort ihrer Kindheitserinnerungen zurückkehren. Am ersten Tag der Herbstferien in De Koog auf Texel war ich total baff, wie schnell sich die Gassen anfüllten, und wie oft die Leute stehenblieben und überrascht irgendwelchen Bekannten zuriefen: »Ach hallo, wie schön, daß sie dieses Jahr auch wieder da sind!« Auch zwischen Einheimischen und Besuchern entstehen langjährige Freundschaften.

Im Gegensatz zu den benachbarten Watteninseln wirken die holländischen trotz allem noch recht unschuldig. Obwohl es an nichts mangelt, um abwechslungsreiche Ferien zu verbringen, fehlen großklotzige Überbauungen und mondäne Kasinos oder Einkaufszentren. Die kleineren Inseln geben sich außerhalb der Dörfer bezüglich Kneipen sogar sehr sparsam. Als Gegenleistung erwarten die Gastgeber, daß ihre Gäste der Natur genügend Respekt entbieten. In Inselbroschüren machen sie auf alles aufmerksam, was man darf und was man lassen soll. Ich erspare Ihnen hier das Auflisten, Sie werden die Spielregeln im Laufe der Lektüre mitkriegen.

Texel, die größte Insel, erhält die breiteste Auswahl an Touristen. Man hört neben Holländisch und Deutsch oft Französisch, Spanisch und Italienisch. Sogar Urlauber aus fernen Kontinenten verirren sich während ihrer Europatournée auf das Eiland. Stark auf deutschsprachige Besucher eingestellt ist neben Texel noch Ameland, was an den zweisprachigen Menükarten und Erklärungen in den Museen ersichtlich ist.

Die lieben Deutschen und die werten Holländer – das ist ein Kapitel für sich. Es gibt Leute, die beharrlich behaupten, die Beziehung zwischen den beiden Ländern sei eine Katastrophe, und, wenig erstaunlich, sind es eben diese, die sich immer wieder in einer Schlägerei, angeblich wegen ihrer Staatsangehörigkeit, wiederfinden. Andere Deutsche haben eine desolate Scheidung von einem holländischen Ehepartner hinter sich, werden regelmäßig als erstes auf holländischen Straßen von der Verkehrspolizei ertappt, mögen deutsches Bier lieber als holländisches und finden dennoch, daß es kaum ein liebenswürdigeres Volk als die Holländer gibt. Sicher ist, daß die Holländer einen schönen Batzen an ihren deutschen Gästen verdienen und insofern kaum etwas gegen ihren Besuch einzuwenden haben. Daß sie sich ärgern, wenn ein Urlauber seine bekannte Automarke direkt vor dem Fremdenverkehrsverein mit laufendem Motor abstellt und sich auch noch beklagt, daß er nicht sogleich bedient wird, ist ja irgendwie verständlich, liegt aber vermutlich weniger an der Nationalität als an der Kinderstube. Sicher, Busenfreundinnen sind die beiden Völker nicht gerade. Aber kennen Sie zwei benachbarte Länder von so unterschiedlicher Größe, wo dies der Fall ist?

Die prozentual meisten Besucher kommen nach wie vor aus dem eigenen Land. Vor allem während der »Baufachferien« (*bauvakvacantie* oder *bauvac*) überfluten sie die Inseln geradezu. Immerhin ist die Ferienzeit nach Regionen in drei Phasen eingeteilt worden und dehnt sich vom 22. Juni bis zum 17. August aus. Wer in dieser Periode Ferien machen will, muß sie frühzeitig planen.

■ **Kinder:** Für die Jungmannschaft sind die Watteninseln ein Paradies. Sie können nach Herzenslust an der frischen Luft herumtollen und die Spiele mit der

Natur voll auskosten. Mit ein bißchen Glück sind sie dann abends schön müde und schlafen bestens ein. Entsprechend beliebt sind die Ferienorte für Schullager und Gruppenreisen. Die größeren Kinder dürfen schon mal zur Disco. Die Eltern brauchen sich nicht zu fürchten, wenn das Fräulein Tochter nach Mitternacht allein nach Hause radelt. Vergewaltigung ist glücklicherweise ein unbekanntes Delikt.

Die Gastgeber bemühen sich, mit Kindermenüs und Kindersesseln in den Restaurants, Kinderbetten und Spezialprogrammen für den Nachwuchs den Eltern ihren Urlaub so weit wie möglich zu erleichtern.

■ **Behinderte:** Wie bei nur wenigen Ferienzielen ist die Infrastruktur von Hotels, Restaurants und Museen für den Besuch von Behinderten eingerichtet. Das beginnt bei den sanitären Anlagen, die für Rollstuhlfahrer zugänglich sind und geht bis zum Naturlehrpfad mit Erklärungen in Blindenschrift. Es wundert sich auch niemand, wenn sich Behinderte in der Disco amüsieren. Die Inseln eignen sich bestens für Gruppenferien. Die lokalen Fremdenverkehrsvereine sind behilflich, die idealen Voraussetzungen für einen gelungenen Urlaub ausfindig zu machen. In diesem Buch haben für Rollstühle zugängliche Unterkünfte einen entsprechenden Vermerk.

■ **Hunde:** Auch Haustiere schätzen die großartige Natur. Allerdings sind Hunde nicht in jeder Unterkunft willkommen (siehe entsprechende Vermerke), und deshalb muß die Mitnahme des Vierbeiners bei der Reservierung angemeldet werden. Kommt der Hund zum ersten Mal ans Meer, wird er aus Unerfahrenheit und Übermut ziemlich viel Salzwasser schlucken und möglicherweise Durchfall kriegen, der aber schnell vorbei geht. Probleme können auch mit Zecken auftreten. Hunde, die zu Hause auf der faulen Haut liegen, brechen öfters nach ein paar Ferientagen zusammen, weil ihre Besitzer sie bei stundenlangen Fahrradtouren mitrennen lassen. Für schlimme Fälle kann man sich auf jeder Insel an einen Tierarzt wenden. Besser mieten Sie einen Strandkarren, auf dem der Vierbeiner mitfährt. Auch ganz brave Hunde verspüren in der Natur unerwartet ihren Jagdtrieb. Jahr für Jahr rauben sie Vogelnester aus und scheuchen Schafe auf. Bitte zeigen Sie als Hundehalter Verantwortungsbewußtsein und lassen Sie Ihren vierbeinigen Freund nur am Strand frei herumlaufen. Zudem zeigen Hinweisschilder an, wo der Hund unbedingt an die Leine zu nehmen ist. Halten Sie sich bitte daran!

■ **Vandalen:** Ein trauriges Kapitel sind in den Sommermonaten die mutwilligen Zerstörungen an öffentlichem und privatem Eigentum. Die Insulaner haben es satt, daß Fremde in ihre Blumenbeete pinkeln und Gartenzäune zerlegen. Die Gemeinden mögen nicht andauernd zertrümmerte Automaten und Anlagen ersetzen. Sie haben deshalb aufgerufen, beobachtete Vandalen zu verpfeifen. Besser wäre es, überschüssige Kräfte am Strand oder an Fahrradpedalen auszulassen.

■ **Abfall:** Auch auf den Inseln wird die Abfallentsorgung seit einigen Jahren organisiert. Vielerorts stehen für grüne Abfälle spezielle Kompostcontainer bereit. Glas, Batterien und Papier werden separat gesammelt. Vorsicht ist mit Abfallsäcken geboten: Wildernde Katzen und Vögel machen nachts eine

Riesenschweinerei aus herumliegenden Säcken. Ob Sie kampieren oder eine Wohnung mieten – es bereitet wenig Mühe, zu einer vernünftigen Müllentsorgung beizutragen. Die Gemeinden bedanken sich.

Kleines Wörterbuch

Volkssport Nummer eins der Holländer ist die Plauderei. Da nicht jeder Nase anzusehen ist, ob sie nun einem Niederländer oder einem Ausländer gehört, brauchen Sie sich nicht zu wundern, wenn Unbekannte einfach auf Sie losplappern. Mit einem »Pardon, spreekt U Duits?« (Entschuldigung, sprechen Sie Deutsch?) ist der Bann bereits gebrochen, und man kann dies und jenes über Inselereignisse und amüsante Erlebnisse erfahren. Es gibt kaum einen Niederländer, der die deutsche Sprache nicht beherrscht. Dennoch reagieren sie beleidigt, wenn man die Sprachkenntnis selbstverständlich voraussetzt. Oder können Sie etwa Holländisch?

Obwohl die Insulaner unter sich verschiedene friesische Dialekte sprechen, sind schriftliche Mitteilungen jeder Art auf niederländisch abgefaßt. Durch Zuzügler vom Festland verlieren sich die inseleigenen Umgangssprachen immer stärker, und die Einheimischen reden auch mit Feriengästen automatisch holländisch. Wer sich die paar Regeln zur Aussprache merkt und möglicherweise über einige Englischkenntnisse verfügt, kann erstaunlich viel verstehen.

Aussprache:

eu-, wie -ö-.
ei-, wie -a- im englischen lady.
g-, wie -ch- in Kuchen (Ausnahme Kombination -ng-).
ieuw-, wie das englische you.
ij-, wie -ei- (ersetzt die veraltete Schreibweise -y-).
oe-, wie -u-.
ou-, wie -au-.
sch-, wie s'ch, -s- und -ch- getrennt.
ui-, etwa wie -öei- (schwierig zu treffen).
u-, wie -ü-.
v-, beinahe wie -f-.
z-, wie -ß-.

Wörter von der Speisekarte:

aardappels – Kartoffeln
appelgebak – Apfelkuchen
biefstuk – Steak
bijgerechten – Beilagen
brood – Brot
dagschotel – Tagesmenü
dranken – Getränke
eend – Ente
garnalen – Garnelen
groenten – Gemüse
ham – Schinken
haring – Hering
hoofdgerecht – Hauptgericht
kaas – Käse
kalfsvlees – Kalbfleisch
kip – Huhn
koffie – Kaffee
komkommer – Gurke
knoflook – Knoblauch
lamsvlees – Lamm
makreel – Makrelen
melk – Milch
mosselen – Muscheln
nagerechten – Nachtisch
paling – Aal
patates – Pommes frites
rijst – Reis
rundvlees – Rindfleisch
sla – Salat

Minivokabular 31

sinasappel – Apfelsine
slagroom – Schlagsahne
soep – Suppe
taart – Torten
tarbot – Steinbutt
thee – Tee
uien – Zwiebeln
varkenvlees – Schweinefleisch
vis – Fisch
voorgerecht – Vorspeise
vruchtensap – Fruchtsaft
wijn (wit,§§rood) – Wein (weiß, rot)
wortelen – Karotten
zalm – Lachs
zeetong – Seezunge

Weitere Begriffe:
bos – Wald
dank U wel – Danke schön
dorp – Dorf
duinen – Dünen
fiets – Fahrrad
gisteren – gestern
goedendag – guten Tag
graag gedaan – gern geschehen
kinderen – Kinder
inlichtingen – Informationen
jeugdherberg – Jugendherberge
mooi weer – schönes Wetter
morgen – morgen
niet betreden – nicht betreten
planten – Pflanzen
rijdpaarden – Reitpferde
schelpen – Muscheln
slecht weer – schlechtes Wetter
te huur – zu vermieten
tot ziens – auf Wiedersehen
vandaag – heute
volwassene – Erwachsene
vuurtoren – Leuchtturm
zee – Meer
zwembad – Schwimmbad

Die Inseln und ihre Bewohner

Aus Wasser wird Land

Das Ruhrgebiet und Norddeutschland, die Niederlande und Dänemark, große Teile Englands und weite Gebiete der Nordsee waren vor Millionen Jahren eine Welt voller Sümpfe und Morast, Schlamm und Moor. Geologisch gesehen, stecken die Watteninseln noch in den Kinderschuhen, wie Probebohrungen der Erdölgesellschaften bestätigt haben. Erst als im Holozän die Schollen der letzten Eiszeit allmählich schmolzen, brachte die Nordsee große Sandmassen in Bewegung und häufte sie zu Sandbänken an, die vom holländischen Den Helder über Norddeutschland bis zum dänischen Esbjerg die neue Küstenlinie formten.

Auf Texel, der ältesten der holländischen Watteninseln, liegen aus dieser Vergangenheit noch Findlinge von beachtlicher Größe. Jahrtausende hinterließen Schlick- und Lehmschichten auf dem entstandenen Strandgürtel. Erste Pflanzen gediehen, und immer mehr Sand blieb zwischen den Gewächsen hängen, bis eine natürliche Schranke zwischen Meer und Land modelliert war. Deshalb heißen die Watteninseln auch »Barriere-Inseln«.

Hinter diesem Hügelzug stauten sich die Süßwasserflüsse auf der Suche nach einem Weg ins Meer und überfluteten das sumpfige Festland genauso regelmäßig wie die See, die ihrerseits den Dünenkranz durchbrach. Das Wattenmeer entstand. Zwischen den Sandbänken vertieften sich die Meeresströmungen zu Wassergräben, die heute noch Namen wie *Marsdiep, Molengat* oder *Vliestroom* tragen und als Fahrrinnen für die Schiffahrt die sichersten Wege sind.

Sturmfluten konnten binnen weniger Stunden riesige Landmassen mit sich reißen, neue Eilande kreieren und andere verschwinden lassen. Etwa um die letzte Jahrtausendwende fingen Menschen an, sich in die Launen der Natur einzumischen. Sie gruben Kanäle, welche die Landmassen trennten. Andererseits bauten sie Deiche und Dämme, die die Inseln zusammenwachsen ließen, und durch Eindeichungen zwangen sie der See neue Gebiete ab.

Landkarten vergangener Jahrhunderte machen die ständige Veränderung der Waddeneilanden deutlich. Trotz allen kostspieligen Befestigungs- und Sicherungsmaßnahmen haben die insgesamt 25 Inseln bis heute nicht aufgehört, ihre Form im endlosen Spiel von Wind und Wellen zu wandeln. Die kleine Sandplatte Griend zwischen Vlieland und Terschelling war beispielsweise im 13. Jahrhundert noch so groß, daß Menschen auf ihr lebten. Soll die inzwischen unbewohnte Vogelinsel bestehen bleiben, muß sie noch in diesem Jahrhundert künstlich mit Sand aufgeschaufelt werden. Einen guten Eindruck von Entstehungsgeschichte und heutiger Landschaft vermitteln die Naturzentren auf jeder Insel.

Texel: Die Karte von 1748 hält fest, wie massiv sich die Form der Inseln verändert hat ▶

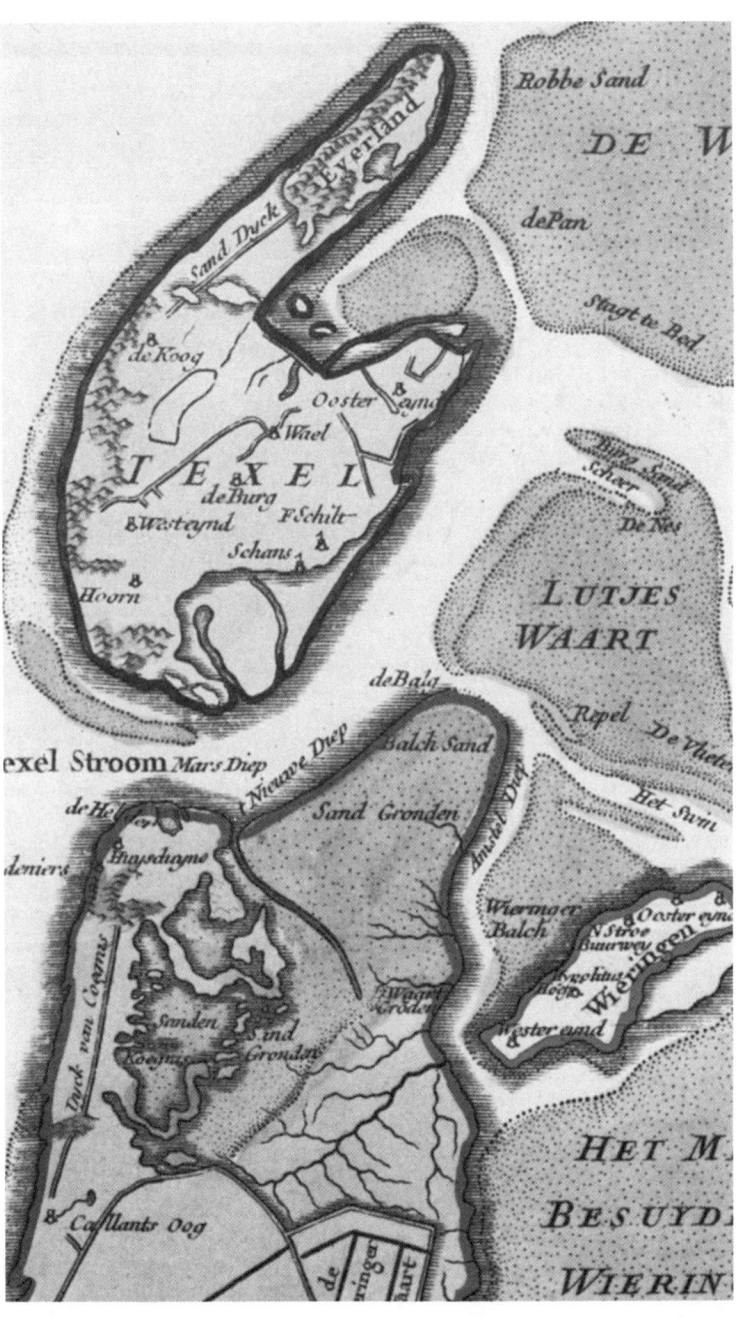

Im Rhythmus der Gezeiten

Zweimal pro Tag überrollt die Nordsee bei Flut das Wattenmeer, und zweimal täglich, im Rhythmus von knapp zwölfeinhalb Stunden, zieht sich das Wasser bei Ebbe wieder dorthin zurück, woher es gekommen ist. Der britische Physiker *Isaac Newton* hatte im 17. Jahrhundert das Geheimnis der Gezeiten erfaßt und das Zusammenspiel zwischen Rotation (Drehung) und Gravitation (Massenanziehung) von Erde, Mond und Sonne beschrieben.

Wie die Milch in einem Teller unter Kreisbewegungen von Rand zu Rand schwappt und sich bei mehr Druck nach rechts und links zu Wogen konzentriert, die über den Rand spritzen, so werden die Wasserbewegungen der großen Meere an der Küste aufgefangen und als Flut registriert. Liegen bei Voll- und Leermond Erde, Mond und Sonne in einer Gerade, verstärken sich die fluterzeugenden Kräfte. Im ersten und dritten Viertel des Monats formen die Gestirne dagegen ein Dreieck, das die Gezeitenwirkung, und somit den Tidenhub, verringert.

Das Nordseebecken ist zu klein, um selbst solch immense Wasserbewegungen zu produzieren. Es übernimmt mit Verspätung die Gezeiten des Nordatlantik, weshalb Spring- und Nipptiden erst einige Tage nach Voll- und Neumond auftreten. Auch zwischen den Inseln verschieben sich die Gezeiten: Erreicht der Wasserstand bei Texel seinen Höhepunkt um sieben Uhr, so endet die Flut bei Terschelling erst eine Stunde später, und um neun Uhr erreicht sie bei Schiermonnikoog den Hochwasserstand. Auf allen Inseln werden die genauen Zeiten von Ebbe und Flut in den gratis ausliegenden Ferienzeitschriften aufgelistet - eine nützliche Information, ob Sie nun baden, fischen, wattwandern oder surfen wollen.

Unentschlossenes Wattenmeer

Bei Ebbe zieht es die Urlauber in Gummistiefeln hinaus aufs Wattenmeer, das jeden Tag aufs neue zweimal Land und dann wieder Meer ist. Die Kinder quietschen vor Freude, weil sie aus Herzenslust im »Dreck« herumhüpfen dürfen. Sogar einige Erwachsene kriegen Lachanfälle, wenn sie beim Wattwandern immer wieder im Sumpf stecken bleiben. Löst sich dann der Schuh aus dem Schlick, hat der Abdruck die ockerfarbene Oberfläche durchbrochen, und manchmal kommt eine stinkende, bläulich schwarze Schicht zum Vorschein, die allerdings in keinem Zusammenhang mit Erdölverschmutzungen steht. Vielmehr löst der Mangel an Sauerstoff in den unteren Bodenschichten stellenweise eine chemische Reaktion aus, die Schwefelwasserstoff und schwerlösliches, schwarzes Eisensulfid produziert.

Die fleckenartigen Farbtöne mit mehr oder weniger Tendenz zu Gelb, Braun oder Grau, unterbrochen von schillernd grünen Seegras-Teppichen, sind offensichtlich der einzige Beweis, daß das Watt nicht leblos, sondern die Geburtsstätte des Lebens ist. Die regelmäßige Überflutung durch die Nordsee bringt riesige Mengen mikroskopisch kleiner Kieselalgen und Plankton ins Wattenmeer, die im schnell erwärmten, seichten Wasser prächtig gedeihen. Wie alle grünen Pflanzen beherrscht Plankton die Photosynthese und ist fähig, mit Unterstützung von Sonnenenergie anorganische Stoffe in organische umzusetzen.

Höchst erfreut über diesen Produzenten sind Abertausende von Muscheln und Würmern, die sich unter der Erdoberschicht oder auf Sandbänken von diesen organischen Stoffen ernähren und sich, wie sonst nirgends in Europa, massenhaft vermehren. Daß Fische und Vögel sich gerne herzhaft an diesem reich gedeckten Tisch bedienen, versteht sich von selbst. Nicht allein das große Nahrungsangebot, auch die relative Ruhe im über 9.000 qkm ausgedehnten Wattenmeergebiet besitzt in Europa Seltenheitswert.

Klar ist nun auch, wieso manche Leute scheinbar sinnlos mit einer Schaufel den Wattboden umgraben: Sie suchen nach Prielwürmern als Köder für ihre Angelrute. Stundenlange Spaziergänge im Watt können jedoch heimtückisch sein. Eine spannende Alternative, das Wattenmeer und seine Bewohner kennenzulernen, bieten auf allen Inseln die durch die Naturzentren organisierten Exkursionen.

Kommt die Flut, schwellen Priele, die sich als Gezeitenbäche durch die Landschaft fressen, zu reißenden Flüssen an. Die größten Rinnen sind bis zu fünfzig Meter tief und dienen der Schiffahrt als einzig sichere Wege. Je mehr man sich nach Norden gegen Schiermonnikoog wendet, desto seichter wird das Wattenmeer, was der Hauptgrund für das Fehlen einer direkten Schiffsverbindung zwischen den nördlichsten Inseln ist.

Salz als Lebenselixier

Dort, wo das Wattenmeer regelmäßig bei Flut das Land überschwemmt, haben sich durch Schlamm- und Algenablagerungen einzigartige Salzwiesen entwickelt, deren Vegetation fähig ist, die unfreiwilligen Tagesrationen Salz zu verdauen. Immer häufiger verschwinden diese Salzwiesen aus der Landschaft, denn, ähnlich wie die Moore auf den Äckern des Festlandes, bringen die Gewächse auf Salzwiesen keinen landwirtschaftlichen Nutzen. Nur an ganz wenigen Stellen in Europa kann das Meer die Küste frei überfluten. Vorwiegend die Naturschutzgebiete *De Boschplaat* auf Terschelling, *Het Oerd* auf Ameland und Landstriche auf Schiermonnikoog weisen noch diese urtümliche Vegetation auf, in der man sich nicht wundern würde, einem Saurier zu begegnen.

Die Salzpflanzen oder *Halophythen* sind derbe bis fleischige Gestalten mit auffallend kleinen, ledrigen Blättern. Obwohl das Salz eine schwere Zumutung für die Pflanzen ist, könnten sie ohne dieses nicht existieren. Der eigentümliche *Queller* mit seinen dunkelgrünen, wie Wachs wirkenden Verästelungen produziert anstelle von Blättern nur Verdickungen, um so wenig salzhaltiges Wasser wie möglich in sich aufzunehmen. Das kakteenartige Gänsefußgewächs ist dennoch unfähig, das angesammelte Salz wieder auszustoßen, und fällt, nachdem es im Herbst das Watt in eine herrliche Farbpalette von Gelborange bis Purpurrot verwandelt hat, einfach tot um. Zu dieser Art von Pionierpflanze zählt auch die *Strandsode*.

Der im Spätsommer intensiv violett gefärbte und wegen seinen harten

Blätter vom Vieh gemiedene *Strandflieder* schwitzt dagegen das überschüssige Salz durch seine kleinen Blätter aus. Kauen Sie mal auf einem Halm herum; das schmeckt wie Salzstengel. Ein nachhaltiges Aroma verbreitet auch der *Strand-Wermut* mit seinen silbrig behaarten Blätter. Eine künstliche Züchtung ist dagegen das schilfähnliche *Schlickgras*.

Am Ufer entlang der Gezeitenbäche hat sich auch die leicht verholzte *Strand-Salzmelde*, eine Art von Miniaturmangrove, niedergelassen, die ihre salzgefüllten Blatthaare kurzerhand abwirft und sich von angeschwemmten, organischen Stoffen wie Tier- und Pflanzenleichen ernährt. Die obere Salzwiese, wo *Strandnelken* und *Binsengewächse* gedeihen, wird nur von der Springtide, also etwa zwölfmal im Jahr, überflutet. Von hier verläuft fließend die Grenze zum Weideland. Dennoch weist auch die von Juni bis November blaßrosa blühende Strandnelke weiße Salzablagerungen an der Unterseite ihrer Blätter auf. Die *Salz-Aster* setzt von Juli bis Oktober an Prielrändern und auf Salzwiesen ihre blaßvioletten Farbtupfer. Es versteht sich, daß die blühende Pracht nur Bestand hat, wenn sie nicht von rücksichtslosen Urlaubern gepflückt wird.

Wenn Dünen seßhaft werden

Welch faszinierendes Bild bieten die tobende See und der dramatisch aufgebäumte Himmel an stürmischen Tagen. Der Spaziergang am Strand wird zum stillen Kampf gegen Wind und Wetter. Das Schauspiel der tosenden Wellen, die auf den feinen Sand klatschen, macht die Kraft der Natur bewußt. Erstaunlich auch, wie der Wind schon wenige Stunden nach den letzten Regengüssen den getrockneten Sand zu neuen Skulpturen angehäuft hat. Besonders schön sieht man auf der Vlieländer Sandbank *Vliehors* Grand Cañons en miniature. Die imposanten Sicheldünen werden vom Wind angehäuft und stürzen auf der geschützten Seite steil ein, so daß sich mondförmige Gebilde formen.

Der Strand ist in ständiger Bewegung, wird hier abgetragen und dort wieder angehäuft, so daß die Inseln auch dieser Tage noch wandern. Auf Ameland mußten 1992 riesige Mengen Sand aus dem Meer zur Inselküste gepumpt werden, weil Stürme den Sand von den Badestränden an die Ostspitze der Insel und bis nach Schiermonnikoog abgetragen hatten.

Die von Wind und Wasser geformten, natürlichen Sanddünen wachsen, zerfallen und wandern ebenso als Laune der Natur. Seit der Mensch auf den Waddeneilanden Fuß gefaßt hat, bemüht er sich, dem Spiel Einhalt zu gebieten und die Dünen seßhaft zu machen, denn die bis zu 40 m hohen Sandwälle sind der einzige einigermaßen sichere Schutz vor den Flutwellen der Nordsee.

Erst wenn auf den kahlen Sandhügeln *Binsenquecke, Strandweizen und -hafer* gedeihen, hat die Düne eine Chance, zu bestehen. Diese Gräser wachsen, je öfter sie von frischem Sand überschüttet werden, desto besser und schneller. Wo die Erosion Löcher in die Düne geschlagen hat, kann man sehr gut ihr dicht verfilztes Wurzelnetz sehen, das mit meterlangen Trieben den Boden befestigt. Noch heute ist das Pflanzen von Strandhafer eine kostspielige Angelegenheit, denn immerhin muß für eine einzige Staude mit 35 Cents gerechnet werden. Erweist sich die Bepflanzung als Erfolg, wachsen später auf den jungen Primärdünen auch *Meersenf* und *Lungenkraut*. Die Südhänge der älteren Dünen sind bereits von *Silbergras* überzogen. An den Nordhängen finden schließlich *Krähenbeere, Tüpfelfarn, Brombeere, Kriechweide* und *Moose* ihren Standplatz.

Auf Radeltouren durch die Dünenlandschaft erfreuen blauer *Seedistel*, wilde *Orchideen, Sumpfherzblatt, Dünenrosen* und *Veilchen*, duftender *Kampfer, Erika, Wacholder* und die Vitamin C-reichen Beeren des *Sanddorn* das Auge. Doch Finger weg! Die Pracht steht unter Naturschutz und welkt in Vasen sowieso viel zu früh.

Überall an den Stränden kann man die künstlich gesteckten Reihen von Zweigen beobachten, an denen der Sand hängen bleibt und das Wachstum der Dünen belebt. Auch im Landesinneren haben die Insulaner immer wieder neue Deiche angelegt, die auf Texel über die Jahrhunderte sogar zwei Inseln (Texel und Eierland) miteinander verbanden. Doch längst nicht alle künstlich angelegten Dünen und Deiche waren und sind Erfolge. Auf Schiermonnikoog hat man erst vor wenigen Jahren aufgegeben, die immer wieder durch Sturmfluten weggetragene Dünenreihe auf der Höhe von Pfahl 10 neu anzubauen. So frißt sich die Nordsee stets weiter ins Land und wird die kleinste der Inseln wohl eines Tages in zwei noch kleinere teilen.

Schon immer fürchteten die Insulaner die Sturmfluten, die innerhalb weniger Stunden jahrelange Arbeit zunichte machen und hinter den Deichdurchbrüchen Haus und Hof bedrohen. Ganze Dörfer sind durch solch verwüstende Katastrophen vom Erdboden verschwunden. Obwohl die Dämme über die Jahrhunderte sicherer geworden sind, ängstigen sich die Bewohner noch heute bei starkem Nordweststurm, und die Küstenwache ist bereit, Alarm zu schlagen, falls die Flutwellen über die Dämme brechen sollten.

Gerade weil die Dünen ein wesentlicher Bestandteil für die Sicherheit auf den Watteninseln sind, müssen sie gehegt und gepflegt und soweit als möglich vor Erosion geschützt werden. Deshalb sind die Miniberge vielerorts durch Zäune abgesperrt, um die Vegetation vor dem Zertrampeln zu schützen. Auch dort, wo keine künstlichen Schranken den Zugang verwehren, bleibt der verantwortungsbewußte Tourist auf den vorgegebenen Wegen.

Der See abgerungenes Land

Wie die Nordsee den Watteninseln immer wieder riesige Landflächen entreißt, so trotzen die Menschen dem Meer durch Trockenlegung immer wieder neue Gebiete ab. Bereits im frühen Mittelalter legten die Bauern niedrige Erdwälle an, um die klein parzellierten Weiden und Äcker vor Überflutung zu schützen, aber auch um neues Land, sogenannte *Kooge*, aus den Sümpfen zu gewinnen. Im Norden der Insel Texel steht noch eine jener kleinen Mühlen, die einst dazu dienten, das überschüssige Wasser in Kanäle abzuschöpfen. Wenn das eingedeichte Land nach einigen Jahren ausgesüßt ist, dient der neugewonnene, wertvolle Boden vorerst als Weideland und später auch als Ackerland.

Als Windschutz wurden am Rande der alten Polder Erlenhecken angepflanzt, deren silbern schimmernde Blätter vor allem auf Terschelling die Bewunderung der Urlauber auf sich lenken. Durch die Flurbereinigungen um die letzte Jahrhundertwende, vor allem aber durch den Wandel zur modernen Landwirtschaft, sind viele dieser alten Deiche und mit ihnen die Erlenhecken verschwunden. Abwandern mußten somit auch die zahlreichen Tiere, die einst in diesem Gehölz Unterschlupf fanden.

In den vergangenen Jahrzehnten sind die Methoden der Landgewinnung so perfektioniert worden, daß binnen weniger Jahre ganze Meeresbuchten der See abgetrotzt werden. Die folgenreichste Eindeichung für das Wattenmeer war die Realisation 1932 des Abschlußdeiches, der die *Zuiderzee* von der Nordsee abtrennt. Mit diesem Bau verkleinerte sich das holländische Watt von rund 3500 auf 2500 qkm.

Mehrmals gab es im letzten Jahrhundert auch Pläne, Ameland durch einen Damm mit dem Festland zu verbinden - eine Idee, die mit dem wachsendem Tourismus 1961 erneut aufkam, aber glücklicherweise wieder fallengelassen wurde. Die Einsicht, daß mit jedem neuen Polder einzigartige Gebiete für Pflanzen und Tiere verschwinden, hat mit wachsendem Umweltbewußtsein auf den Watteninseln zum weitgehenden Verzicht neuer Landgewinnungsprojekte geführt.

Zartes Laub im jungen Wald

Die Luft ist erfüllt von Harz und Moos. Vögel zwitschern, und das Laub raschelt in den prachtvollen Wäldern, die wie Inseln auf den Inseln sitzen. Bäume hatten jahrhundertelang Seltenheitswert im Wattengebiet, denn das Klima und die Bodenbeschaffenheit sind alles andere als für das Wachstum von Holz geeignet. Baumgruppen, die als Windschutz vor den Höfen angepflanzt wurden, neigen sich geplagt wie ein vom Westwind gepeitschter Rücken nach Osten.

Dennoch hegten die Verantwortlichen zu Beginn unseres Jahrhunderts den ehrgeizigen Plan, die Inseln, neben der künstlichen Bepflanzung der Dünen, zusätzlich durch das Anpflanzen von Wäldern gegen Sandverwehungen zu schützen. Die Bauern forderten zwar Maßnahmen zum Schutz ihres Kulturlandes. Gleichzeitig waren jene gegen das Projekt, die durch die Anpflanzungen wertvolles Weideland für ihr Vieh verlieren sollten. Widerstand gegen den Anbau von Nadelholz kam auch von Seiten damaliger Naturschützer, die voraussahen, daß durch den zusätzlichen Grundwasserverbrauch zahlreiche Tümpel und Feuchtgebiete verschwinden würden.

Die ersten Versuche unternahm die Forstverwaltung mit österreichischen und korsischen *Kiefern*. Um den jungen Nadelbäumen im trockenen, hügeligen Gelände der Dünen eine bessere Existenzgrundlage zu verschaffen, wurden sie in Torf-angefüllte Gruben gesetzt, gedüngt und künstlich bewässert. Zusätzliche Schwierigkeiten bereiteten Nager wie Ratten und Kaninchen, die sich gerne an den jungen Wurzeln verköstigen.

Um die anfälligen Monokulturen in Mischwald zu verwandeln, wurden zwischen den ursprünglichen Kiefern Laubbäume und Büsche wie *Ahorn, Eiche, Birke, Buchen, Holunder, Weißdorn, Sanddorn,* wohlriechendes *Geißblatt, Vogelbeere, Farne* und *Stechginster* gepflanzt. Im Frühling blühen sogar *wilde Apfelbäume,* von Früchten, die Passanten weggeworfen haben.

Zu Recht sind die Insulaner stolz auf ihre jungen Wälder. Inzwischen regulieren sie ihren Wasserhaushalt selbst, und die Forstverwaltung ist weitgehend mit der Verjüngung des Baumbestandes und dem Unterhalt der Wege beschäftigt. Die salzigen Meereswinde machen den Gewächsen trotz allem schwer zu schaffen. An den Waldrändern beobachtet man viele Bäume, auf deren Laub sich Salz ablagert hat, was einem Todesurteil gleichkommt. Die abgestorbenen Bäume werden so lange als möglich stehengelassen, denn ein kahler Stamm schützt noch immer besser als gar keiner.

Bis die Watteninseln an die Gasversorgung angeschlossen wurden, nutzten die Einwohner das anfallende Holz zum Einfeuern. Dagegen erwies sich der Holzhandel zum Festland wegen der hohen Transportkosten als wenig lukrativ. Als angenehmster Nebeneffekt dienen die Schutzwälder als Erholungsgebiet für Menschen und Tiere. Um die Hölzer vor Bränden zu bewahren, darf nur an offiziellen Feuerstellen Feuer entfacht werden.

Der Anfang einer Zeitbombe

Das Wattenmeer ist mit seinem großzügigen Nahrungsangebot Geburtsstätte und eine der letzten Oasen für zahlreiche Tiere. Doch ist trotz relativer Ruhe und Artenreichtum ist es kein isolierter Garten Eden. Die Nordsee bringt nicht nur neues Plankton, sondern auch all die Gifte mit sich, welche von unseren Industrien durch die Ströme ins Meer fließen.

Strudler, Filtrierer, Abfallsammler, Sedimentwühler, Bodenschlucker und *Aasfresser* ernähren sich von den organischen Stoffen, die das Plankton reichlich produziert, und sind somit die ersten in der Nahrungskette, die Schwermetalle und unabbaubare Gifte aufnehmen. Einer der wichtigsten Bewohner im Watt ist der *Pierwurm,* den Fischer als Köder schätzen. Wie ein überdimensionierter, bis zu 30 cm langer, fetter Regenwurm frißt er Sand, verdaut daraus alles Genießbare und stößt den Rest hinten wieder aus. Dadurch entstehen die spiralenförmigen Häufchen oder »Sandspaghetti« auf dem Wattboden.

Weil der Grund kaum Sauerstoff enthält, sichern sich die Würmer ihre Frischwasserzufuhr in U- oder L-förmig angelegten Bohrgängen. Muscheln haben zwei Atemschläuche entwickelt, die sie an die Oberfläche ausstrecken, um durch den einen ein- und durch den anderen auszuatmen. Die bis zu 15 cm große *Sandklaffmuschel* hat besonders lange und dicke Siphone, durch die gleichzeitig die Nahrung filtriert wird. Das imposante Schalentier lebt etwa dreißig Zentimeter unter dem Boden und verläßt seinen Wohnsitz nie, solange es lebt.

40 Ökologisches

Liegen die Muscheln auf den Sandbänken, sind sie längst nicht mehr bewohnt und geben ein schönes Souvenir ab. Besonders stolz sind die Sammler auf *Herzmuscheln,* deren geriffelte Schalen noch aneinanderhängen. Fische, Vögel und Krebse schätzen das Schalentier als Delikatesse. Beliebter Fund sind dank ihrem farbenfrohen Streifendesign auch die *Baltischen Plattmuscheln,* die, solange sie bewohnt sind, ebenfalls einige Zentimeter unter der Oberfläche liegen. Am bekanntesten und mit Inhalt begehrt sind die blauschwarzen *Miesmuscheln,* die als einzige nicht im Boden, sondern auf Muschelbänken leben. Sie pumpen das Meerwasser durch ihren Organismus und entziehen ihm dabei Plankton und Sauerstoff. Allerdings reagiert die Miesmuschel so empfindlich auf Verschmutzungen, daß Institute sie zur Kontrolle der Wasserqualität einsetzen.

Die *Amerikanische Schwertmuschel,* mit ihrer rohrähnlichen, langen Schale, wurde 1978 erstmals im Wattenmeer gesichtet und hat sich seither prächtig vermehrt. Wie die *Messerscheide* kann sie durch rhythmische Klappenbewegungen notfalls ihrem Feind, dem *Seestern,* davonschwimmen. Von diesem Stachelhäuter gefressen zu werden, muß ein »totaler Horror« sein. Einen seiner fünf Arme legt der Seestern auf die Atemöffnung des Schalentiers. Dann saugt er sich mit seinen Armen an den Schalen fest und zieht sie ganz langsam auseinander, bis sein ausgestülpter Magen durch die Muschelöffnung paßt und das Opfer verdaut.

Die *Wellhornschnecke* ernährt sich ebenfalls von Handfestem und fährt als Aasfresser einen Rüssel aus dem Schlund, an dessen Spitze die scharfe Raspelzunge sogar Krebspanzer öffnen kann.

Meistens noch bewohnt sind die Häuschen der *Strand-* und *Wattschnecken,,* die auf Seegras und Meeressalat weiden. Hebt man ein Häuschen auf, verzieht sich das erschreckte Tierchen und knallt so quasi die Haustür zu, dank der auch bei Ebbe genügend Wasser im Haus gespeichert wird. Etwas schwieriger zu beobachten sind die *Garnelen, Krabben* und *Krebse,* die vorwiegend in den Wasserläufen des Wattenmeers hausen. Sollte Ihnen dennoch eine Krabbe über den Weg laufen, werden Sie feststellen, daß Männchen und Weibchen ihr Allerwertestes unter einem »Tanga« tragen, den man auf- und zuklappen kann.

Der Kreislauf schließt sich

Unbeliebtester Gast am Badestrand sind die angespülten *Quallen.* »Igitt!« ist so ziemlich der einzige Kommentar, den die glitschig wirkenden Medusen bei Menschen auslösen. Gefährlich sind nur die seltenen, orangefarbenen Feuerquallen, die Hautausschläge und heftigen Juckreiz verursachen. Bezeichnend ist der Name *Zeepaddestoel* (»Meerespilz«) für die zahlreich angeschwemmten Quallen mit dem bläulich gefärbten Gallertschirm, der von einem filigranen, dunklen Rahmen wie ein feiner Häkelkragen umsäumt ist und tellergroß werden kann. Die Hohltiere leben von Algen, die sie mit ihren Tentakeln auffangen. Doch am Strand naht bald ihr letztes Stündchen, um dann vollständig auszutrocknen.

Da weite Gebiete des Wattenmeeres bei Ebbe trocken liegen, wohnen die Fische lieber in der Nordsee. Doch mindestens die Hälfte der dort lebenden *Schollen, Heringe, Seezungen* und auch *Garnelen* haben ihre Kinderstube im Wattenmeer zwischen Holland, Dänemark und Deutschland. In den fließenden Gewässern des Watts finden die Jungfische ausreichend Nahrung und sind vor Räubern wie *Hornhecht* und *Seebarsch, Meerforelle* und *Makrele* sicher, weil die das offene Meer vorziehen.

Ein reiner Vegetarier ist dagegen die *Meeräsche,* die sich als einziger Fisch von den einzelligen Algen am Wattboden ernährt. Bei Flut setzen sich auch die Plattfische gerne an den gedeckten Tisch der Sandbänke im Wattenmeer. Laien fällt es ziemlich schwer, die verschiedenen Arten richtig zu erkennen. Gemeinsam ist den Plattfischen der verdrehte Kopf mit schräg gestelltem Maul und das nach oben gerutschte Auge. Wenn Plattfische zur Welt kommen, schwimmen sie wie normale Fische herum und drehen sich erst später mit einer Seite zum Meeresboden. Die beste Gelegenheit, diese Tiere aus der Nähe zu betrachten, bieten die Aquarien in den Naturmuseen.

Die Scholle kann sich soweit in den Boden eingraben, daß nur noch Mund und Augen herausschauen. Die *Flunder* unterscheidet sich durch eine Linie rauher Hautwarzen von der Scholle. Aber offensichtlich haben die beiden Fische manchmal selber Mühe, die eigene Art zu erkennen, denn die sogenannten »Blendlinge« weisen als Bastarde Merkmale beider Fischsorten auf. Gar keine Freude haben die Fischer an der *Kliesche,* die zwar häufig ins Netz geht, aber nicht sonderlich gut schmeckt. Seezunge oder geräucherter *Aal* sind da schon beliebter bei der Kundschaft. Genießen Sie an den Fischbuden und abends in den Restaurants die frischen Meeresfrüchte, aber seien Sie froh, daß der Mensch nicht wie der Seehund pro Tag vier Kilo von den mit Schwermetallen und Giftstoffen belasteten Fischen essen muß.

Seehunde im Spiegel der Zeit

»Wo sind die Seehunde?« wollen alle Urlauber von den Insulanern erfahren. Mit etwas Glück kann man die niedlich wirkenden Viecher auch tatsächlich beobachten, wie sie sich bei Ebbe auf einer Sandbank räkeln und sich vom anstrengenden Fischfang erholen. Ob Sie bei einem Schiffsausflug mitmachen oder im eigenen Boot zur Robbenbank fahren: Um die Tiere nicht zu stressen, darf man sich keinesfalls auf mehr als 300 Meter annähern. Wer kein eigenes Fernglas hat, kann bei geführten Touren durch das des Schiffseigners gucken. Unter »Ausflüge« sind die Organisatoren vermerkt.

Noch in den fünfziger Jahren wurden pro Jahr 600 Seehunde getötet, und Touristen betrachteten es als besonderes Abenteuer, mit auf die Jagd zu gehen. Weil unter den Fischern die Mär zirkulierte, daß ein Seehund fünfzig Kilogramm Fisch pro Tag verschlinge, schien die Jagd auf den Konkurrenten auch gerechtfertigt. Inzwischen ist klar, daß ein erwachsenes Tier maximal fünf Kilo pro Tag frißt.

In den Niederlanden war der Bestand 1959 auf 1100 Seehunde gesunken, und

1962 wurde das Töten der inzwischen geschützten Robben verboten. In Deutschland stehen sie noch auf der Liste der jagdbaren Tiere, doch ihre Anzahl ist so minimal, daß eine Jagd seit der Epidemie 1988 der Ausrottung gleichkäme. Auf Texel wurde mit dem »EcoMare« 1951 die erste Seehund-Auffangstation in Europa gegründet. Inzwischen gibt es ein zweites Zentrum in Holland sowie mehrere in Deutschland und Dänemark. Robbenfänger waren sinnigerweise auch Initianten einiger Seehundkrippen, deren Aufgabe sich von der ursprünglichen Sicherung des Jagdbestandes zur Sicherung der Seehundexistenz gewandelt hat.

Nachdem die Schaffung von Reservaten und das Jagdverbot eine gewisse Stabilisierung gebracht hatten, erwies sich die Verschmutzung der Nordsee als größter Feind. Die über die Nahrungskette in Form von Fischen aufgenommenen Giftstoffe DDT, DDE und PCB lagern sich in der dicken Fettschicht der Tiere ab. Vor allem zum Ende der Säugezeit, wenn die Mütter stark abgemagert sind, werden diese Gifte freigesetzt und greifen das Immunsystem an.

Im April 1988 beobachteten Tierschützer nahe der dänischen Insel Anholt erstmals ein rätselhaftes Seehundsterben, das sich wie ein Lauffeuer auf das gesamte Wattgebiet ausdehnte. Auf manchen Sandbänken starben achtzig Prozent der Kolonie. Die Wissenschaftler suchten fieberhaft einen Impfstoff gegen die ansteckende Viruskrankheit und fanden einen, der wenigstens gesunde Tiere immun gegen die Seuche machte. Von gut tausend in den Niederlanden lebenden Seehunden waren gerade noch 450 übriggeblieben. Zu diesem Zeitpunkt spielten die in Krippen aufgezogenen und freigelassenen Robben einen wichtigen Faktor im Überlebenskampf. Inzwischen hat sich der Bestand wieder auf rund tausend Stück beruhigt. Als einigermaßen gesichert kann man, nach Ansicht von Experten, das Dasein der Robben aber erst bezeichnen, wenn in der Niederlande etwa 3000 Seehunde herumschwimmen. Doch dazu müßte die Nordsee gesündere Lebensbedingungen bieten.

Etwa die Hälfte der Seehunddamen sind erwiesenermaßen – bedingt durch die PCB-Ablagerungen in ihrem Körper – unfruchtbar. Wird im Juni/Juli aber ein Junges geboren, trinkt es während etwa fünf Wochen die wie Sahne fette Muttermilch, bis es etwa 25 kg wiegt. Lernt das Jungtier, Krabben und Fische zu vertilgen, besteht eine gute Chance, daß die Fettschicht bis im Herbst dick genug ist, um die Kälte des Winters zu überstehen. Nach vier Jahren werden die Weibchen und nach sechs Jahren die Männchen geschlechtsreif. Sie paaren sich im August, wobei die Bullen aggressiv um ihre Auserwählte buhlen. Erst drei Monate nach der Befruchtung hüpft das Ei in die Gebärmutter und wächst sieben Monate bis zur Geburt. In Gefangenschaft können die bis zu 120 kg schweren Tiere gut dreißig Jahre alt werden. *Henk Brugge* erzählt im Kapitel »Texel« über seine Erfahrung mit Seehunden.

Goldenes Zeitalter des Walwahns

Die größten Kolosse des Meeres sind Säugetiere. Rund siebzig Arten *Zahnwalfische* (eben mit Gebiß) und etwa zehn Arten Bartwale (ohne Gebiß)

Dünen, Heide und Moore prägen die Landschaft der Inseln ▶

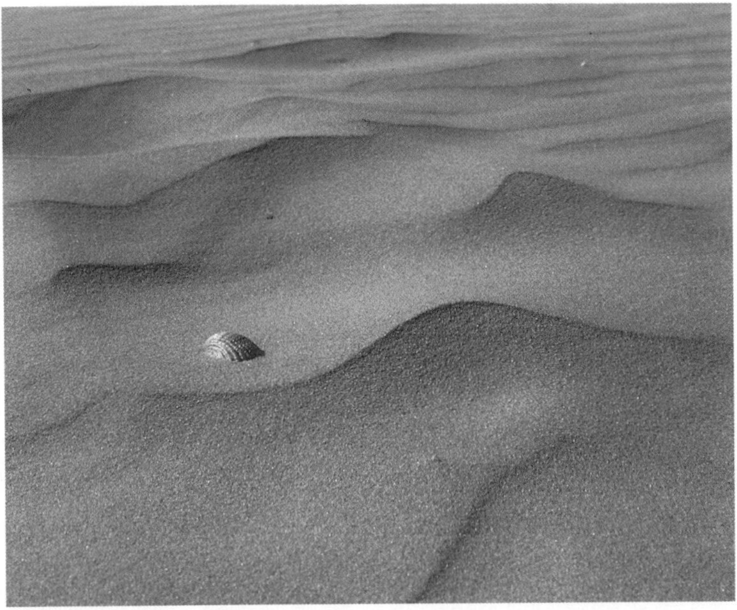

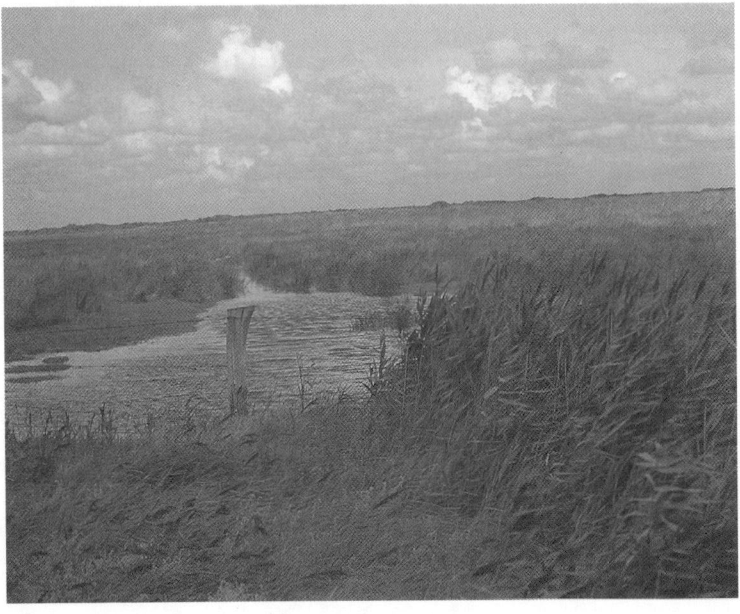

tummeln sich in den Ozeanen der Erde. Zur Familie gehören auch Braunfische und Delphine, wobei der *Weißnasendelphin* in der Nordsee am häufigsten, in Schulen von sechs bis zwanzig Tieren, zu beobachten ist. Alle zwei bis vier Jahre gebären Walfischdamen nach zehn- bis zwölfmonatiger Tragzeit ein Junges, das nach sechs bis acht Jahren erwachsen wird. Die größten Arten können zwanzig bis dreißig Jahre alt werden und leben mit bis zu 35 Meter Länge auch aus Platzgründen allein im offenen Meer. Sie orientieren sich mit einem radarähnlichen Sonar-System, das durch die zurückkommenden Schalle die Strukturen erfassen läßt. Die zahlreichen Wellen der modernen Technik stören dieses System vermutlich intensiv. Wahrscheinlich ist das eingebaute Radar auch der Grund dafür, wieso gestrandete Wale, selbst wenn man sie rechtzeitig ins Meer zurückbringt, immer wieder Richtung Strand und Tod lospreschen. Kapitän *Edmund Kelley* aus den USA erfand eine Methode, welche die Signale der Walfische für das menschliche Ohr erfaßbar macht. Es wurden gar Langspielplatten mit ihrem Gesang bespielt.

Im 17. und 18. Jahrhundert brachte die Jagd auf Walfische ein »Goldenes Zeitalter« für die Watteninseln. Der einträgliche Job forderte rauhe, harte Burschen, denn der Walfang war alles andere als ein leichtes Spiel und erforderte einen erbitterten, stundenlangen Kampf zwischen Mensch und Tier. Von März bis Mai liefen die großen Segelschiffe mit einer Besatzung bis zu fünfzig Männern Richtung Davidstraße, zwischen Kanada und Grönland, aus. Vom Krähennest hielten die Seeleute auf dem Meer Ausschau nach den unverkennbar typischen, meterhohen Fontänen der Wale. Wurde einer gesichtet, stiegen die stärksten Männer in Ruderboote und näherten sich dem Koloß mit Handharpunen bewaffnet. Ziel war es, das Tier mit einem Schlag so zu verletzen, daß es so geschwächt war, um den durch ein Tau mit der Harpune verbundenen Kahn mit sich in die Tiefe zu reißen. Ebenso konnte das Opfer mit einem einzigen Schlag seiner immensen Schwanzflosse das Boot der Feinde wie ein Gummibällchen über die Wellen schlagen lassen. Zum Verhängnis wurde den verletzten Walen, daß sie immer wieder zum Luft-Schnappen an die Oberfläche zurückkehren müssen. Noch an Bord wurde der Speck geschnitten und der Tran gekocht.

Meterlange Kiefer von Walfischen zieren noch als Tore Eingänge zu Schul- und Gemeindehäusern. Auf den Friedhöfen ruhen die typischen Grabsteine der einstigen Walfänger. Die Kapitäne wurden Kommandeure genannt, und unverändert strahlen ihre Häuser Wohlhaben aus. Einige Heimatmuseen gestatten einen Blick in die historischen Wohnstuben, die mit herrlichen Wandkacheln dekoriert sind. An der Hausfront verraten eiserne Maueranker das exakte Baujahr der bis zur Flaute um 1800 entstandenen Wohnhäuser.

Nur selten wurden während des »Goldenen Zeitalters« des Walfangs Pottwale gejagt, da ihr Fleisch als ungenießbar gilt. Zudem leben diese Riesen im tiefen Gewässer, wo die kleinen Ruderboote der Jäger kaum eine Chance hatten. Mit dem Ausklang der Fleischjagd nahm dennoch die Hetze auf Pottwale zu: 1837 wurden 6767 Stück getötet,

1964 waren es 30.000. Pottwale sind Zahnwale, wobei ihr Unterkiefer mit vierzig bis sechzig Zähnen pro Tag bis zu eine Tonne Tintenfische zermalmen soll. In Gruppen von etwa dreißig Mitgliedern leben sie in tropischen und subtropischen Gewässern. Doch die bis zu 20 m langen Männchen schwimmen aus unerklärlichen Gründen nach der Paarungszeit Hunderte Kilometer Richtung Süd- oder Nordpol und kehren erst im folgenden Jahr zurück.

Ziemlicher Humbug war die Vorstellung, daß es sich bei dem *Spermaceti* genannten, öligen Stoff im Kopf der Pottwale um die Spermen der männlichen Tiere handelt. Der Lauf der Zeit brachte die Erkenntnis, daß dieses zähflüssiges Mittel wohl eher dem eingebauten Radarsystem dienlich ist. Begehrtestes Produkt des Pottwals ist eine Ausscheidung der Darm- und Harnblase. Während Amber heutzutage vor allem zu Parfum verarbeitet wird, wurden die gelbbraunen bis braunschwarzen, ein bis zehn Kilogramm schweren Amberklumpen während Jahrhunderten als Allerweltsheilmittel eingesetzt. Heute wird die weltweite Population der Pottwale auf etwa zwei Millionen Exemplare geschätzt. Den kommerziellen Fang hat die Internationale Walfang-Kommission 1985 verboten, doch klassische Fangnationen wie Japan, Norwegen und Island haben das Verbot unter dem Deckmantel der wissenschaftlichen Forschung durchbrochen und erwägen die offizielle Wiederaufnahme der Jagd zumindest auf Zwergwale.

Aus der Vogelperspektive

Kaum anderswo ist es leichter, so zahlreiche Vogelarten zu beobachten, wie auf den Watteninseln. Allein im holländischen Wattenmeer leben mehr als eine halbe Million Vögel konstant, doch im September und Oktober tummeln sich bis zu neun Millionen Vögel zwischen Holland und Dänemark. Alle paar Jahre werden bis dato unbekannte Vogelarten gesichtet, die das Brutgebiet neu für sich entdecken. Für alle scheinen Meer, Salzwiesen, Polder und Wälder genügend Futter abzuwerfen, um gestärkt den Flug in den Süden anzutreten. Gewaltige Vogelschwärme erscheinen dann wie Gewitterwolken am Herbsthimmel. Die Zugvögel orientieren sich nach Landschaftsmerkmalen wie Flüsse und Gebirge, aber bei Tag dient auch die Sonne und nachts der Sternenhimmel als Kompaß. Im Gehirn der Vögel wird ein kleiner Magneteisenkörper als jenes Instrument vermutet, das sich am Magnetfeld der Erde orientieren kann. Radiosender, Richtstrahler und Radargeräte stören deshalb den Orientierungssinn der Zugvögel. Schlimmer noch sind Stürme und starke Winde, die sie vom langen Weg abtreiben.

Meistens sind *Fasane* jene Zeitgenossen, die dem Besucher als erstes entlang den Radwegen durch die Dünen begegnen. Sie wurden wie die *Rebhühner* in unserem Jahrhundert der Jagd zuliebe eingeführt und vermehrten sich so prächtig, daß die Jäger alljährlich im Herbst auf der Lauer sind. Im Mai und Juni schlüpfen acht bis zehn Küken aus den Fasaneneiern. Fasane sind zudem nützliche Tiere, denn ihre Lieblingsspeise sind Raupen, die einst jeden Sommer auf Campingplätzen und in Ferienhäuschen zur Plage wurden, weil sie dem Menschen Juckreize bescheren.

Unübersehbar ist auch die große Zahl an *Möwen:* Die *Silbermöwe* schwingt silberne und die *Mantelmöwe* schwarze Flügel. Die *Lachmöwe* kriegt im Sommer einen braunen Kopf und brütet in Kolonien, um sich vor Nesträubern zu schützen. Während die meisten Möwen Muscheln auf die Radwege am Watt fallenlassen, um die Leckerbissen aus den zerschlagenen Schalen zu picken, jagt die *Schmarotzerraubmöwe* hinter einer Seeschwalbe her, bis diese vor Angst den eben verschluckten Fisch erbricht. Seit etwa 1925 nistet auch die *Kleine Seemöwe* wieder auf den Watteninseln.

Beeindruckend sind im Winter die vom hohen Norden geflüchteten *Ringelgänse* mit ihrem weißen Halsband, die sich bei Ebbe vom Fischlaich an den dünnen, länglichen Blättern der freiliegenden Seegraswiesen bedienen. Witzig wirken dagegen die *Enten*, die im Gänsemarsch über den Polder watscheln oder auf einem Kanal planschen. In früheren Jahren wurden *Eiderenten, Bergenten, Stockenten, Löffelenten, Reiherenten* und die seltenen *Spießenten* in Entenkojen gefangen und für den Speisezettel verkauft. Auf Terschelling, Ameland und Schiermonnikoog kann man Entenkojen besichtigen, die dieser Tage noch zum Beringen der Vögel genutzt werden. Einige zahme Enten locken dabei ihre wilden Kollegen an. An bestimmte Weiherufer grenzen längliche Gehege, in welche die zahmen Enten mit Futter gelockt werden. Natürlich folgen ihnen die wilden neugierig. Am Ende des Geheges watscheln die dressierten Vögel wieder hinaus. Bevor die wilden Enten den Ausgang erreichen, wird er geschlossen, und die Neulinge sind gefangen.

Auf allen Inseln führen organisierte Exkursionen auch in der Brutzeit in die Vogelbrutgebiete, die dann nur in fachkundiger Begleitung zugänglich sind. Wer sich auf eigene Faust ornithologisch amüsieren will, besorgt sich am besten ein Bilderbuch über die Vogelwelt der Watteninseln. Dann braucht es vor allem Zeit, stehenzubleiben und in aller Ruhe, nach Möglichkeit mit einem Fernglas, Ausschau zu halten. Wichtig sind zudem die Lichtverhältnisse: Idealerweise steht man mit dem Rücken zur Sonne, denn bei Gegenlicht lassen sich die gut getarnten Vögel nur schwer erkennen. Einer der zahlreichen *Limikolen,* der *Goldregenpfeifer,* hat beispielsweise sein Federkleid so gut angepaßt, daß er im frisch gepflügten Acker kaum zu entdecken ist. Als wichtigste Regel für jeden Beobachter gilt, die Vögel in ihrem Alltag nicht zu stören und ihre Nester nur aus gebührendem Abstand zu bestaunen. Die Jungen der Küstenvögel sind durchwegs Nestflüchter, das heißt, sie verlassen das oft nur aus ein paar zusammengesuchten Muscheln bestehende Nest unmittelbar nach dem Schlüpfen. Die Wasservögel nutzen ihren Aufenthalt im Wattenmeer auch für die Mauser, wenn sie ihr Federkleid mit den wichtigen Kontur- und Schwungfedern ersetzen.

Im Frühjahr jodelt der braun gesprenkelte *Brachvogel* in der Kehle seines langen, gekrümmten Schnabels, während der kontrastvoll schwarzweiße *Säbelschnäbler* wie ein Seiltänzer über das Watt balanciert, um mit seinem schmalen, nach oben gebogenen Schnabel Wirbellose zu filtrieren. Der kleine *Austernfischer* mit seinen auffallend roten Beinen kann mit dem ebenso roten Schnabel Muscheln knacken, wenn er nicht gerade »te piet, te piet« ruft. Die leicht untersetzten *Alpenstrandläufer* hacken im Gruppenverband nach Wattschnecken, Würmern und kleinen Krebsen, bevor sie im Herbst weiter gen Süden ziehen.

Ganz andere Vorlieben haben *Singvögel* wie *Amsel* und *Drossel,* die sich in den Wäldern an Wacholderbeeren satt essen. Kenner vermögen auch die Melodien von *Feldlerche, Rotkehlchen, Nachtigall* und *Meise* zu unterscheiden.

Absolut majestätisch wirken die Segelflüge der *Raubvögel.* Mit etwas Glück kann man Ende Juli, Anfang August den *Seeadler* beobachten, der mit einer Spannweite von fast zweieinhalb Metern zum Sturzflug ansetzt. *Kornweihe* und *Rohrweihe* räubern nur kranke oder schwache Kaninchen und Mäuse, verschmähen aber auch nicht Frösche, Eidechsen und kleine Vögel. In der Abenddämmerung kann man hier und da ins unverkennbare Angesicht einer *Eule* blicken. Aber auch *Turmfalke* und *Sperber* gehen auf Jagd. Selbstverständlich könnten jetzt Hunderte von Vogelarten beleidigt sein, weil sie keine Erwähnung gefunden haben.

Kaninchen und andere Immigranten

Säugetiere haben es nicht so gut wie Vögel. Sie müssen über das Wattenmeer waten, wenn sie aus eigenem Antrieb auf die Inseln gelangen wollen. Die meisten Säuger kamen deshalb erst mit den Menschen in die neue Heimat. Abgesehen von den Nutztieren der Landwirtschaft, erhielten *Igel, Kaninchen, Hasen* und *Wiesel* eine Aufenthaltsgenehmigung. Selbständig gemacht haben sich auch ein paar *Katzen,* deren Nachkommen nun verwildert in den Dünen herumlungern und sich öfters mal an geschwächten Kaninchen vergreifen. Auch sind die Hoppler beliebtes Jagdziel, weniger des Fleisches als der Felle wegen. Dennoch wimmelt es in den Dünen von den Kotkügelchen der Kaninchen, die am Radweg auf ihren Hinterpfoten hocken und auf in Windeseile abzischen oder in den frühen Morgenstunden auf den Wiesen grasen. Auch die Wurzeln der Dünengewächse schmecken den Kaninchen gut.

Sie leben in mehrgängigen Höhlen, in denen – sobald niemand mehr darin wohnt – Bergenten, Dohlen, Steinschmätzer und Höhlentauben ihre Jungmannschaft ausbrüten.

Ansonsten sind die bei den Touristen Entzücken weckenden Viecher allerdings eher als Plage zu bezeichnen. Auf einem Hektar leben zehn bis dreizehn Kaninchen, die mit ihren Höhlen die Stabilität der Dünen gefährden. Die Weibchen werfen durchschnittlich fünfmal im Jahr, und schon nach einem Jahr kriegen die Jungen eigene Kinder. Obwohl jedes Jahr Tausende von Kaninchen abgeschossen werden, reguliert erst die in den vierziger Jahren aufgetauchte Krankheit Myxomatose in brutaler Weise den Bestand. Kein anderes Tier reagiert so empfindlich auf den Myxoma-Virus, der von Insekten übertragen wird, die ursprünglich in Brasilien Kadaver entsorgten. Hasen sind immun gegen die Krankheit, doch Kaninchen erblinden daran. Die mit angeschwollenen Augen schwach hoppelnden Kranken machen einen Mitleid erregenden Eindruck.

Naturschutz und Umweltverschmutzung

Bedauernswert sind auch die ölverschmutzten Wasservögel, die versuchen, mit ihrem Schnabel das wasserdurchlässige Gefieder zu reinigen, wodurch das Öl in den Verdauungstrakt gelangt und Magen- und Darmwände angreift. Selbst wenn die verschmutzten Vögel aufgefunden und aufgepäppelt werden, ist ihre Überlebenschance gering. Nicht nur verheerende Ölkatastrophen, die ganze Landstriche verwüsten, sondern auch das illegale Auswaschen von Öltankern auf offener See (statt wie vorgeschrieben im Hafen) trägt stark zu den Verschmutzungen bei. Außerdem vermindert sich der natürliche Lebensraum der Vögel zusehends durch Hafenbauten, Industrieanlagen, Bohrtürme und nicht zuletzt touristische Infrastrukturen. Dank der Gründung von Naturschutzreservaten konnte dennoch das Aussterben einiger Arten, wie der einstweilen verschwundenen *Wiesenweihe, Feldeule* und *Turmfalke,* verhindert werden.

Die größte Naturbedrohung ist kaum sichtbar. Es sind die Giftstoffe, welche Rhein, Elbe, Weser und Ems in die Nordsee führen und die dann wiederum das Wattenmeer überfluten. In den sechziger Jahren wurde die Wattensee durch gechlorte Kohlenwasserstoffe wie DDT (Insektenvertilgungsmittel) belastet. Hauptproblem dieser Tage sind die PCB-Ablagerungen und Schwermetalle wie Cadmium und Quecksilber, Blei, Kupfer und Zink. Die hoch dosierte Giftmixtur lagert im Fettgewebe der Vögel, was nicht sofort zu Krankheit oder Tod führen muß. Im harten Winter 1986/87 starben aber beispielsweise massenhaft Austernfischer, die in Hungerszeiten ihren Speck abbauen, wodurch die Gifte in den Organismus gelangen. Daneben trägt der saure Regen nicht gerade zur Wasserauffrischung bei.

Der Wasserhaushalt auf den Inseln wiederum litt stark unter dem wachsenden Tourismus. Um den immens gestiegenen Verbrauch von Grundwasser zu regulieren und das drohende Austrocknen der Dünen zu vermeiden, mußten zusätzliche Wasserleitungen vom Festland zu den Wattinseln gelegt werden. Nur Schiermonnikoog und Vlieland trinken noch ihr eigenes Grundwasser, das in der Hochsaison knapp wird.

Jahrzehntelang wurde der anfallende Müll in den Dünen vergraben, bis die Abfallmenge durch die zunehmende Besucherzahl so anstieg, daß die Entsorgung in den letzten Jahren umweltgerecht geregelt werden mußte. Wie auf dem Festland gibt es Sammelstellen für leere Batterien, Glas und Altpapier. Auf Terschelling stehen auch Container für kompostierbare Abfälle bereit. Naturfreunde können durch ihr Verhalten dazu beitragen, die Inseln nicht stärker als notwendig zu belasten. Ein musterhafter Tourist läßt sein Auto zu Hause, pflückt keine Blumen, stört keine Tiere, entfacht kein Feuer, bleibt auf den Pfaden, führt seinen Hund an der Leine, nutzt die Abfallsammelstellen und schließt den Wasserhahn während des Zähneputzens. Na, wie steht's?

Noch Mitte der sechziger Jahre gab es

Leute, die ernsthaft vorhatten, die gesamte Wattensee trockenzulegen und als Landwirtschaftszone auszubauen. Der Druck von Seiten der Umweltschutzorganisationen bewirkte jedoch ein Einfrieren sämtlicher Landgewinnungsprojekte. Jahrzehntelang kämpften Naturschützer auch gegen die Gasgewinnung vor Ameland, die dennoch verwirklicht wurde. Zur Zeit laufen Aktionen gegen neu geplante Gasgewinnungsprojekte. Hauptargument der Gegner ist die Tatsache, daß sich der Boden durch die Entnahme der Gasschicht senkt. Gebiete, die nur bei Flut überschwemmt werden, kommen dadurch dauerhaft unter Wasser zu liegen, was für das Nahrungsangebot der Vögel und die Ruhegebiete der Seehunde Folgen hat.

Kaum zu vereinbaren mit dem Image von Ruhe und ungestörter Natur sind die militärischen Übungen der Luftwaffe auf Vlieland und Terschelling. Die Bevölkerung der nördlichsten Insel Schiermonnikoog weigerte sich nach dem Krieg erfolgreich gegen die Stationierung der Armee auf ihrer Insel.

Mit wachsendem kommunalen Umweltbewußtsein ist auch die Zusammenarbeit zwischen den Organisationen in Holland, Deutschland und Dänemark stärker geworden. Weite Gebiete des Wattenmeeres stehen heute unter Naturschutz, und zumindest im holländischen Teil stehen auch die erhaltenswerten Dörfer unter Denkmalschutz. Zuständig für Naturschutzaktionen im Bereich der holländischen Wattensee ist die 1965 gegründete und rund 35.000 Mitglieder zählende
■ **Landelijke Vereniging tot Behoud van de Waddenzee,** Postbus 90, 8860 AB Harlingen, Tel. 05178-155 41, Fax 179 77.

Geprägt durch Geben und Nehmen

Die Balance zwischen Geben und Nehmen war und ist der Grundstein für das Leben auf den Watteninseln. Die Menschheitsgeschichte begann gemäß archäologischer Funde etwa um 800 nach Christus, zu einem späten Zeitpunkt im Vergleich zu anderen Weltgegenden. Die Naturbegebenheiten waren nicht nur Grund für die lange Isolation der Sandbänke im Moorland, sie prägten auch den Kampf um das menschliche Dasein im Watt. Ständig waren die Insulaner gezwungen, sich mit ihrer Umwelt auf der Suche nach existenzsichernden Maßnahmen intensiv auseinanderzusetzen. Hochwasserkatastrophen, wie die verheerende von 1953, gaben dem Menschen aber auch immer wieder zu verstehen, daß sich die Natur nicht vollends einzwängen läßt.

Ihre Siedlungen und Höfe bauten die Einwohner hinter den schützenden, großen Dünen in der leicht erhöhten Inselmitte, wo seit Jahrtausenden immer neue Lehmschichten angeschwemmt worden waren. Der Kampf ums Überleben muß oft mühselig und karg gewesen sein. Die Menschen waren aufeinander angewiesen und lebten untereinander nach dem gleichen Prinzip wie mit der Natur: Geben und Nehmen. Das starke Zusammengehörigkeitsgefühl brachte eine ebenso starke soziale Kontrolle, die auch dieser Tage noch ganz gut funktioniert. Diebstähle beispielsweise kommen höchstens während der Touristensaison vor. Die fehlende Kriminalität wird von den Einheimischen betont und gelobt. Oft vergessen sie denn auch, ihr Fahrrad abzuschließen.

Geschichte/Wirtschaft

Als die Eltern einer Bekannten nach vielen Jahren wieder mal verreisen wollten, mußten sie erst das Türschloß auswechseln – sie konnten den nie gebrauchten Hausschlüssel nirgendswo finden.

Kehrseite des engen Zusammenlebens ist die Gerüchteküche. »Schneidet sich einer am Morgen in den Finger«, so erzählt ein Kenner, »kann man sicher sein, daß bis zum Abend jedermann weiss, der Arzt habe dem Armen die Hand amputiert.« Insofern schätzen es die Insulaner, daß sie während der Saison intensiv beschäftigt sind und bis zum Winter kaum Zeit für Getratsche bleibt. Sobald die Saison vorbei ist, stürzen sie sich aber mit Hingabe ins Vereins- und Stiftungsleben, das sich unterschiedlichsten Aufgaben widmet: die Schaffung eines Fährbetriebs, der Bau einer Reithalle, die Sammlung lokaler Kunstschätze, Tanz-, Musik-, und Theatergruppen. Einige Gesangvereine sammeln *Shanties*, die während der Seefahrerzeit zu den Arbeiten an Bord gesungen wurden.

In vielen Wohnungen hängen und stehen Andenken an ferne Länder, die von Großvater und Urgroßvater vererbt wurden. Denn die traditionelle Armut, abgesehen von der Abenteuerlust, zwang manchen Bauern und Fischer, in die große weite Welt zu fahren. Als hinterwäldlerisch konnte man deshalb die Insulaner nie betiteln. Hingegen bezeichnen Holländer ihre Landsleute gerne als eigenbrötlerisch, starrköpfig und sich selbst getreu. Der stete Überlebenskampf hat zu jener Bodenständigkeit geführt, die scheinbar niemanden, aus welchem Grund auch immer, aus den Schuhen zu werfen vermag.

Wenn die Männer monatelang auf See waren, übernahmen die Frauen das Regime, was öfters zu Schwierigkeiten und Machtgehabe führte, wenn die Männer während ihrer kurzen Rückkehr zu Hause wieder das Ruder in die Hand nehmen wollten. Dennoch schlossen sie liebend gerne ihre Frauen in die Arme, so daß die Familie bei der nächsten Heimkehr ein Kind mehr zählte. Viele Ehemänner und Söhne kehrten jedoch nicht mehr von See zurück, weshalb die Hinterbliebenen ein besonderes Verhältnis zum Tod entwickelten.

Die Bevölkerungszahl auf den Inseln schwankte während den vergangenen Jahrhunderten immens, da sich die Existenzbedingungen fortlaufend veränderten. Die holländischen Seekriege des 17. Jahrhunderts brachten ebenso Leid wie wirtschaftlichen Aufschwung, der in Lotsenwesen und Walfang seinen Höhepunkt fand. Im »Goldenen Zeitalter« der holländischen Schiffahrt lagen die südlichen Watteninseln strategisch genau richtig für die Durchfahrt der großen Handelsschiffe zu den damals wichtigen Häfen in Amsterdam und Enkhuizen.

Je nachdem, welcher Graf oder welche Regierung gerade das Sagen auf den einzelnen Inseln hatte, wurde die Bevölkerung mehr oder weniger malträtiert. Die französische Besatzungszeit gegen Ende des 18. Jahrhunderts war, vor allem bedingt durch Napoleons Kontinentalsperre, eine Katastrophe für den Handel und die Schiffahrt auf den Inseln. Der Bau des Nordhollandkanals (1819–1824) brachte auch dem Lotsenwesen das Ende. Die Bevölkerungszahl ging so weit zurück, daß die Kosten für den Erhalt der Inseln nicht mehr rentabel waren und beispielsweise ernsthaft erwägt wurde, Vlieland den Launen der Natur zu überlassen, das heißt wegspülen zu lassen.

Den größten Aufschwung in der Geschichte der Watteninseln brachte nach dem Zweiten Weltkrieg dann der stark angestiegene Tourismus. Die Einheimischen schätzen die dadurch entstandene Infrastruktur, von Einkaufs- bis zu Unterhaltungsmöglichkeiten. Einzig die Anwesenheit höherer Schulen hat der Tourismus nicht gebracht. Deshalb muß jeder Teenager, der mehr als die Grundschule besuchen möchte, während der Woche auf dem Festland leben.

Vom Strandjutter zum Retter

Wenn ein Sturm aufzieht, spüren die Strandräuber (Jutter) dieses Kribbeln in der Magengegend, das die Hoffnung weckt, am Strand kostbares Schwemmgut zu finden. Natürlich freuen sie sich über ein schönes Stück Holz, eine alte Boje oder einen gestrandeten Luftballon mit Wettbewerbsadreßschildchen. Seltener, aber doch lieber, finden sie angespülte Schmuggelware wie Whisky oder Haschisch. Ein Kollege auf Schiermonnikoog entdeckte eines Tages gar einen schwedischen Container voller Umzugsware, die nach Absprache mit der zuständigen Versicherung seither im Haushalt der ganzen Familie zu finden ist. Die Strandräubermuseen auf Texel und Ameland, aber auch viele Cafés und Wohnstuben, sind überhäuft von Strandgut.

Offiziell müssen Funde bei der Gemeinde abgegeben werden, was zu einem Finderlohn von zehn Prozent berechtigt. In der Praxis wird jedoch nur abgeliefert, was wegen der Größe sowieso nicht zu verheimlichen ist. Schon in früheren Jahrhunderten vermied es die Jutter tunlichst, mit ihrem Fund zu prahlen, denn eigentlich waren sie verpflichtet, die Ware dem machthabenden Strandvogt abzuliefern.

Ursprung des Strandräuberns war nicht eine Schwäche für schöne Sammelstücke, sondern waren pure Not und Armut. Immerhin sicherte die gestrandete Ladung eines Handelsschiffes für eine Weile die Existenz. Allein das angeschwemmte Holz garantierte (bevor die Inseln bewaldet waren) Heizmaterial für den Winter. Mit Irrlichtern halfen die Insulaner hie und da einer Schiffsstrandung nach. Auf Ameland rankt noch immer die Legende um *Rixt van het Oerd,* die ihren eigenen Sohn nach einer solchen Aktion angespült fand. Und auf Schiermonnikoog werden die Kinder davor gewarnt, nachts durch die Dünen zu gehen, denn dort sollen die Seelen der Verunglückten Rache suchen.

Die Mentalität gegenüber den gestrandeten Seeleuten änderte sich im Lauf der Zeit radikal. Seit der Gründung der Königlichen Niederländischen Rettungsmannschaft *KNRM* im Jahre 1824 wurden mehr als 30.000 in Seenot geratene Menschen gerettet, oft auch unter der Gefahr, das eigene Leben zu opfern. So ging etwa auf Terschelling 1921 das berühmte Rettungsboot *Brandaris* mitsamt Mannschaft bei einem Rettungsmanöver unter. Etwa 500 Freiwillige auf insgesamt 36 Stationen mit 50 Schiffen leisten heute Hilfe entlang der holländischen Küste. Durch Gönner, Spenden, Legate und Schenkungen deckt die KNRM ihre jährlichen Unterhalts-

52 Angeschwemmtes

kosten von rund sechs Millionen Gulden. Vor allem die Vergnügungsfahrten unprofessioneller Skipper hält die Rettungsmannschaften auf dem Wattenmeer dieser Tage in Atem. *Govi Visser* berichtet übrigens im Kapitel »Ameland« über seine vierzig Jahre Erfahrung in der Rettungsmannschaft.

In Friedenszeiten kommt es glücklicherweise seltener vor, dennoch werden immer wieder auch Menschen angeschwemmt, sei es von einem gekenterten Schiff oder nach Unfällen auf Bohrtürmen. Als Jahrhundertereignis gelten angespülte Wale. So weiß man zum Beispiel von der Strandung eines Pottfisches am 2. April 1990 auf Terschelling. Im Naturmuseum von Texel gibt es das 16 m lange Skelett eines 1953 gestrandeten Pottwales zu bewundern. Unerklärlich spektakulär war die Strandung von sieben Walen im Januar 1762 auf Vlieland und dem Inselchen Griend zwischen Vlieland und Terschelling. Damals stritten sich die beiden Inselgemeinden um den kostbaren Fund. Sogar die Strandung eines Wales am 8. September 1306 ist überliefert.

Häufig sind leider gefährliche Fundstücke ehemaliger Kriegsmachenschaften. Allein auf Texel werden pro Jahr 100 bis 150 angespülte Granaten gesichtet, die durch Muschelablagerung manchmal nicht als solche zu erkennen sind. Deshalb ist Vorsicht angebracht, falls Sie sich auf die Suche nach Strandgut machen. Im Zweifelsfall verständigen Sie die Polizei.

Angenehmere Fundstücke sind Flaschen mit Inhalt, wenn nicht mit flüssigem, dann noch besser mit einem Brief. *Jelle Pals* auf Terschelling besitzt eine Sammlung geheimnisvoller Nachrichten aus aller Welt, so von Seglern, die ihrer Fantasie freien Lauf ließen, oder von Kindern, die Welteroberer spielten. Eine Flasche stammt aus Mexiko. Eine andere wurde 1982 während des Falkland-Krieges in Buenos Aires abgeschickt. Ganz schön überrascht reagieren die Absender auf die Antwort aus Holland, denn Herr Pals schreibt zurück! Aber auch Feriengäste wie Douwe und Joke Visser haben mit Flaschenpost ihre Erfahrungen gemacht. Die beiden hatten während ihrer Ferien auf Vlieland 1971 eine Flaschennachricht von Gaby und Jörg Otto aus der damaligen DDR gefunden. Die beiden Paare hatten über Geheimadressen jahrelang regen Briefkontakt geführt und sich sogar zweimal heimlich getroffen. Im Sommer 1992 konnten die vier erstmals offiziell zum Ausgangspunkt ihrer Freundschaft nach Vlieland reisen.

Ameland: Govi Visser war während vierzig Jahren im Einsatz bei der Königlichen Rettungsmannschaft ▶

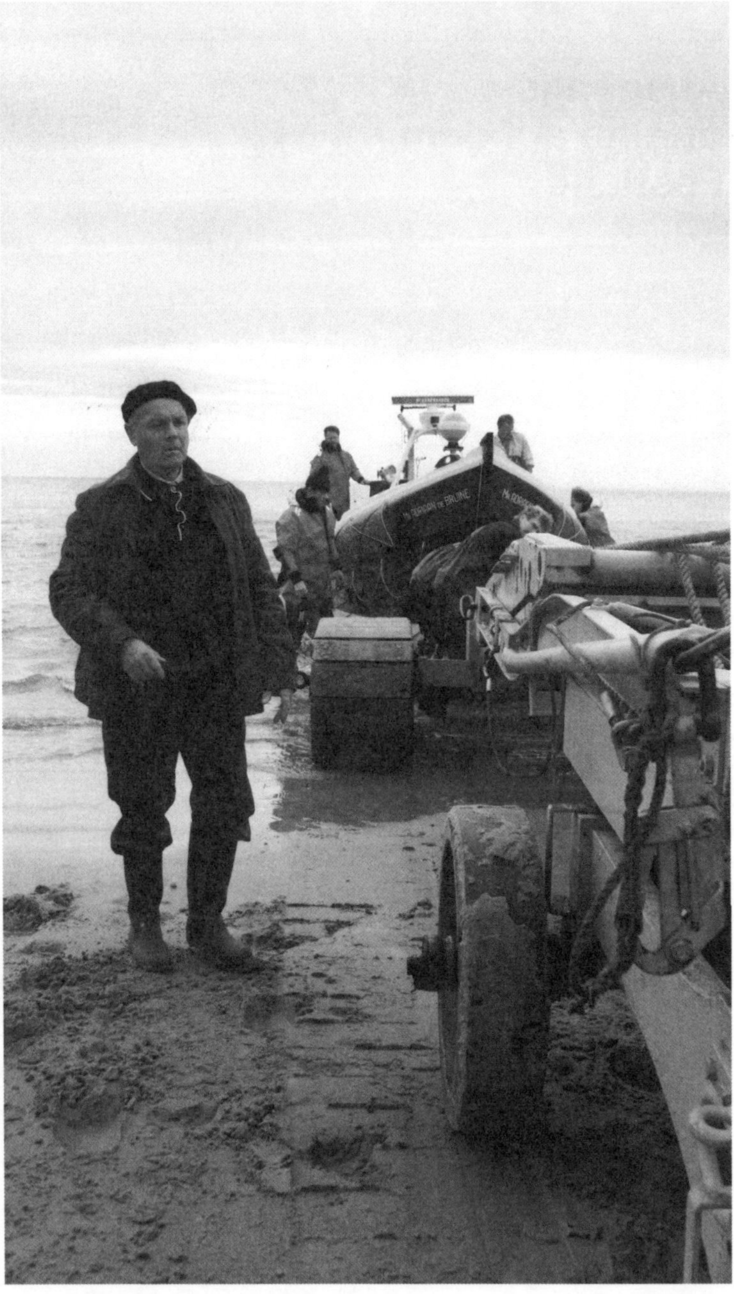

Ausgangspunkte auf dem Festland

Den Helder

Ausgangspunkt für Texel ist Den Helder, am Nordzipfel der Provinz Nordholland. Den Charakter des Städtchens prägt der Hafen, wo auch Militärschiffe vor Anker gehen. Das Vergnügungsviertel lebt auf, sobald eine Schiffsladung Matrosen von Bord geht. Der Bahnhof und die Bushaltestelle liegen am *Julianaplein*. Von diesem Parkplatz verteilt sich das Stadtzentrum auf die Fußgängerzonen und Einkaufsmeilen hin zur *Koningstraat.*

Nach einer Sturmflut 1570 wurde Den Helder neu aufgebaut. 1811 entschied Napoleon bei seinem Besuch, die Stadt zur uneinnehmbaren Festung auszubauen. Noch immer umrahmt eine Kette von Forts die Hafenanlagen.

Dicht bei Den Helder liegt *Julianadorp-aan-Zee,* das 1909 nach der damaligen Königin benannt wurde und mit seinen Campingplätzen und Bungalowparks ein beliebter Badeort mit herrlichen Sandstränden ist.

Anreise
■ **Bahn:** Weil die Bahn nicht über den Abschlußdeich fährt, muß man in jedem Fall die südliche Verbindung durch Nordholland nehmen. Es gibt einen Bahnhof *Zuid,* doch der Hauptbahnhof liegt mitten im Stadtzentrum. Auskunft: Tel. 152 47.
■ **Bus:** Die Endstation liegt vor dem Bahnhof. Von dort fährt die Nr. 3, jeweils 19 Minuten nach jeder vollen Stunde, direkt zur Fähre und nimmt von dort neue Passagiere mit zurück. Auskunft: Tel. 193 50.
■ **Taxi:** Wer mit der Bahn anreist, kann am Schalter eine Karte für das Bahntaxi kaufen. Für nur f 5 bringt man Sie zum Bestimmungsort in Den Helder, Julianadorp oder Huisduinen! Über Tel. 333 33 oder Tel. 324 44 ist das normale Taxi zu erreichen.
■ **Schiff:** Der Jachthafen Den Helder, Pluto 199, Tel. 374 44, verfügt über eine komplette Infrastruktur, von der Werft bis zu den Gratisfahrrädern.
■ **Flughafen:** *Luchthaven* Den Helder, Rijksweg 20 a, Tel. 356 66.

Praktische Hinweise
■ **Telefonvorwahl für Den Helder:** Tel. 02230-...
■ **Auskunft:** *VVV,* Julianaplein 30, Postbus 41, 1780 AA, Tel. 255 44, Mo-Sa 9-17 Uhr; liegt vor dem Bahnhof auf der linken Parkplatzseite.
■ **Postbüro:** liegt gegenüber dem Hauptbahnhof.
■ **Fahrradverleih:** direkt beim Hauptbahnhof; man kann auch sein Fahrrad deponieren.

Sehenswertes
■ **Marinemuseum 't Torentje,** Hoofdgracht, Di-Fr 10-16.30 Uhr, Sa-So ab 13 Uhr, in der Saison zudem Mo ab 13 Uhr.

Das Gebäude aus dem Jahre 1826 diente der Reichswerft als Lager für leicht brennbares Material. Gemälde, Schiffsmodelle, nautische Instrumente und Uniformen zeigen die Entwicklung der königlichen Marine seit 1813. Zudem gibt es regelmäßig Sonderausstellungen.

■ **Reddingmuseum,** Bernhardplein 10, Mo-Sa 10-17 Uhr, So ab 13 Uhr.

Das Rettungsmuseum *Dorus Rijkers* stellt die beiden Rettungsboote *Twenthe* und *Ubbo* aus. Auch die Geschichte des Rettungswesens in Nordholland wird dokumentiert.

■ **Puppenmuseum,** Binnenhaven 25, Do-Sa 14-17 Uhr.

Eine einmalige Sammlung von vier Generationen Spielzeug mit etwa zweihundert *Käthe Kruse*-Puppen. Die älteste Puppendame feierte 1991 ihren achtzigsten Geburtstag.

■ **Hafen:** Der wichtigste Marinehafen der Niederlande wurde 1785 erbaut. Nach dem Zeiten Weltkrieg mußte jedoch ein neuer Hafen angelegt werden. Rundfahrten werden, je nach Saison, fast täglich veranstaltet. Kartenbezug über den Verkehrsverein oder bei A. Pronk, Volkerakstraat 266, Tel. 287 13.

■ **Napoleonroute:** Eine Wanderung entlang den Festungsmauern führt zum Fort *Kijkduin*, das mit Hilfe spanischer Kriegsgefangener erbaut wurde. Das Kuppeldach aus 15 cm dicken Stahlplatten kam 1897 darauf und wurde im Krieg mit Beton überzogen. Das alte Gemäuer zerfällt unter dem Gewicht. Weiter geht es zum 64 m hohen Leuchtturm *De Lange Jaap*. Er wurde 1877 fertiggestellt und ist der höchste gußeiserne Leuchtturm Europas.

Unterkunft

■ **Forest,** Julianaplein 43, Tel. 148 58.

Zentral beim Bahnhof liegt dieses moderne Hotel mit komfortablen Einzelzimmern ab f 100; Doppelzimmer mit Bad ab f 135.

■ **Pension Reina,** Zuidstraat 22, 1781 BR, Tel. 136 08.

Die freundliche Pension zwischen Bahnhof und Hafen, bietet einfache Zimmer mit Blumentapete für f 30 pro Person. Das Bad liegt auf dem Flur.

■ **Het Wapen van Den Helder,** Spoorgracht 43, Tel. 222 40.

An der Gracht, die den Hafen umfließt, liegt diese bescheidene Pension. Einfache Zimmer um f 25 pro Person.

■ **Bêd & Brochje:** Bett mit Frühstück für knapp f 30 pro Person gibt es bei: Kamerling, Polderweg 106, Tel. 228 09. Van de Wiel, Dennenstraat 10, Tel. 175 26. Dieleman, Marsdiepstraat 534, Tel. 327 28. Die Zimmer werden ungern für eine einzige Nacht vermietet.

■ **Camping:** Die meisten Zeltplätze liegen einige Kilometer außerhalb Den Helders in Julianadorp: *Oase,* Zanddijk 11 e, Tel. 413 73. *De Zwaluw,* Zanddijk 17, Tel. 414 92. *'t Noorder Sandt,* 't Noorder Sandt 2, Tel. 412 66.

Verpflegung

■ **De Pion,** Di-Sa 10-19 Uhr, Do bis 21 Uhr.

Der markante, alte Wasserturm vor dem Bahnhof ist unübersehbar. Im Parterre hat sich ein sympathisches Café eingenistet, das kleine Mahlzeiten anbietet. Man kann auch draußen sitzen. Hat man Glück, ist der Zugang zur Turmspitze offen.

■ **Costa Smeralda,** Koningstraat 84-88.

Ein populärer, waschechter Italiener mit herrlich duftenden Pizzen (ab f 15) und natürlich verschiedenen Pastagerichten zu fairen Preisen. *Il Ristorante* liegt in der Fußgängerzone, wo sich unter anderem auch ein Asiate, zwei Griechen und ein Indier tummeln.
- **De Visafslag,** Het Nieuwe Diep 27 b, Mo geschlossen.

Frische Meeresfrüchte (um f 40) genießen die Einheimischen im neuen Marinehafen mit Blick auf die Schiffe.

Unterhaltung

- **Nachtleben:** Wie sich das für eine Hafenstadt gehört, wimmelt es im Zentrum, vor allem ai der Königsstraße, von Kneipen, Bars und Coffeeshops. Sind keine Matrosen in der Stadt, wirkt das Vergnügungsviertel jedoch ziemlich ausgestorben.

Die einzige Disco im Stadtzentrum, *Irma la Douce,* veranstaltet am Dienstag eine *Erotic Night.* Am Donnerstag ist *Ladies Evening,* und der Samstag nennt sich *Artist's Night* (22-4 Uhr).
- **Tanzen:** Im Grand Café *De Kampagne,* beim Theater- und Konzertsaal neben dem Rettungsmuseum, tanzt das Publikum jeden Freitagabend zu Livemusik. Mal spielt eine Jazzband, dann wiederum ein brasilianisches Ensemble.
- **Billard/Pool:** Im Snookerzentrum, in der Koningstraat im Vergnügungsviertel, stehen zahlreiche Tische für ein Spielchen bereit.
- **Kino Rialto,** Julianaplein 43 a, Vorstellungen Mo-Do 20 Uhr, Sa-So 19 und 21.30 Uhr.

Leeuwarden

Da quatscht mich so ein Friese an und plappert wie ein Wasserfall drauf los. Leeuwarden sei nicht mehr dasselbe wie früher mit all den gräßlichen, modernen Häusern. Ein Ende sei nicht abzusehen. Sogar die »Harmonie« hätten sie abgebrochen. Das Lokal soll zwar im Neubau wieder einen Platz erhalten, aber das sei halt nicht dasselbe.

Am Hauptbahnhof ist man geneigt, dem Friesen Recht zu geben. Doch das historische Zentrum, innerhalb des Grachtenringes, ist allemal einen Bummel wert. Die Geschäfte haben ihren Sitz mit Vorliebe am Grachtenbogen, von *Nieuwestad* bis *Voorstreek,* und in den kleinen Seitengassen. Am *Korfmakterspijp* erinnert eine Bronzestatue an die legendäre Tänzerin und angebliche Doppelspionin Mata Hari. Sie kam 1876 als Margaretha Geertruida Zelle in Leeuwarden zur Welt. Die Stadt hatte ihre Glanzzeit viel früher; vor allem als Sitz der Statthalter von Friesland blühte sie zwischen 1584-1765 auf. Leeuwarden ist Umsteigestation für vier der fünf Watteninseln.

Anreise

- **Bahn:** Direkte Verbindungen bestehen zum internationalen Flughafen Schiphol bei Amsterdam. Zudem haben die Züge Anschluß nach Zwolle und Amersfoort. Der Bahnhof liegt fünf Minuten zu Fuß vom Zentrum entfernt. Die Bahnverbindung nach Harlingen ist auf die Abfahrt der Fähren nach Vlieland und Terschelling abgestimmt, siehe »Anreise Harlingen«. Auskunft: Tel. 12 22 41.
- **Bus:** Die Busse fahren ab Hauptbahnhof direkt zum Hafen von Holwerd

Ausgangspunkt: Leeuwarden

für Ameland, jeweils um zwanzig vor. Zum Hafen von Lauwersoog für Schiermonnikoog starten die Busse werktags um 8.12, 12.12 und 16.12 Uhr (am Wochenende nur zwei Verbindungen). Information: Tel. 05130-118 11.
- **Taxi:** stehen vor dem Hauptbahnhof, oder man ruft Tel. 122 222.
- **Schiff:** Liegeplätze gibt es im Jachthafen Geertsma, Tel. 058-883 848.

Praktische Hinweise
- **Telefonvorwahl für Leeuwarden:** Tel. 058-...
- **Auskunft:** VVV, Stationsplein 1, 8911 AC, Tel. 132 224, Mo-Fr 9-17.45 Uhr, Sa 9-14 Uhr; im Bahnhofsgebäude.
- **Postbüro:** liegt gegenüber dem Hauptbahnhof.
- **Fahrradverleih:** Direkt beim Hauptbahnhof für vier Stunden oder für einen Tag (um f 8). Depositum f 50. Man kann sein eigenes Rad einstellen.

Sehenswertes
Beim Verkehrsverein am Bahnhof ist gratis die deutsche Beschreibung eines rund 90minütigen Rundganges zu den Sehenswürdigkeiten Leeuwardens erhältlich. Der Stadtplan kostet einen Gulden.
- **Het Princessehof,** Grote Kerkstraat 9-15, Mo-Sa 10-17 Uhr, So ab 14 Uhr.

Im ehemaligen Palast einer nassauischen Prinzessin wandeln die Besucher durch den barocken Speisesaal und bewundern im Annex die berühmte Keramiksammlung mit wertvollen Stücken von einheimischen Wandkacheln bis zu chinesischem Porzellan.
- **Pier Pander,** Prinsentuin, Di-So 10-13 und 14-17 Uhr.

Im prachtvollen Park hinter dem Prinzenhof werden die Bildhauerarbeiten von Pier Pander gezeigt.
- **Friesisches Museum,** Turfmarkt 24, Di-Sa 10-17 Uhr, So ab 13 Uhr.

Die Kunstsammlung im Herrenhaus aus dem 18. Jahrhundert dokumentiert friesische Kulturgeschichte anhand archäologischer Funde, Malerei, Volkskunst und Silber.
- **Grützwarenmuseum,** Nieuwesteeg 5.

Ein altmodisches Grützwarengeschäft, das als Tee- und Kaffeeprobierstube diente und mit Volkskunst aus dem letzten Jahrhundert dekoriert ist.
- **Viehmarkt,** Frieslandhalle, jeden Fr 6-10 Uhr.

Kommen Sie frühzeitig zu diesem aufregenden Viehhandel!

Unterkunft
- **'t Anker,** Eewal 69, 8911 GS, Tel. 125 216, Fax 128 293.

Am Zimmerschlüssel hängt auch einer für den separaten Hoteleingang in der Altstadt, wo die hell eingerichteten Räume ohne Bad im Doppelzimmer knapp f 65, im Einzelzimmer um f 40 kosten. Auch einige Zimmer mit Bad. Zum Betrieb gehört ein typisches Café, wo die Nachbarschaft einkehrt.
- **Oranje,** Stationsweg 4, 8901 B, Tel. 126 241, Fax 121 441.

Schräg gegenüber dem Bahnhof liegt dieses Erste-Klasse-Hotel mit geschmackvoll, dezent eingerichteten Zimmern mit dem üblichen Komfort. Das Doppelzimmer ist ab f 210, das Einzelzimmer ab f 170 zu mieten. Zwei Restaurants und ein karierter Pub gehören dazu.
- **De Pauw,** Stationsweg 10, 8911 AH, Tel. 123 651.

Ein paar Schritte vom *Oranje* strahlt die holländische Kneipe im Erdgeschosse Wärme aus. Die Zimmer sind dagegen kahl und kosten ohne Bad für zwei Personen knapp f80, das Einzelzimmer um f 45. Es gibt auch Räume für 3-4 Personen und solche mit Bad.

■ **Bêd & Brochje:** Bett mit Frühstück für knapp f 30 pro Person bieten die Familien: Hoekstra, De Bird 30/1, Tel. 663 182. Reitsma, P.C. Hoofstraat 55, Tel. 135 316. Hettemema, Schieringerweg 39, Tel. 670 642. De Haas, Spanjaardslaan 114, Tel. 127 665. Bergsma, Bildtsestraat 6, Tel. 128 863. S. Atema, Spanjaardslaan 24, Tel. 155 437.

Verpflegung

■ **De Waag,** Nieuwestad 148, Mo-Sa 10-22 Uhr.

Der quadratische Renaissancebau von 1598 war einst Handelsplatz für Milchprodukte. Inzwischen dient das Wahrzeichen mitten im Stadtzentrum als Restaurant. Die Fleisch- und Fischgerichte kosten f 30-40.

■ **Likkepot,** Nieuwestad 141.

Am Kanal gegenüber der Wage schlemmt man herrliche Patisserie, belegte Brote und Quiches bis zu f 7. Die Tische draußen stehen ganz schön schief. Geöffnet ist das Café zu den Geschäftszeiten.

■ **Spinoza,** Eewal 50, tägl. 11-23 Uhr.

Benannt wurde das sympathische Eetcafé nach Baruch Spinoza, der während des »Goldenen Zeitalters« im 17. Jahrhundert über die Welt philosophierte. Der Koch hat Gerichte aus Chile, Mexiko und Indonesien zusammengestellt. Außerdem gibt's Hähnchenspezialitäten (alles um f 20) und Kindermenüs. Kleine Karte bis 16 Uhr.

■ **Yucatan,** St. Jacobsstraat 18, täglich ab 17 Uhr.

Mal was anderes bietet die offene mexikanische Küche mit Tacos und Enchilladas um f 20. Oder möchten Sie Fleisch vom Grill? Das Lokal ist klein und offensichtlich beliebt. An der Bar kann man beim Cocktail für f 7.50 auf einen Tisch warten.

■ **Mata Hari,** Weerd 7, werktags ab 12 Uhr, Sa-So ab 18 Uhr, Do geschlossen.

Französisches Flair umgarnt das aparte Restaurant in Gedenken an die berühmte Tänzerin. Die Karte bietet zum Beispiel *suprême de veau sauce l'orange.* Auch die Fischgerichte kosten um f 40. Im Sommer kann man angenehm im Garten sitzen.

■ **Pannekoekship,** Willemskade ZZ.

Falls Sie gerne ein Frachtschiff von innen anschauen möchten, ist dieses Pfannkuchenschiff *die* Gelegenheit. Es ankert in der ersten Gracht vor dem Bahnhof und bietet eine große Auswahl für süße und wahrhafte Gelüste.

Unterhaltung

■ **Nachtleben:** An der Gracht vor den Cafés auf dem Nieuwestad sitzen die Leute im Sommer bis spät in die Nacht. Ein Anziehungspunkt ist, die Treppe hoch, der Pub *Fire.* Wer Lust auf Musik hat, kann ein paar Schritte weiter auch die Tür zur Disco *VAT 69* öffnen. In den schmalen Gassen zwischen Nieuwestad NZ und Eewal haben sich Spielbuden und zwielichtige Bars genauso wie gemütliche Lokale eingenistet.

■ **Billard/Pool:** Snookerzentrum *De Weerd,* Tel. 13 62 76.

■ **Bowling:** Kalverdijkje 76 a, Tel. 66 71 71.

■ **Kino:** Filme in Originalfassung zeigen das *Cinema,* Wirdumerdijk 25, *Club,* Nieuwestad 42, und *Tivoli,* Nieuwestad 85.

Groningen

Auf dem *Grote Markt,* im Herzen der Provinzhauptstadt, wimmelt es von jungen Leuten. Wer mehr als dreißig Lenze zählt, fühlt sich plötzlich alt. Groningen ist die Stadt der jungen Studenten und Schüler. Sie kommen zu einem großen Teil auch von den Waddeneilanden, um hier auf dem Festland eine höhere Schule zu besuchen. Vor dem neuen Schuljahr im Sommer führen die alteingesessenen Studenten die Neuankömmlinge in Groningen ein. Natürlich wird in und vor den zahlreichen Kneipen entsprechend gefeiert.

Auf dem Marktplatz halten die Händler von Dienstag bis Samstag Lebensmittel und Krimskrams feil. Umrahmt wird der Markt von einem wirren Gemisch historischer und neuer Bauten. Wahrzeichen dazwischen ist der spätgotische Turm der Martinikirche. Im Garten hinter der Martinikerk, im Prinzenhof, gedeihen Kräuter seit dem Mittelalter, als das einstige Kloster zu einer Statthalterresidenz umgebaut wurde. An der *Herestraat* und in den schmalen Sträßchen rings um den Grote Markt tummeln sich verschiedenste Geschäfte und Boutiquen.

Anreise

■ **Bahn:** Verbindungen bestehen nach Leeuwarden, Hoogeveen Winschoten und nach Norden. Vom Bahnhof gelangt man über den Zuiderhaven-Verbindungskanal und die Ubbo Emmiusstraat ins Stadtzentrum.
■ **Bus:** Es gibt Kombikarten für Bus und Fähre. Zum Hafen von Lauwersoog für Schiermonnikoog starten die Busse ab Bahnhof um 8.20, 10.20, 12.20, 16.20 und 18.20 Uhr (wenige Ausnahmen).

Fahrten nach Holwerd für Ameland starten fünf Minuten vor der vollen Stunde; Fahrzeit 80 Minuten. Nach Ankunft der Fähre kehren die Busse zurück nach Groningen. Information: Tel. 12 36 45.
■ **Taxi:** Tel. 12 80 44.

Praktische Hinweise

■ **Telefonvorwahl für Groningen:** Tel. 050-...
■ **Auskunft:** *VVV,* Naberpassage 3, 9712 JV, Tel. 13 97 00, Mo-Fr 9-17.30 Uhr, Sa bis 16 Uhr; liegt am Rande des Grote Markt.
■ **Fahrradverleih:** direkt am Bahnhof, auch ein Einstellplatz.

Sehenswertes

■ **Martinikerk:** Das eigentlich Sehenswerte ist die Aussicht, die der schöne Kirchturm aus gut 90 m Höhe über die Stadt bietet. Von April bis Oktober, 12-16.30 Uhr, kann man die Treppen hochsteigen.
■ **Tabacologisch en Scheepvaart Museum,** Brugstraat 24-26, Di-Sa 10-17 Uhr, So ab 13 Uhr.

Raucher sind auf einmal nicht verpönt, denn dieses Museum dokumentiert die Geschichte des Tabakrauchens. Das gotische Haus beherbergt auch eine kleine Sammlung aus der Seefahrerzeit.
■ **Voor de Stad en Lande,** Praediniussingel 59, Di-Sa 10-17 Uhr, So ab 13 Uhr.

Hier erfahren Sie mehr über die eng mit dem Haus *Oranje* verbundene Geschichte Groningens.

Unterkunft

■ **De Doelen,** Grote Markt 36, Tel. 12 70 41.

60 Ausgangspunkt: Groningen

Direkt am Marktplatz hinter historischen Fassaden bietet das angenehme Hotel Doppelzimmer mit Bad um f 160. Jene mit Dusche auf dem Flur sind weniger gemütlich; Einzelzimmer f 100, Doppelzimmer f 130.

■ **Friesland,** Kleine Pelsterstraat 4, Tel. 12 13 07.

Zentral gelegen, einfache Zimmer mit Bad auf dem Flur; Einzelzimmer f 45, Doppelzimmer rund f 80.

■ **Weeva,** Zuiderdiep 8, Tel. 12 99 19.

Eine gute Auswahl an einfachen Zimmern ohne Bad bis komfortablen bietet dieses Hotel im Stadtzentrum ab f 50 für eine Person und ab f 90 im Doppelzimmer.

Verpflegung

■ **Brussels Lof,** A. Kerkstraat 24.

Am Kromme Elleboog, ein paar Schritte vom Großen Markt, bietet dieses reizende Eßcafé abwechslungsreiche, vegetarische Menüs. Der französische Wein stammt aus biologischem Anbau. Spezialität sind verschiedene Arten von Käsefondue um f 20.

■ **Ugly Duck,** Zwanestraat 28, Küche ab 12 Uhr.

Beliebt bei Studenten sind die preiswerten *dagschotels* in der zentral gelegenen »häßlichen Ente«. Am späteren Abend spielt hie und da eine Band.

■ **Het Wapen van Brussel,** Grote Kromme Elleboog 4, Küche ab 11.30 Uhr.

Ein alt-belgisch eingerichtetes Eßcafé mit wechselnden Tagesmenus um f 15. Abends kommt man auch gerne auf einen Drink, denn es gibt 28 verschiedene Biersorten.

■ **Himawari,** Schuitendiep 50.

Japanisch sind Dekor und Gerichte nahe der Poelebrug. Anfänger können sich bei einem dreigängigen Tagesmenü für f 30 mit der exotischen Küche anfreunden.

■ **La Crémaillère,** Gedempte Zuiderdiep 58, So geschlossen.

Wie wäre es mit einem gediegenen französischen Diner?

Unterhaltung

Alle zwei Wochen erscheint der *Uitgaans Krant,* die Ausgeh-Zeitung mit dem Programm für zahlreiche Kinos, Konzerte und Happenings, von Jazz bis Techno. Das Blatt liegt in Kneipen gratis auf.

■ **Nachtleben:** Es ist weder zu übersehen, noch zu überhören und sprudelt vor allem um den Marktplatz an der Pelsterstraat und Poelestraat, wo sich ein Lokal ans andere reiht.

■ **Kasino,** Gedempte Kattendiep 150.

Spüren Sie den Spieltrieb, und sitzt das Geld locker in der Tasche, dann können Sie es im gediegenen Kasino loswerden oder eben vermehren. Ausweispapier mitnehmen!

■ **Pool/Billard:** In zahlreichen Kneipen stehen ein paar Tische. Rund um die Uhr geöffnet ist das Zentrum Santana, A. Kerkhof 4.

Harlingen

Friesinnen und Friesen sitzen in Reih und Glied auf Stühlen entlang dem Kanal und lassen erwartungsvoll die Angel ins Wasser hängen. Sie witzeln und lachen zu den Matrosenliedern, die aus der Kneipe neben der Brücke trällern. Und dazwischen beißt tatsächlich immer wieder ein zappelndes

Fischchen von ein paar Zentimetern Länge an. Unter tosendem Applaus wird es vom Haken befreit und wieder in den Kanal geworfen. Es ist Sonntagnachmittag im Hafenstädtchen Harlingen.

Ein Spaziergang entlang malerischen Kanälen und Giebelhäusern lohnt sich. Die Bewohner machen sich für den Erhalt dieser Idylle stark und haben in der historischen Altstadt um den Hafen zum Baustopp aufgerufen. Bereits die Wikinger hatten hier um 800 nach Christus einen Hafen mit dem Namen Almenum angelegt, und noch heute leben die 16.000 Einwohner vorwiegend von der Schiffahrt. Vom reizvollen Ort tuckert die Fähre nach Vlieland und Terschelling.

Anreise

■ **Bahn:** Harlingen hat einen Bahnhof im Dorf und einen am Hafen. Die paar Schritte zur Fähre sind für Schwerbeladene dennoch mühsam. Verbindungen ab Leeuwarden, jeweils um 19 nach und um 10 vor. Ab Harlingen fahren die Züge jeweils um 05 und um 35 (nicht jede Stunde). Für weitere Verbindungen, nur ab Dorf, besteht ein Busservice zum Hafen.

■ **Bus:** Es gibt direkte Busverbindungen zum Harlinger Hafen von Alkmaar, Leeuwarden und Heerenveen aus, wobei die Ankunft nicht immer auf die Abfahrt der Fähre abgestimmt ist.

■ **Taxi:** Tel. 155 55.

■ **Schiff:** Anlegen kann man entweder im Noorderhaven, Tel. 156 66, oder im Jachthafen Atlantic, Tel. 176 58. Für die Miete von Segelbooten für mehrtägige Fahrten siehe allgemeiner »Schiffsverkehr«.

Praktische Hinweise

■ **Telefonvorwahl für Harlingen:** Tel. 05178-...

■ **Auskunft:** *VVV*, Voorstraat 34, Tel. 172 22, Mo-Fr 9-17 Uhr, Sa 9-12.30 und 13.30-17 Uhr.

■ **Postbüro:** Gr. Bredeplaats 6, Mo-Fr 8.30-18 Uhr, Sa 9-12 Uhr.

Sehenswertes

■ **Hannemahuis,** Voorstraat 56, April bis November Mo-Fr 13.30-17 Uhr, im Hochsommer Di-Sa 10-17 Uhr, So ab 13.30 Uhr.

Leendert Jacobus Hannema war der letzte Sprößling der gleichnamigen Harlinger Kaufmannsfamilie und vermachte sein stattliches Patrizierhaus 1964 der Gemeinde. Zu bewundern gibt es drei stilecht eingerichtete Wohnzimmer, Silber und natürlich historische Kacheln. Der obere Stock ist der Schiffahrt gewidmet. Schiffsmodelle und nautische Gegenstände werden gezeigt, sogar die Nahrung der Seemänner wird demonstriert. Stinkt es noch immer nach getrocknetem Fisch? Frische Luft zur Genüge gibt es im Garten mit Werken moderner Bildhauer.

■ **Harlinger Aardewerk Museum,** Zoutsloot 43, täglich 11-12 und 14-16 Uhr. Tel. 133 41 und Tel. 153 62. Führungen nach Absprache 10-10.30 und 15-15.30 Uhr.

Vom Beginn des 17. Jahrhunderts bis 1933 wurden in Harlingen Wandkacheln gebrannt. Die ehemalige Fabrik im Stadtzentrum zeigt die Entwicklung der friesischen Produktion von der Herstellung bis zum Endprodukt.

Unterkunft

■ **Zeezicht,** Zuiderhaven 1, 8867 CJ, Tel. 125 36, Fax 190 01.

Ausgangspunkt: Harlingen

Direkt am Hafen; die geräumigen Doppelzimmer kosten mit Meerblick f 130, ohne f 120, inkl.TV, Telefon, Minibar, Einzelzimmer um f 85. Von der Restaurant-Terrasse sieht man die Fähren ankommen.

■ **Anna Casparii,** Noorderhaven 67, 8861 AL, Tel. 120 65, Fax 145 40.

Im Speisesaal fallen die zahlreichen Ölgemälde mit Szenen der Seefahrt auf. Die modern eingerichteten Zimmer liegen zwischen alten Packhäusern am Kanal. Doppelzimmer mit Bad um f 115, ohne Bad f 85, Einzelzimmer f 60-90; auch Räume für 3-4 Personen.

■ **'T Heerenlogement,** Franekereind 23, 8861 AA, Tel. 158 46.

In der Nähe des Bahnhofes Harlingen Dorf, am Kanal, liegen freundliche Zimmer mit Bad für f 100, ohne f 75 im Doppel. Das Einzelzimmer kostet mit Bad f 75, ohne um f 55. Die Rezeption befindet sich an der Bar im Restaurant.

■ **Bêd & Brochje:** Einzelzimmer mit Frühstück für keine f 30 vermietet Frau van den Zee, Heiligeweg 48 a, Tel. 193 65.

■ **Camping Zeehoeve,** Westerzeedijk 45, 8862 PK, Tel. 134 65.

Familienzeltplatz am Ortsrand, an der Wattensee, mit modernen sanitären Anlagen. Auch einige Trekkerhütten.

Verpflegung

■ **Graaf van Harlingen,** Grote Bredeplaats.

Das wunderbar schief stehende Haus aus dem Jahre 1647 dient hinter den auffallend rot-gelb gestrichenen Fensterläden als Steakhouse.

■ **Chinese Muur,** Voortraat 22, täglich 11-22.30 Uhr.

Auch sonntags kann man sich im Schein der extravaganten Lampe mit Spezialitäten aus vier chinesischen Provinzen ab f 25 verwöhnen lassen.

■ **San Marino,** Heiligeweg 36, 17-22 Uhr.

Pizzen, Lasagne und Pasta zu angenehmen Preisen.

■ **Veltman,** St. Jabobsstraat 1-3, So-Mo geschlossen.

In der Straße zwischen der Voorstraat und dem Norderhafen liegt dieses gepflegte Fischrestaurant. Es kauft täglich frische Meeresfrüchte vom Händler nebenan und bereitet Gerichte für f 35-45.

Unterhaltung

■ **Nachtleben:** An der Hauptmeile, der Vorstraat, und entlang den parallel fließenden Grachten liegen mehrere Pubs und Cafés, die an lauschigen Abenden auf der Terrasse und sonst an der Bar zu einem Drink einladen. Bar, Dancing und Disco nennt sich die *Weinstube* an der Vorstraat, wo sich von Donnerstag bis Samstag (22-4 Uhr) das Nachtleben konzentriert.

■ **Kino:** Im *Cultureel Trebol Centrum,* nahe dem Bahnhof Dorf, wird am Samstagabend zweimal und am Sonntag ein aktueller Kinofilm in Originalton gezeigt.

Holwerd

Die meisten Gäste fahren durch das niedliche, doch langweile Hafenstädtchen direkt zum Fährhafen für Ameland. Die Mole liegt ein paar Kilometer außerhalb des Dorfes und dehnt sich über mehrere hundert Meter durch ein parzelliertes Landgewinnungsgebiet ins Wattenmeer aus. Leeuwarden liegt nur eine halbe Busstunde entfernt und bietet mehr für eine Übernachtung.

Anreise

Von Groningen fährt der Bus immer fünf Minuten vor der vollen Stunde und braucht 80 Minuten bis zur Anlegestelle in Holwerd. Direkten Anschluß an die Fähre hat man auch ab Leeuwarden, wo der Bus jeweils um 20 vor startet und nach einer guten halben Stunde am Pier eintrifft. Nach Ankunft der Fähre fahren die Busse zurück nach Groningen oder Leeuwarden.

Unterkunft

Falls Sie dennoch ein Bett in Holwerd brauchen sollten:
- **Amelander Veerhuis,** Leeuwarderweg 5, 9151 HA, Tel. 05197-1207. Zimmer mit oder ohne Bad ab f 40.
- **De gouden Klok,** Voorstraat 6, 9151 HE, Tel. 05197-1552.

Zimmer mit oder ohne Bad ab f 45.

Lauwersoog/ Dokkum

Lauwersoog ist kein Ort zum Bleiben. Es gibt auch kein Hotel. Der nächstgelegene Ort ist das reizende Städtchen Dokkum, das einst Sitz der friesischen Admiralität war. Im Stadthaus kann man den Rokkoko Ratsaal (werktags von 9-12 und 14-16 Uhr) bewundern. Das Heimatmuseum ist im alten Admiralitätshaus untergebracht und werktags 10-17 Uhr, im Winter ab 14 Uhr geöffnet.

Anreise

Die Busse von und nach Leeuwarden und Groningen passieren Dokkum, das zehn Minuten von der Fähre entfernt liegt. Von dort starten sie nach Ankunft der Fähre. Für die Abfahrtzeiten ab Leeuwarden oder Groningen siehe bitte die entsprechenden Kapitel. Wer sein Auto abstellen will, reserviert überdachte Plätze unter Tel. 05193-9110.

Unterkunft

Übernachtungen sind nur in Dokkum möglich:
- **Van der Meer,** Woudweg 1, 9101 VH, Tel. 05190-923 80.

Die Zimmer ab f 35 haben kein eigenes Bad; dafür darf man Haustiere mitbringen.
- **De Posthoorn,** Diepswal 21, 9101 LA, Tel. 05190-923 01.

Des beste Haus am Platz, mit bequemen Zimmern ab f 60 pro Person und Nacht. Man kann vor dem Hotel mit seinem Boot anlegen und bei schönem Wetter auf der Terrasse des Restaurants sitzen. Hunde sind willkommen. Liegt im Herzen der Stadt.
- **'t Raedhûs,** Koningstraat 1, 9101 LD, Tel. 05190-940 82.

Um f 40 pro Person für ein Zimmer mit Bad. Auch hier kann man mit dem Schiff anfahren. Tiere sind willkommen.
- **Bêd & Brochje:** Bett mit Frühstück für knapp f 30 pro Person bei van der Gang, Mearslootswal 27, Tel. 05190-930 38, und bei Thiescheffer, Stationsweg 78, Tel. 05190-935 82.

Texel

Texel ist in jeder Beziehung ein Sonderling in der Reihe der holländischen Watteninseln. Das weitaus größte Eiland ist sehr viel älter als die übrigen und war vermutlich schon während der ausklingenden Eiszeit zwischen 8000 bis 4500 vor Christus besiedelt. Jedenfalls wurden Ausgrabungen aus jener Epoche sichergestellt. Als einzige Insel gehört Texel nicht zu Friesland, sondern zur Provinz Nordholland, und wird gerne »die Niederlande im Kleinen« genannt, weil sie so ziemlich über alle vorkommenden Landschaftsformen des Festlandes verfügt. Texel vermittelt denn auch am wenigsten das Gefühl, auf einer Insel Ferien zu machen. Die kleine Welt ist schon eher eine Provinz für sich. Sie hat gar eine eigene Zeitung, den *Texelse Courant,* der meistens keine Namen zu nennen braucht, damit seine Leserschaft weiß, von wem die Rede ist. Und im Sommer strahlt das Inselradio auf 106.1 FM allabendlich eine Stunde lang inselinterne Angelegenheiten aus.

Im Laufe seiner Geschichte ist Texel durch Manipulationen der Bevölkerung stetig gewachsen. Abgesehen von *De Cocksdorp,* an der Nordspitze, stehen die übrigen sechs Dörfer auf Erhebungen der ursprünglichen Insel. Durch das Anlegen von Deichen wurde die kleine Nachbarinsel *Eierland* mit Texel vereint, und bis zur heutigen Form kamen im letzten Jahrhundert noch die Polder *Eendracht, Prins Hendrik* und *'t Noor-* *den* dazu. Diese Landgewinne werden in erster Linie für die Landwirtschaft genutzt. Noch heute macht dieser Erwerbszweig etwa die Hälfte der Bodennutzung aus.

Auf den Weiden muhen die Kühe den Radfahrern entgegen, und Tausende von Schafen tummeln sich auf den Deichen am Wattenmeer. Auf den Äckern wachsen Kartoffeln, Zuckerrüben und Getreide. Im Frühjahr blühen Narzissen, Krokusse, Tulpen, Hyazinthen und Lilien für die Produktion von Blumenzwiebeln – ein Augenschmaus für die Urlauber. Zwischen den Feldern lugen die pyramidenförmigen Dächer der charakteristischen Gülfhäuser aus der windgepeitschten Landschaft. Manche sind noch mit kostspieligem Ried gedeckt, das alle paar Jahre ersetzt werden muß. Viele der alten Höfe wurden inzwischen mit Seitengebäuden ausgebaut und haben ihre quadratische Form verloren – nicht zuletzt, um in Apartments und Studios Urlauber zu beherbergen.

Eine ganz entscheidende Rolle in der Entwicklung Texels spielt die Fähre, mit der man in rund zwanzig Minuten gemütlich zum Ferienziel hinübertuckert. Unzufriedene Bürger stellten 1907 Anteilscheine für eine eigene Fähre aus, um den privaten Unternehmer endlich überflüssig zu machen. Es wurden andauernd größere Schiffe angeschafft, und nach kräftigen Auseinandersetzungen wurde 1962 entschieden, den Hafen von *Oudeschild* nach *'t Horntje* an den Südzipfel zu verlegen, was die Anreisezeit auf die Hälfte reduzierte. Dennoch meckerten vor allem die Automobilisten über viel zu lange Wartezeiten. Einen ersten Doppeldecker mit einer Kapazität von 240 Autos und 1300

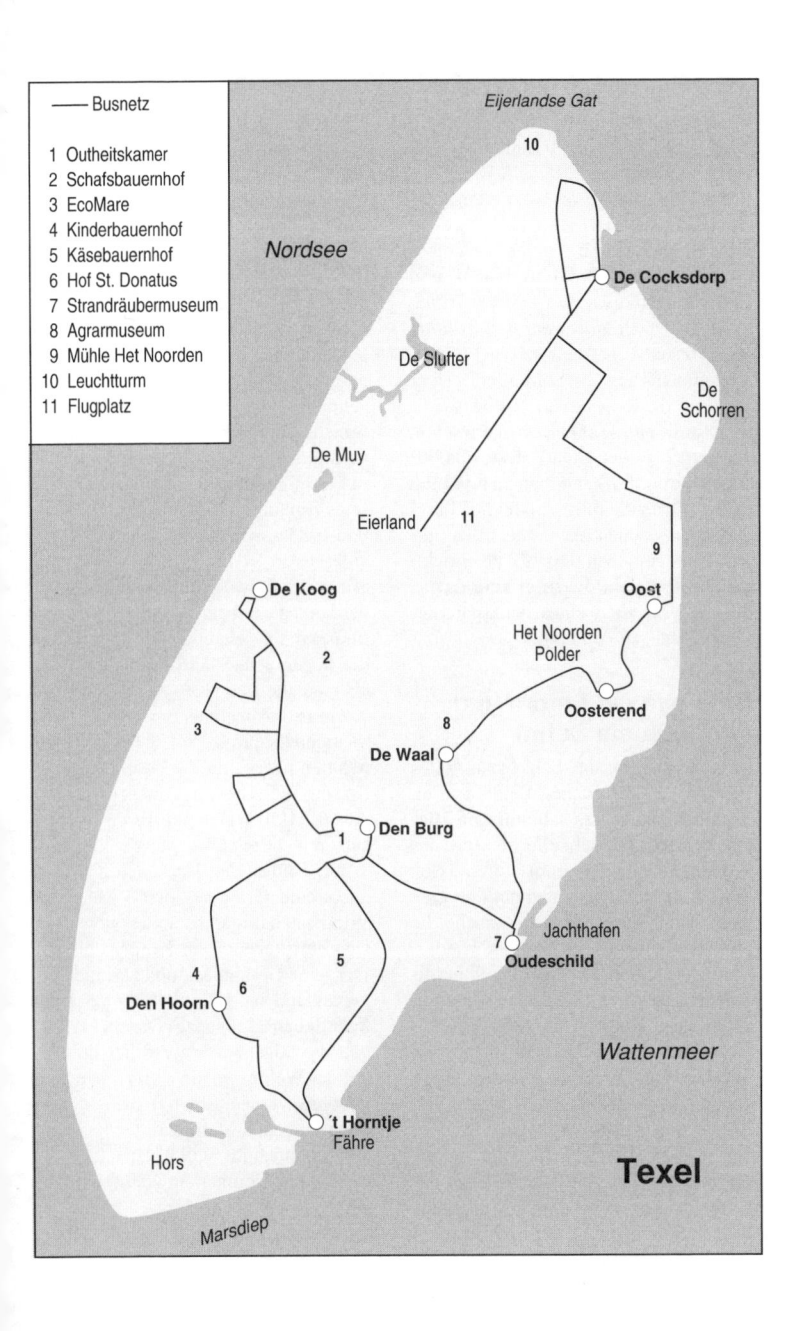

Texel

— Busnetz

1. Outheitskamer
2. Schafsbauernhof
3. EcoMare
4. Kinderbauernhof
5. Käsebauernhof
6. Hof St. Donatus
7. Strandräubermuseum
8. Agrarmuseum
9. Mühle Het Noorden
10. Leuchtturm
11. Flugplatz

Eijerlandse Gat

Nordsee

De Slufter

De Muy

De Schorren

Eierland

De Cocksdorp

De Koog

Het Noorden Polder

Oost

Oosterend

De Waal

Den Burg

Jachthafen

Oudeschild

Den Hoorn

't Horntje
Fähre

Hors

Wattenmeer

Marsdiep

Passagieren haben die Bürger deshalb 1986 angeschafft. 1991 kam eine zweite Riesenfähre dazu.

Natürlich mußte für all die zusätzlichen Besucher Platz geschaffen werden, und die Investoren freuten sich über Großprojekte wie die Camping- und Bungalowparks *De Krim, Sluftervallei, Dennenoord, 't Stapeland* und *Californië*. Jetzt hat Texel dennoch ein bißchen Atemnot gekriegt. Im Sommer 1992 war ernsthaft die Rede davon, das beabsichtigte Limit von 47.000 Besuchern schon auf dem heutigen Stand (etwa 40.000) einzufrieren. Da kann man sich ja bloß freuen. Denn die Infrastruktur auf Texel bietet inzwischen alles, was einen abwechslungsreichen Urlaub verspricht; gleichzeitig steht die Insel kurz davor, die Unberührtheit eines Naturparadieses vollends zu verlieren.

Brav wie ein Lamm und dennoch ein Schaf

Blökend stämmt das Schaf sein volles Gewicht auf die dünnen Beinchen, um dann behäbig seinen schmutzigen Hintern zu heben und schneller als sonst das Weite zu suchen. Warum bloß müssen diese Radfahrer ausgerechnet hier eine Pause einlegen, scheinen auch die schlaftrunkenen Augen seiner wiederkäuenden Kumpel vorwurfsvoll auszudrücken, bevor ein Schaf nach dem anderen vom Radweg auf den Wattenmeerdeich ausweicht. Das Image von Schafen und Texel ist noch weniger voneinander trennbar als jenes von Kühen und Schweiz. Schaut man sich die Insel aus der Vogelperspektive an, glaubt man, daß sämtliche Wolken des Himmels auf dieses kleine Stückchen Erde gefallen sind.

Zu den rund 16.000 Zuchtschafen gesellen sich auf Texel Jahr für Jahr fast 20.000 Lämmer. Doch die besten Zeiten der Hammel liegen eine Weile zurück. Schon 1562 zählte man 15.500 Schafe auf der Watteninsel, und dank Landeinpolderungen fanden 1933 bis zu 40.000 Schafe genügend Gräser zum Fressen. Durch den Gebrauch von Kunstdünger hat sich die Qualität der mageren Weiden in den letzten Jahrzehnten so verbessert, daß das Rindvieh seinen Stallgenossen weitgehend zu verdrängen vermochte, denn der größere Fleischproduzent garantierte ein besseres Einkommen. Nach dem Tiefstand von 1985 gewinnen die Schafe aber unablässig an Boden zurück, was sie vor allem den Rindfleischbergen der EG zu verdanken haben. Auch entdecken immer mehr gelangweilte Fleischesser, daß böckelndes Schaffleisch nicht mehr als eine alte Mär ist.

Treuster Abnehmer des Texeler Lammes sind die Franzosen, die es sich nicht nehmen ließen, für die besondere Qualität des Fleisches auch einen exquisiten Ausdruck zu kreieren: *présalé* – vorgesalzen – bezeichnen sie die begehrte Ware. Und in der Tat käuen die Tiere andauernd Gras, das durch Meer und Wind salzhaltiger als anderswo ist und sich entsprechend im Körper ablagert. Der feine Geschmack und geringe Fettgehalt sind auch Resultat des gesunden Schaflebens. Ihr ganzes Dasein verbringen die abgehärteten Viecher draußen auf der Weide, wo viele von ihnen auch geboren werden. Solange die Jungtiere noch säugen, dürfen sie mit ihrer Mama aber dennoch im Stall übernachten.

Sind die Lämmer entwöhnt, wird das Mutterschaf noch einige Monate gemolken. Seit der Schließung der letzten

Molkerei 1987 muß die Milch allerdings für die Weiterverarbeitung zum Festland gebracht werden. Deshalb führen die Souvenirläden auf Texel nur noch selten Schafskäse oder die angeblich - besonders milden Seifen und Badewasser, die aus dem Milchfett gewonnen werden.

Doch in erster Linie sind Texels Schafe Fleischlieferanten. Als absolute Lammfleischspezialisten werden die Gebrüder *Willem und Otto Goënga* im Zentrum von *Den Hoorn* gerühmt, denn in ihrer Metzgerei lagern nicht nur die üblichen Koteletts und Filets. Sie produzieren auch Lammwürste, geräucherten und gekochten Schinken, Lammpaté und Leberwurst. Guten Appetit.

Um 1909 fingen die Texeler Bauern an, eine eigene Rasse zu züchten, die inzwischen als *Texelaar* im Herdenbuch verankert ist. Seine hervorragenden Eigenschaften sind eine gute Muskelbildung, das angenehme Fleisch/Fett-Verhältnis und die Widerstandsfähigkeit gegen Kälte, so daß die Zuchttiere inzwischen auch exportiert werden. In Holland berühmtes Nebenprodukt sind die Wolldecken, Matratzen, Kissen und Bettdecken der Marke *Texelana,* die in einer kleinen Fabrik bei Oudeschild hergestellt werden.

Nicht russisch – georgisch, bitte!

In der reizvollen Landschaft der höchsten Erhebung Texels, südlich des *Hogeberg,* döst seit dem Ende des Zweiten Weltkrieges ein Gräberfeld, das bis unlängst als »Russen-Friedhof« bekannt war. Jedes Jahr zur Gedenkfeier am 4. Mai legt hier ein offizieller Vertreter Rußlands einen Kranz nieder. Die Anreise des hohen Gastes war immer ausgesprochen kompliziert, da der Ausgangshafen auf dem Festland, Den Helder, auch ein Marinehafen ist. Um ihn vor eventueller Spionage abzusichern, wurde der Russe bis zum Fall des »Eisernen Vorhanges« in einem Spezialschiff über Umwege zur Insel gebracht.

Seit die Sowjetunion zerfallen ist, haben sich nicht nur die Sorgen über die Anreise ihrer Repräsentanten in Luft aufgelöst. Seither wünschen sich diplomatische Vertreter auch eine neue Gedenktafel, welche die Ruhestätte als »Georgischen Friedhof« bezeichnet.

Obwohl Texel während des Krieges besetzt war und die Dünen von Bunkern wie von Maushöhlen durchlöchert wurden, litten die Insulaner verhältnismäßig wenig unter der fremden Herrschaft. Kurz vor Kriegsende befahlen die deutschen Truppen 800 Kriegsgefangene aus Georgien nach Texel. Als im Frühjahr 1945 flüsternd von der Niederlage Deutschlands die Rede war, organisierten die Georgier in der Nacht vom 5. auf den 6. April einen Aufstand, der in den Lagern das Leben von 400 deutschen Soldaten forderte. Die Revanche ließ nicht lange auf sich warten. Der Kampf zwischen den verstärkten deutschen Truppen und den Rebellen erwies sich als unerbitterlich. Bilanz nach fünf hart umkämpften Wochen: 565 gefallene Georgier, 800 Deutsche und 120 Texelaner.

Henk Brugge und die Seehunde

An der Schwanzflosse hält Henk Brugge die Makrele über das Bassin, und schon schnappt sich die Seehündin

Bosca den Leckerbissen, während sich das Publikum im *»EcoMare«* bei *De Koog* neugierig um den Beckenrand drängelt. Der knapp 40jährige Tierpfleger verköstigt seine Schützlinge nur mit Makrelen aus dem Atlantischen Ozean, denn die Fische aus der Nordsee sind so stark mit Giftstoffen belastet, daß etwa die Hälfte der freilebenden Seehunddamen durch eine Überdosis an PCB steril geworden sind. Die 16 dauernd in der Seehund-Auffangstation lebenden Weibchen bringen dagegen jedes Jahr etwa 14 Junge zur Welt, die nach rund drei Monaten in die Freiheit entlassen werden. Henk ist am Tag des Abschiedes nicht traurig: »Die Seehunde sind wilde Tiere und sollen dort leben, wo sie hingehören – im Wattenmeer.« Um den Fortbestand der Zuchttiere zu sichern, wird dennoch ab und zu ein Junges behalten. Daß sich die Pfleger dann für das charmanteste Seehundbaby entscheiden, versteht sich.

Die Nordseeinseln und das Wattenmeer haben den in Pumerend aufgewachsenen Holländer schon als Kind fasziniert, und immer wieder hat er sich die Gegend aufs Neue angeschaut. Seine Frau, wen erstaunt es, ist eine Texelanerin, und seit 1975 schätzt sich Henk Brugge glücklich, daß er für »EcoMare« arbeiten kann. Ursprünglich hatte der warmherzig wirkende Mann einen technischen Beruf erlernt. Mit den Jahren ist ihm die Verantwortung für die Tierversorgung übertragen worden.

Daß Robben trotz treuseliger Augen alles andere als Kuscheltiere sind, hat der geduldige Pfleger schon hie und da erfahren. Selbst todkranke Seehunde, die sich kaum mehr regen können, beißen »wie wahnsinnig« zu, sobald sie sich bedroht fühlen. Werden sogenannte Heuler (von der Mutter verlassene, nur ein paar Tage alte Babys) zur Station gebracht, braucht es viel Geschick, die Kleinen an die Nahrungsaufnahme zu gewöhnen. »Da sieht man die verschiedensten Charaktere«, schmunzelt Henk. Die einen werden nach wenigen Tagen zu angenehmen Hausgenossen, andere zeigen wochenlang ihre kalte Schulter. Untereinander haben die Robben nur während der Paarungszeit mal Ärger. Wenn ein neuer Seehund zur Station gebracht wird, nehmen ihn die anderen nach einigem Beschnuppern sofort bei sich auf. Dank dieser Geselligkeit fällt es den Tieren leicht, nachdem sie ausgesetzt wurden, Kontakt zu den freilebenden Seehunden zu finden.

Zur Pflege der Baderatten gehört die Reinigung der Meereswasserbecken, die, ähnlich wie ein Schwimmbad, an ein Filtersystem angeschlossen sind. Gut zwei Stunden pro Tag investiert das vierköpfige Team in die Säuberung von Fischresten und Kot. Als wichtigen Teil seiner Arbeit betrachtet Henk die öffentlichen Fütterungen, wenn er einem breiten Publikum Wissenswertes über seine Pfleglinge berichtet. Viel zu tun gibt auch die erweiterte Station für kranke Seevögel. Die meisten Patienten leiden an starken Ölverschmutzungen. Bevor mit der Reinigung des wasserdurchlässigen Federkleides begonnen wird, muß sich der Vogel etwa zwei Wochen an die neue Umgebung gewöhnen und lernen, aus dem Futternapf zu fressen. Trotz aller Mühe kann nicht mal der Hälfte aller gebrachten Vögel geholfen werden. Immerhin bieten die gesund gepflegten und beringten Tiere die Möglichkeit, nach der Freilassung mehr über ihre Lebensweise zu erfah-

Aus der Nähe kann man Seehunde im Auffangzentrum auf Texel beobachten ▶

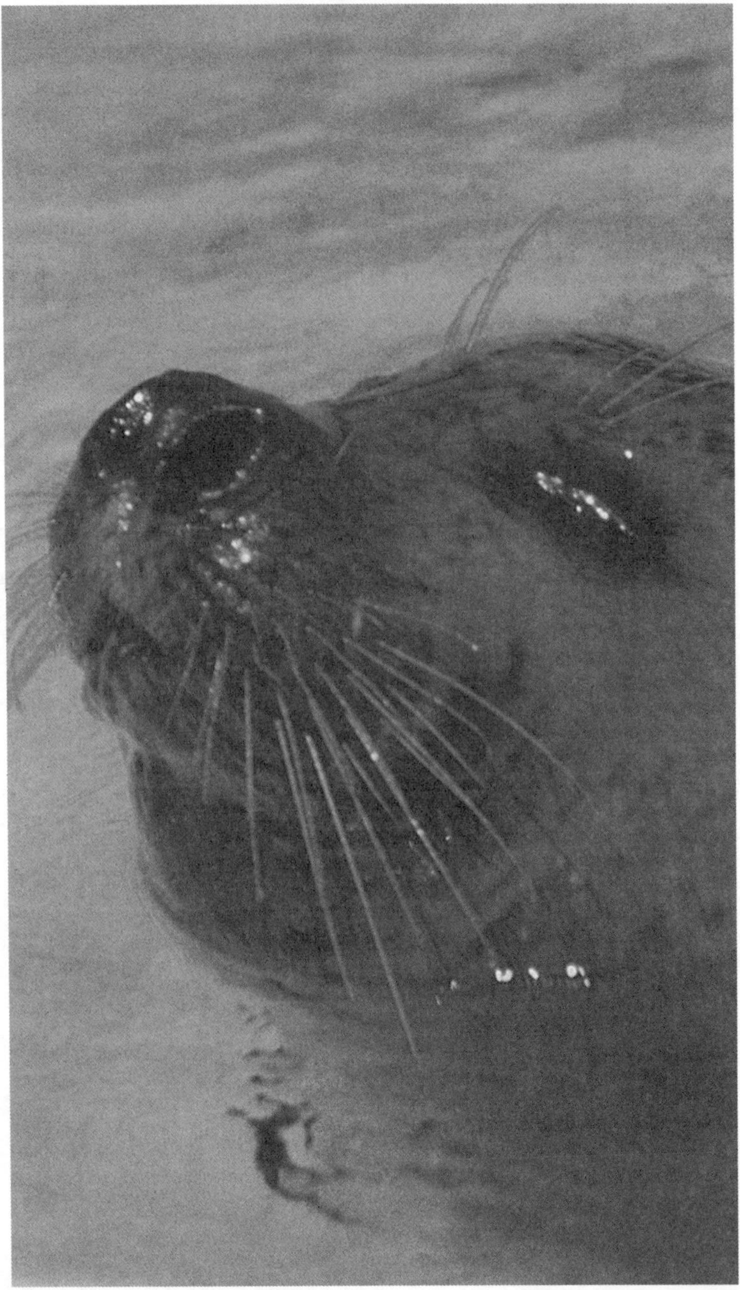

ren. Auch die Seehunde werden, an der Schwanzflosse, markiert.

Etwas verunsichert seien die jungen Seehunde schon, wenn sie zum ersten Mal den Strand unter den Flossen spüren, weiß der Betreuer. Sie stecken ihre Schnauze in den Sand und watscheln mit den Flossen. Ganz gemächlich finden sie dann ihren Weg ins offene Meer. Henk Brugge ist sich klar darüber, daß das Aufpäppeln kranker Tiere keine Lösung für den Bestand der Seehunde bringt. Sein Anliegen ist es, in erster Linie mitzuhelfen, daß sich mehr Menschen bewußt werden, welche Zeitbombe in der Nordsee tickt.

Orientierung

Die südlichste und mit 18.000 ha auch größte holländische Watteninsel liegt zwischen Vlieland und dem Festland. Sie zählt 14.000 dauerhaft auf der Insel lebende Einwohner. Im Sommer kommen um 40.000 Urlauber, die sich vor allem um die Dörfer De Koog an der Nordsee und De Cocksdorp ganz im Norden konzentrieren. Der Hauptort, *Den Burg,* liegt wie das kleinste Dorf, *De Waal,* in der Inselmitte. Den Hoorn ist die südlichste Siedlung. Auf der Wattenmeerseite legen die Fähren beim Hafen 't Horntje an, doch der Fischkutter- und Jachthafen liegt bei Oudeschild. Ebenfalls nahe am Watt findet man das siebte Dorf *Oosterend.* Texel ist rund 25 km lang und etwa 9 km breit.

An- und Rückreise

Vom Hafen Den Helder gleitet die Fähre in einer knappen halben Stunde an die Südspitze Texels 't Horntje. Die Überfahrt kostet pro erwachsene Nase f 11, Kinder bis 11 Jahre zahlen die Hälfte. Im Winterhalbjahr profitiert man vom Niedertarif. Der Transport von Autos kostet um die f 50 und muß nicht unbedingt telefonisch angemeldet werden.

Eine ziemlich exotische Variante, von Texel direkt nach Vlieland weiterzureisen, bietet die Bootsfahrt mit der Vriendschap.

■ **Information:** Teso, Mo-Do 8-16.30 Uhr, Tel. 02220-696 00. Über allfällige Wartezeiten für den Autotransport informiert Tel. 696 90.

■ **Fähre Den Helder – Texel:** täglich jede Stunde zwischen 6.35 und 21.35 Uhr. Am Sonntagmorgen beginnt der Service eine Stunde später.

■ **Fähre Texel – Den Helder:** von 6.05 bis 21.05 Uhr täglich jede Stunde.

■ **Texel – Vlieland:** Die *Vriendschap* tuckert von Mai bis September täglich drei- bis viermal ab Pfahl 33, nahe dem Leuchtturm, zum Vliehors auf Vlieland. Die Tageskarte kostet ca. f 25 (auch Einzelstrecken), Fahrräder f 6, Hunde f 4. Reservierung: *Paviljoen Vliezicht,* Tel. 163 40.

■ **Jachthafen:** Der Jachthafen liegt bei Oudeschild und verfügt über 190 Anlegeplätze. Zum Gelände gehören Duschen und Toiletten. Am Hafen liegen mehrere Restaurants. Information: Tel. 136 08.

■ **Flughafen:** Das Flugfeld mit seinen beiden Graslandepisten in der Inselmitte ist international, so daß Ausländer ihre Zollformalitäten auf Texel erledigen können. Information: Tel. 114 36 und 114 64.

Inselverkehr

■ **Fahrrad:** Radeln auf Texel macht riesig Spaß, doch die Distanzen sind nicht zu unterschätzen, vor allem wenn auf dem Rückweg mit Gegenwind zu rechnen ist. Idealerweise meidet man die langweiligen Hauptstraßen und wählt Routen auf den insgesamt 120 Kilometern Radwegen oder auf den kleinen Verbindungssträßchen. Wer fit ist, kann sich die 75 km lange Texelroute vornehmen. Im Juli/August verkehrt zwischen der Fähre und De Koog ein Bus, der mitgebrachte Fahrräder transportiert. Die Abfahrtzeiten in 't Horntje sind 11, 13 und 16 Uhr. Beim *VVV* ist eine deutschsprachige Broschüre mit vier Radtouren (und Wanderungen) erhältlich. *Vorsicht:* Bekannte wurden von der Polizei gebüßt, weil sie mit dem Mofa auf einem Radweg fuhren.

■ **Fahrradvermietung:** Gewöhnliche Fahrräder kosten pro Tag f 6-8 und pro Woche um f 25. – *Den Burg:* Jonkerstraat 2, Tel. 125 25. Schoonoordsingel 7, Tel. 125 30. Parkstraat 14, Tel. 121 50. – *De Koog:* Nikadel 20 und Brink 6, Tel. 173 33; hier auch Mofas und Scooter. Badweg 1 a, Tel. 172 15. – *De Cocksdorp:* Kikkerstraat 3 und 42. – *Oudeschild:* De Ruyterstraat 63. *Oosterend:* Peperstraat 33 und 44. – *De Waal:* Hogereind 31. – *Den Hoorn:* Herenstraat 67. – Beim Fährhafen *t' Horntje,* Pontweg 2. – Auch zahlreiche Campingplätze und Hotels vermieten Fahrräder.

■ **Bus:** Bei Ankunft der Fähre stehen Busse im Hafen bereit, die in zwei Touren nach Den Burg/De Koog und nach De Cocksdorp fahren. Leider sind die Routen schlecht aufeinander abgestimmt, so daß man zum Teil sehr lange auf Anschluß warten muß. Auch sind die im Stundenrhythmus verkehrenden Busse selten pünktlich und fahren viele Schlaufen – kurz, eine mühsame Angelegenheit.

■ **Taxi:** *Den Burg:* Tel. 122 84. – *De Koog:* Tel. 175 55 und Tel. 123 23. – Zwischen den Dörfern läppert sich auf dem Zähler ganz schön was zusammen, etwa von Den Burg nach De Waal gut f 16, von Oudeschild zum Flugfeld etwa f 30.

■ **Auto:** Auf Texel kann das Mitbringen des eigenen Wagens Sinn machen. Der öffentliche Verkehr ist auch darauf eingestellt, daß die Urlauber ihren PKW dabei haben, und als einzige der Inseln regeln auf Texel einige Ampeln den Verkehr. Zulässige Höchstgeschwindigkeit ist 80 km/h. Vor jedem Dorf gibt es größere Parkplätze, damit die Dorfzentren nicht von Autos belagert werden. Tankstellen hat es in jedem Ort. PKWs ausleihen kann man ab f 60 pro Tag in Oosterend, Peperstraat 44, Tel. 182 27, und in Eierland, Oorsprongweg 3, Tel. 112 33 (hier auch Kleinbusse und Mofas).

Praktische Hinweise

■ **Telefonvorwahl für Texel:** 02220-...

■ **Auskunft:** *VVV Texel,* Emmalaan 66, 1791 AU Den Burg, Tel. 147 41, Fax 141 29, Mo-Fr 9-18 Uhr, Sa bis 17 Uhr.

Die neue Zentrale liegt in Gehdistanz vom Dorfzentrum, unübersehbar, wenn man per Bus vom Fährhafen her ankommt. Seit der Eröffnung des Neubaus ist die Filiale in De Koog geschlossen.

Im Hochsommer veröffentlicht das *VVV* eine Zusammenstellung der noch verfügbaren Unterkünfte, was viele frustrierende Telefonanrufe erübrigt. Das Angebot an Broschüren und Dienstleistungen ist breit, auch in deutscher Sprache. Als Beilage des *Texelse Courant* erscheint im Sommer der *Rekreatiekrant* mit aktuellen Infos. Zweisprachig erscheint das *Texel Toerist Magazine*.

■ **Notalarm:** Tel. 06-11, Polizei, Feuerwehr und Ambulanz, rund um die Uhr.

■ **Polizei und Fundbüro:** Keesomlaan 4 a, Den Burg, Tel. 122 22, jeden Tag 9-18 Uhr. Die Wache in De Koog, Brink 3, Tel. 172 35, ist in den Sommermonaten 9-23 Uhr geöffnet.

■ **Ärzte:** *Den Burg:* K. Eissen, Julianastraat 9, Tel. 120 39, oder W. Vos, Schilderend 38, Tel. 120 23. – *De Cocksdorp:* R.A. van den Bent, Kikkerstraat 12, Tel. 162 34. -*Oosterend:* L. Barnard, Kotterstraat 24, Tel. 182 34. – *De Waal:* E. de Weijer, Oosterenderweg 26, Tel. 182 30, bietet homöopathische Hilfe.

■ **Not-Apotheke:** Weverstraat 95, Den Burg, Tel. 121 12, Mo-Fr 8.30-18 Uhr, Sa-So 11-12.30 Uhr und 15-17 Uhr.

■ **Tierarzt:** Keesomlaan 11, Den Burg, Tel. 125 27.

■ **Öffnungszeiten:** In De Koog sind die Geschäfte von Juni bis August täglich bis 21 Uhr, sogar sonntags von 9.30 bis 12.30 Uhr geöffnet. Am Dienstagnachmittag bleiben die meisten Geschäfte geschlossen. Samstags schließen sie um 17 Uhr. Am Freitag ist das ganze Jahr über Abendverkauf in Den Burg.

■ **Postbüros:** *Den Burg:* Parkstraat 9, Mo-Fr 9-12 und 14-18 Uhr, Sa 9-12 Uhr. – *De Koog:* Brink 6, Mo-Fr 9-12 und 15.30-17.30 Uhr, Sa 9-12 Uhr.

Die folgenden Postämter sind werktags, außer dienstags, von 9-12.30 und 14-18 Uhr geöffnet. *De Cocksdorp:* Kikkerstraat 14. – *Den Hoorn:* Diek 1. – *Oosterend:* Kerkplein 3. – *Oudeschild:* De Ruyterstraat 27.

■ **Banken:** *Den Burg:* Parkstraat 18, Groeneplaats 11, Binnenburg 11 und 9, alle Mo-Fr 9-16 Uhr. – *De Koog:* Dorpsstraat 94, täglich 9-12 Uhr, außer Saison nur mittwochs. – *De Cocksdorp:* Kikkerstraat 2, Fr. 9-11 Uhr. – *Oudeschild:* De Ruyterstraat 21, Di und Do 9-11 Uhr. – *Oosterend:* Vliestraat 16, Mo, Mi und Fr 14-16 Uhr. – *Den Hoorn:* De Naal 2, Di und Do 14-16 Uhr.

■ **Bibliothek:** Drijverstraat 7, Den Burg, Mo, Sa 10.30-12.30 Uhr, Di, Fr 14.30-20.30 Uhr, Mi bis 17 Uhr; auch deutschsprachige Bücher für Urlauber.

■ **TV/Video-Verleih:** *Bruining*, Nikadel 20 und Brink 6, De Koog, Tel. 173 33.

Inselkalender

■ **Back to the sixties:** Jedes Jahr Mitte Mai, während des zweitägigen Festivals in De Koog, leben die sechziger Jahre musikalisch auf.

■ **Jazz Festival:** Im Juni, immer während einer Woche vor dem Katamaran-Rennen, steigt bereits die Partystimmung in Den Burg, wenn in den Kneipen holländische Bands Jazz, Dixieland und Blues spielen.

■ **Katamaran-Rennen:** *Das* Ereignis Mitte Juni ist mit annähernd 1000 Teilnehmern einer der größten Katamaran-Wettbewerbe überhaupt.

■ **Zirkus Renz:** Der älteste, 1911 gegründete Zirkus der Niederlande gastiert im August während einer Woche am Nikadel bei De Koog.

- **Tropical Sea Festival:** Ende August, Anfang September flippt man in De Koog während eines Wochenendes zu heißer Musik mit exotischen Cocktails aus.
- **Schafzuchttag:** Am ersten Montag im September werden die besten Exemplare Texelscher Schafzucht in Den Burg vorgeführt. Händler aus dem In- und Ausland begutachten die Viecher.
- **Blues Festival:** *Get the blues* während des dreinächtigen Livemusik-Festivals Mitte Oktober in den Cafés von Den Burg.
- **Ouwe Sunderklaas:** Der 12. Dezember ist ein ganz besonderer Tag für die Texelaner. Dann nämlich nehmen die Dörfer sämtliche Inselaffären des Jahres auf die Schippe: Sketches werden aufgeführt, die Bevölkerung verkleidet sich und hängt sich Plakate um, die zu den vergangenen Ereignissen Stellung nehmen. Verstehen kann das nur, wer über das Inselgeschehen auf dem Laufenden ist.

Kulturelles

- **Märkte:** Der Viehmarkt jeden Montagmorgen auf dem *Groeneplaats* in Den Burg ist im Sommer größer als im Winter. Am selben Standort wird mittwochs ab halb elf der Folkloremarkt abgehalten. Am Dienstag ist ab 13 Uhr Festmarkt in De Koog, am Donnerstagabend ab 16 Uhr in Den Hoorn, gefolgt von Folklore-Aufführungen am Abend. Der Trödelmarkt in De Cocksdorp findet am Samstagmorgen, aber nicht jede Woche statt.
- **Theaterrestaurant Klif 12:** An der gleichnamigen Adresse in Den Hoorn treten Kleinkünstler auf, die am Anfang ihrer Karriere stehen und später, wenn sie bekannt geworden sind, ihre neuen Programme in diesem restaurierten Bauernhaus am Publikum ausprobieren. Auch Musikabende, Shows und Kabarett werden geboten. Oder lassen Sie sich beim Theater-Diner von den Darbietungen überraschen.
- **Kino:** Das *Cinema Texel*, Gravenstraat 33 im Zentrum von Den Burg, zeigt ziemlich aktuelle Kinofilme in Originalton mit holländischen Untertiteln. Programm im »Texelse Courant« und über Tel. 120 27. Vorverkauf 16-18 Uhr.
- **Dia-Abend:** von Juni bis Oktober, jeden zweiten Freitag, in der protestantischen Kirche an der Dorfstraße in De Koog, mit deutschsprachigen Kommentaren.
- **Malkurse:** Einwöchige Kurse für Landschaftszeichnen und Malen erteilt während des Sommers *Leny van 't Noorderende,* Noordwester 110, Den Burg, Tel. 151 75. Es steht auch ein Atelier zur Verfügung.

Sport und Spiel

Wassersport

- **Segeln:** Das Reich der Segler liegt am Nordseestrand bei den Strandmarkierungen 12, 15, 17 und 33. Vorschrift ist es, eine Schwimmweste zu tragen. Die Segelschule *De Eilander* gibt bei Pfahl 33 von Mitte Mai bis Ende September Kurse im Katamaran-Segeln. Eine Woche kostet rund f 470; 10 Stunden um f 300; zudem Arrangements mit Übernachtungen. Information: Tel. 165 00.

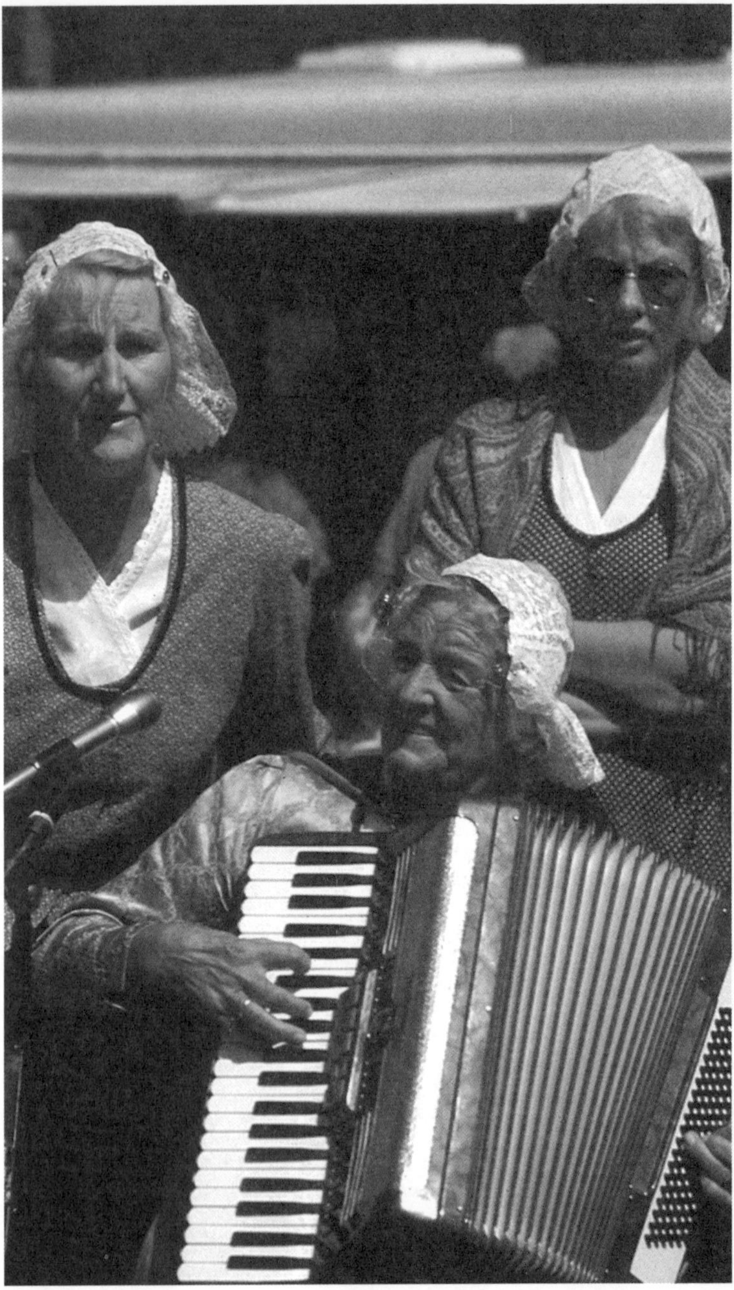

Bei Pfahl 15 liegt die Katamaran-Segelschule *Westerslag,* wo Mitte Mai bis Mitte September ebenfalls Kurse gegeben werden. Information: Tel. 120 13 und 148 47.

Die *Zeilmakerij* kümmert sich um Reparaturen am Segel, Tel. 132 72.

■ **Motorboote:** *Oudeschild:* J. Duinker, Nieuweschild 3, Tel. 184 02, von April bis Oktober Boote mit Außenbordmotor für 2-4 Personen. – *De Cocksdorp:* Th. Eilander, Kikkerstraat 47, Tel. 163 20. – *Oosterend:* A. De Smidt, Schorrenweg 54, Tel. 183 63.

■ **Surfen:** Wegen der starken Strömung ist es zu gefährlich, zwischen Strandmarkierung 31 bis 33 zu surfen. Am besten eignet sich die Küste zwischen Oudeschild und Oosterend am Wattenseedeich bei *Dijkmanshuizen.* Es hat hier auch Unterkünfte speziell für Surfer.

■ **Kanufahren:** In einwöchigen Kursen zwischen Mai und September lernt man, in den starken Strömungen des offenen Gewässers zu fahren. Das Kursniveau richtet sich nach den Teilnehmern, weshalb sowohl Anfänger als auch Könner auf ihre Kosten kommen. Die Kosten sind rund f 310, plus f 150 Leihgebühr für das Material; zudem Arrangements mit Übernachtungen, und im Juli/August zweitägige Kurse für f 160, inklusive Camping, sowie zweistündige Schnupperkurse für f 20. Information und Materialverkauf: *Zeekanocentrum,* Lijnbaan 37, Den Burg, Tel. 150 66.

■ **Kajakfahren:** Für Anfänger und Fortgeschrittene gibt es Wochenendkurse, inklusive Campingübernachtung für f 175. Für Abenteuerlustige (auch für Anfänger) besonders reizvoll ist die einwöchige Campingtour für f 650, die per Kajak von Insel zu Insel führt und wieder auf Texel endet. Information: Tel. 165 30.

■ **Tauchen:** Wer mindestens den ersten Stern besitzt und das auch nachweisen kann, hat die Möglichkeit, mit dem Tauchclub mitzufahren. Auch Sauerstoffflaschen werden nachgefüllt. Information: Tel. 138 44.

■ **Angeln:** Bis zu 29 Sportangler können von April bis November täglich auf der Rival von 10 bis 16 Uhr Fische fangen. Das Schiff wird auch tageweise für f 400-500 vermietet. Information: Tel. 134 10 ab 19 Uhr.

Im Juli/August werden Abendfahrten für bis zu 40 Teilnehmer mit der *Zeester* organisiert. Information: Tel. 135 45.

Zum Angeln im Meer braucht es keinen Schein. Sehr gut zum Fischen eignet sich im Norden der alte Seearm *Roggesloot;* die Genehmigung hierfür erteilt der Pächter, Herr Visman in De Cocksdorp, Tel. 162 32.

Köder und Angelzubehör. *De Koog:* Nikadel 20 und Brink 6. – *De Cocksdorp:* Kikkerstraat 42. – *Oudeschild:* Heemskerckstraat 17 und De Ruyterstraat 19.

■ **Badestrände:** Der 25 km lange Sandstrand wird bei den Markierungen 10, 12, 15, 17, 19-21 und 28 bewacht. Der größte Andrang herrscht bei De Koog, zwischen den Pfählen 17-20. Ist keine Flagge gehißt, sind die Badeverhältnisse gut. Flattert die rote Flagge, ist es verboten, im Meer zu baden, die blaue bedeutet gefährliche Verhältnisse, und die weiße Flagge mit rotem Fragezeichen zeigt an, daß ein verirrtes Kind seine Eltern sucht. Nacktbaden ist nur bei den Pfählen 9 und 27 erlaubt. Strandpavillons stehen bei De Koog und auf Höhe der Strandmarkierungen 9, 15, 17, 28 und 33.

Am Folkloremarkt in Den Burg zeigen die Insulaner
◀ *ihre Freude an Trachten, Musik und Tanz*

Schwimmbad/Sauna/Solarium

■ **Schwimmparadies Calluna,** Schumakersweg 3 (Seitenweg Nr. 16), De Koog, in der Saison täglich 10-22 Uhr, außerhalb Di-Sa ab 14 Uhr, So ab 10 Uhr.

Etwas außerhalb De Koogs, Richtung Den Burg, vergnügen sich die Familien in Wildwasserbach, Wellenbad und Sprudelbecken, auf der 80 m langen Wasserrutsche oder im Dampfbad. Die Kleinsten planschen im Kinderbecken. Das Wasser hat angenehme 28 bis 30°C – genau die richtige Temperatur für regnerische Tage. Der Eintritt kostet für drei Stunden f 15, wobei man mit der Gästekarte, die viele Unterkünfte spendieren, nur die Hälfte zahlt. Für die separate Sauna und das Solarium gilt der gleiche Preis. Beides kombiniert kostet für fünf Stunden f 22.50.

■ **Molenkoog,** Slingerweg 40, Den Burg, Mo-Fr 12-19.30 Uhr, ab Juli 10-19.30 Uhr, und Sa-So 12-16 Uhr.

Das Freibad ist von Frühjahr bis etwa Mitte September geöffnet und kostet um f 3.50 Eintritt.

■ **Opduin,** Ruijslaan 22, De Koog, Tel. 174 45, täglich 8-23 Uhr.

Hallenbad und türkisches Dampfbad sind auch für Gäste zugänglich, die nicht im Hotel wohnen. Eintritt f 8 für zwei Stunden; Solarium und Sauna, nach telefonischer Anmeldung, f 15.

■ **Bos en Duin,** Bakkenweg, täglich 8-21 Uhr.

Beim Apartment-Hotel an der Kreuzung Rozendijk/Steinweg. Keine zeitliche Einschränkung.

■ **Eierlandsche Huis,** Klimpstraat 33, De Cockdorp, Mo-Fr 9-11 und 15.30-22 Uhr, Sa ab 13 Uhr, So 13-18 Uhr. Zutritt f 4.

■ **Saunabad,** Keesomlaan 43, Den Burg, Tel. 124 03.

Nach der Schwitzerei kühlt man sich im Freiluftbecken ab. Zutritt um f 15.

Reiten

Von Mai bis September ist es nur vor 10 Uhr früh und nach 19 Uhr erlaubt, am Strand entlang zwischen den Markierungen 9-17 und 26-33 zu reiten. Die Pferdemiete kostet um f 20 pro Stunde.

■ **Reiterzentrum Bornrif,** Mienterglop 25 (Seitenweg 15), De Koog, Tel. 172 89.

Anfänger und Fortgeschrittene machen vom Stall an der östlichen Umfahrungsstraße von De Koog aus das ganze Jahr über Ausritte von ein bis gut vier Stunden. Will man richtig reiten lernen, kann man Lektionen buchen, auf Wunsch kombiniert mit Zimmer/Frühstück. Zudem Kutschenfahrten. Es soll hier ein Pferdealtersheim für etwa 30 Gäule entstehen, die in Ruhe ihre Pension genießen.

■ **Manegen Elzenhof und Kikkert,** Bosrandweg (Ende Seitenweg 16).

Bei beiden Manegen (nahe dem subtropischen Schwimmbad) reiten während des Sommers die Kinder auf Ponys und die Erwachsenen auf Pferden. Man kann zudem Ponywagen leihen.

■ **Ruitercentrum De Krim,** Roggeslootweg 6, De Cocksdorp, Tel. 165 09.

Auch im Winter bestens geeignet, um in der Innenmanege das Reiten zu lernen. Oder man mietet die Pferde einfach für einen Ausritt. Angeschlossen ist ein Kinderbauernhof.

■ **Manege Zoetelief,** Oudedijkje 41, De Koog, Tel. 173 35.

Von Herbst bis Frühjahr Verleih von Reitpferden und Ponywagen nahe dem

Dorf. Im Sommer an der Kreuzung Bosrandweg/Schumakersweg.

Tennis/Squash

Die Platzmiete pro Stunde kostet f 13 bis 20.

■ **Tennispark,** Schumakersweg 3 (Seitenweg 16), De Koog, Tel. 178 88, täglich 8-21 Uhr.
Beim subtropischen Schwimmbad »Celluna« zwei Aschenplätze und zwei Hartbahnen.

■ **'t Stappeland,** Stappeland 2, De Koog, Tel. 270 00.
Am westlichen Ortsrand bietet das Sportzentrum zwei Squash- und zwei Badmintonplätze, vier Hallentennisplätze und ein Hallenfußballfeld.

■ **Hotel Rebecca,** Hogerein 39, De Waal, Tel. 127 45.
Der Tennisplatz steht bei guten Wetterverhältnissen nicht nur Hotelgästen zur Verfügung.

■ **De Krim,** Roggeslootweg 6, De Cocksdorp, Tel. 162 75.
Im Ferienzentrum spielt man während der Sommermonate auch Tennis. In Vor- und Nachsaison reduzierte Tarife.

■ **Dennenoord,** Grensweg 106, Tel. 124 23.
Der Campingplatz zwischen Den Burg und De Koog hat einen Allwetter-Platz, der bei Tageslicht geöffnet ist.

■ **G. Koot,** Kerkstraat 3, Oosterend, Tel. 182 83.
Zwei Allwetter-Plätze.

Verschiedenes

■ **Wandern:** Mit blauen Pfählen markierte Wege sind Rundgänge und starten: beim Strandweg von Den Hoorn nahe Pfahl 9; nördlich von De Koog nahe Pfahl 21; beim »EcoMare«; nördlich von Den Hoorn am Jan Ayeslag und Nattevlaksweg. Gelbe Pfähle bedeuten Durchgangswege, die meistens zum Strand führen. Von September bis Februar kann man auch den grünen Pfählen folgen, die durch Vogelbrutgebiete leiten.

Ein Naturlehrpfad, mit Beginn zwischen De Koog und Den Burg an der Kreuzung Ploegelanderweg/Monnikenweg, informiert über Pflanzen und Tiere anhand den Jahreszeiten angepaßten Schildern.

Ein Naturpfad für Blinde von einein-halb Kilometern Länge beginnt hundert Meter südlich der Kreuzung Ploegelanderweg/Monnikkenweg nahe dem »EcoMare« und informiert mit Tafeln in Brailleschrift über den Wald.

Beim Fremdenverkehrsverein ist in deutscher Sprache eine praktische Wegleitung für 24 Wanderungen erschienen.

■ **Gruppenlauf:** Gemeinsam ans Ziel kommen und, vor allem, Spaß stehen im Vordergrund der Strand- und Geländeläufe, zu denen sich immer am Sonntag nahe De Koog, am Mittwoch in De Cocksdorp und am Freitag in Den Hoorn, jeweils um 19.30 Uhr, der Startschuß fällt. Man läuft 1,5, 4 oder 8 Kilometer und zahlt f 2.50-5 Einschreibegebühr. Klar, daß es für jeden Teilnehmer ein Andenken gibt.

■ **Trimmpfad:** Zwischen »EcoMare« und Den Hoorn beginnt beim Turveld, an der Kreuzung Westerlag-Nattevlaksweg, ein 1 km langer Trimmpfad durch den Wald.

■ **Fahrradrennen:** Jeden Dienstag und Freitag um 19 Uhr starten Erwachsene bei der Rennbahn am Haffelderweg in Den Burg zum Wettrennen. Startgeld f 2.50. Kostenlos ist die Teilnahme für

Jugendliche bis 15 Jahre mit Start um 18.15 Uhr.
- **Fitneß-Studio:** Sportschule Texel, Schilderweg 251, Oudeschild, Tel. 154 21, Mo-Fr 16-21 Uhr, Sa 11-15 Uhr.

Verschiedene Maschinen. Konditionstraining immer Montag und Donnerstag um 18 Uhr.
- **Fallschirmspringen:** Etwas Mut braucht es schon, wenn man sich zum Grundkurs mit A-Diplom anmeldet. Die Ausbildung kostet f 730, im Juli/August f 760. Zudem sind Arrangements mit Übernachtung möglich. Auch ohne Vorkenntnisse kann man einen Tandem-Sprung für f 300 wagen. Der *Porter* steigt auf 3000 Meter Höhe, von wo, zu zweit zu einem Paket zusammengebunden, gesprungen wird. Der freie Fall dauert etwa eine halbe Minute. Information: *Paracentrum,* Tel. 114 64.
- **Go-Kart:** Den Sturzhelm auf-, in die Karre setzen und lossausen kann man am Akenbuurt 14, Seitenweg 10, also am Ortsrand von Den Burg an einer Seitenstraße Richtung De Koog, täglich von 10-18 Uhr, im Juli/August bis 20 Uhr. Von November bis März muß man sich telefonisch anmelden. Auch Erwachsene geben auf dieser Bahn ihrem Spieltrieb nach, doch so leicht, die Kurve zu kratzen, ist es nun auch wieder nicht. Für Kinder von 3 bis 8 Jahren hat es eine spezielle Minibahn. Information: Tel. 139 21 und 156 19.
- **Drachensteigen:** Alles, was das Fliegerherz begehrt, bietet das Drachensortiment von *Tiko,* Dorpsstraat 150, De Koog.
- **Schlittschuhlaufen:** am Ortsrand von Oosterend und in Den Burg.

Spiele

Während der Saison werden regelmäßig Volleyball- und Fußballturniere organisiert, deren Daten im »Vakantiekrant« notiert sind.
- **Kegeln:** *De Koogel,* Dorpsstraat 127, De Koog; sechs Bahnen in der Saison täglich ab 12 Uhr. *De Branding,* Boodtlaan 6, De Koog, täglich 11-23 Uhr.
- **Bridge:** Im Sommer jeden Montag um 20 Uhr bei der Manege *Akenburg,* nahe den Burg an der Kreuzung bei der Ampel. Teilnahmegebühr f 5.
- **Minigolf:** Der Zutritt kostet f 2.50-4. – *Den Burg:* Akenbuurt 14, bei der Go-Kart-Bahn, sowie Bakkenweg 16 (Seitenweg 11), beim Hotel Bos en Duin. – *De Koog:* Het Speelkwartier, in der Dorpsstraat und beim Schwimmbad Calluna, Schumakersweg. – *De Cocksdorp:* bei der Pizzeria Bella Vista, Kikkerstraat 30, und beim Ferienzentrum De Krim, Roggeslootweg 6. – *Den Hoorn:* Witteweg 15, zwischen Dorf und Strand mit Gratiszutritt zu Minizoo und Kinderspielplatz; täglich ab 9 Uhr.
- **Pool/Billard:** Im Hotel *Lindeboom,* am Groeneplaats in Den Burg mit Eingang von der Kantoorstraat; jeweils Mi, Sa 16-24 Uhr und So 15-20 Uhr Billard, Snooker und Pool.
- **Bowling:** *De Koogel,* Dorpsstraat 29, mitten im Dorf von De Koog, Tel. 176 72. Bowling Hotel *De Branding,* Boodtlaan 6, De Koog, Tel. 172 33.
- **Boccia:** Auf der Rückseite der Bäckerei *'t Gouwe Botje,* an der Peperstraat in Oosterend, kann man bei guter Witterung mittwochs ab 19 und samstags ab 14 Uhr die Bocciakugeln werfen.
- **Modelleisenbahnclub:** Von Juni bis August können alle, die sich an

---

Auf Texel und auf Ameland kann man sich zu einem Kurs in Fallschirmspringen anmelden, oder man wagt einen einmaligen Tandemsprung ▶

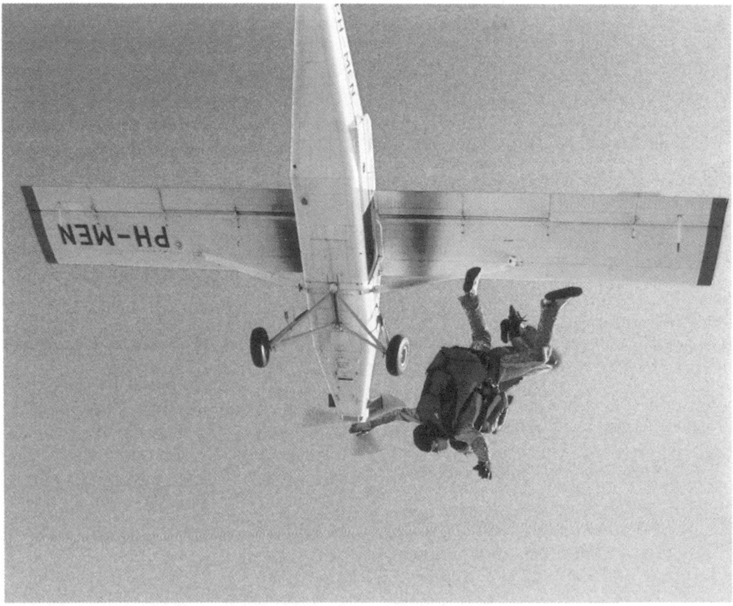
PH-MEN

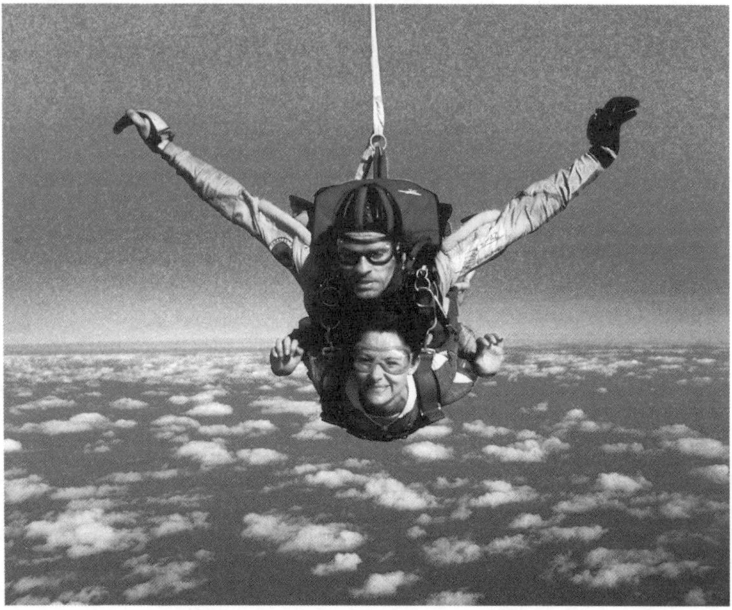

prächtigen Eisenbahnmodellen erfreuen, jeden Freitag von 14.30-17.30 Uhr kostenlos zuschauen, wie die Minizüge durch die Kunstlandschaft schnaufen.

Ausflüge

■ **Historische Segelfahrt:** Mitte April bis Mitte September kann man mit einem historischen Flachboot ins Wattenmeer hinaussegeln. Die gute alte *TX 33* mit Baujahr 1918 hat 1992 den Besitzer gewechselt und fährt nun in anderen Gefilden. Doch ein Ersatz ließ nicht auf sich warten. Die Teilnehmer müssen mindestens 12 Jahre alt sein, denn der besondere Reiz an den beiden Touren ist die Mithilfe aller Passagiere, wenn es darum geht, die Segel zu setzen oder zu wenden. So lernen auch Banausen auf angenehme Weise ein bißchen was übers Segeln. Die Törns finden Montag bis Samstag von 11 bis 13 Uhr (f 15) und von 13 bis 17 Uhr (f 25) statt. Da sich das Segelschiff nicht weit vom Hafen entfernt, reicht die kürzere Tour aus. Information: Tel. 149 56 oder an der Kasse des *Strandräubermuseums* in Oudeschild.

■ **Schiffsrundfahrt:** Das Motorschiff *Zeester* läuft von Ostern bis November täglich um 14 Uhr aus dem Hafen Oudeschild zu einer zweistündigen Wattenseerundfahrt aus, an der bis zu 125 Passagiere für f 10 teilnehmen können. Im Winter nur nach Verabredung. Information: Tel. 135 45.

■ **Tagesfahrt nach Vlieland:** Siehe »An- und Rückreise«.

■ **Wattenfahrt zur Seehundbank:** Abhängig von den Gezeiten, fährt die *Vriendschap* nach telefonischer Anmeldung in rund zwei Stunden in die Nähe der Sandbank, auf der Seehunde dösen. Kosten für Erwachsene rund f 15, Kinder um f 8. Reservierung: Tel. 163 40.

■ **Garnelenkutter:** Die *TX 27* geht von Montag bis Samstag um 10.30 und 14 Uhr für zwei Stunden auf Garnelenjagd. Startpunkt Hafen Oudeschild. Für Jung und Alt ist es ein Abenteuer, wenn das 9 m breite und 17 m lange Fangnetz gehievt wird und die Möwen kreischend über dem Schiff zirkulieren. Was da so alles im Netz hängenbleibt, erlebt man dank lustigen Kommentaren, wie das Öffnen einer Wundertüte. Die übrigbleibenden Garnelen werden abgekocht und von den Fahrgästen verschlungen. Hie und da kommt es vor, daß der Fang lausig ist. Fahrkarten zu f 10, Kinder f 8 gibt's im Souvenirladen am Hafen. Warme Kleider mitnehmen. Anmeldung empfehlenswert über Tel. 138 06, 9.30-10.30 und 13-14 Uhr.

■ **Kutschenfahrten:** Nach telefonischer Anmeldung startet die Rundfahrt mittwochs, um 14 Uhr, ab *Agrarmuseum* in De Waal durch das »alte« Texel. Bei genügend Anmeldungen auch montags und freitags. Erwachsene f 12, Kinder f 8. Information: Tel. 129 51.

Mit Wagen und zwei Pferden ist *Jan Plezier* zweieinhalb Stunden im Naturschutzgebiet *Slufter* durch Wald und Dünen unterwegs. Es hat Platz für 30 Personen. Start im Sommer, jeweils Di-Sa um 10 und 14 Uhr, beim Parkplatz am Nikadel De Koog, im Winter nach Vereinbarung. Kosten f 15, Kinder bis 12 Jahre f 7.50. Information: Tel. 128 25.

Das Reiterzentrum *Bornrif,* Mienterglop 25 (Seitenweg 15), De Koog, Tel. 172 89, kann in seinem Planwagen auch Rollstühle mitnehmen.

■ **Busrundfahrten:** Beim *VVV* gibt es während der Saison zwei Rundfahrten zu buchen: Jeden Donnerstag werden die schönsten Flecken der Insel gezeigt. Am Freitag erfährt man einiges über die Landwirtschaft und besucht das Agrarmuseum in De Waal. Kosten pro Person f 25.

■ **Rundflüge:** Aus der Vogelperspektive kostet der Blick auf Texel während 15 Minuten f 40 oder, nach Wunsch, 30 bis 60 Minuten f 70-115 pro Person; Kinder bis 8 Jahre zahlen die Hälfte. Im Flugzeug haben vier bis fünf Personen Platz. Start beim Flugfeld im Eierland. Information: Tel. 114 36 und 114 64.

■ **Geführte Rundgänge:** Fast täglich organisiert »EcoMare« etwa zweistündige Exkursionen zu den Vogelbrutgebieten *De Geul, De Muy, De Slufter* und zu den *Westerdünen*. Im Juli/August auch *Wattexkursionen,* wobei man sich frühzeitig anmelden muß. Zudem bietet »EcoMare« drei Naturkurse an, die jeweils mit der Einführung um 20.30 Uhr beginnen. Tags darauf folgt die Feldexkursion zu den Themen: »Vogelwelt« am Montag/Dienstag, »Watt« am Mittwoch/Donnerstag und »Meer, Strand, Dünen« am Freitag/Samstag. In deutscher Sprache werden die Kurse werden allerdings nur für Gruppen und auf Anfrage abgehalten; Kosten pro Person f 65.

Die kirchliche Geschichte bringt ein Texelscher Pastor Interessierten kostenlos auf einer Rundfahrt näher. Die Führung beginnt hinter der Kirche in De Koog, die Daten werden publiziert. Information: Tel. 186 33 und 185 81.

■ **Nordholland-Tour:** Ein Tagesausflug zum Festland mit Besichtigung von Mühlen, Holzschuhmacherei und Käserei findet während der Saison jeden Dienstag statt. Man nimmt die Fähre um 9 Uhr und zurück um 16.35 Uhr; Kosten pro Person f 50. Information: *AOT Travel,* Tel. 125 47.

Da die Überfahrt zum Festland bloß eine halbe Stunde dauert, kann man sich auch auf eigene Faust gut einen Tag auf Entdeckungstour zu den Sehenswürdigkeiten Nordhollands aufmachen.

Den Burg

Auf dem Groeneplaats im Herzen von Den Burg drehen sich die Tanzpaare lachend im Kreise, verneigen sich gegenseitig und formen als Folkloretanzgruppe immer neue Reigen zum Akkordeon. Die Herren tragen Zylinder und feine schwarze Anzüge, die Frauen haben auf ihrem Kopf ein Häubchen mit Schmucknadeln befestigt und wiegen sich in mädchenhafter Tracht. Der Folkloremarkt am Mittwoch ist auch Treffpunkt für Marktfahrer, die in den schmalen Gassen von Ramsch zu echt texelschen Produkten wie Käse und Kräuterbitter so ziemlich alles anbieten.

Den Burg ist mit seinen rund 7000 Einwohnern Texels Hauptort und Verwaltungszentrale. Es gibt ein Kino, mehrere Schulen, ein richtiges Postamt und öffentliche Dienststellen. Zahlreiche Geschäfte, Boutiquen und Warenhäuser verleihen ihm kleinstädtisches und schon fast vornehmes Ambiente.

Vor allem die kreisförmig um Groeneplaats und Vismarkt angelegten Straßen vermitteln den Eindruck eines historischen Fleckens Erde, das allerdings während der sechziger Jahre einige Schönheitsoperationen erlitten hat, für die sich die Den Burger heute die

Haare ausraufen könnten. So hat etwa das 1968 erbaute Gemeindehaus die niedlichen Giebelbauten am Hauptplatz ersetzt. In der ringförmigen Fußgängerzone erheischen dennoch ein paar winzige Häuschen die Bewunderung der Touristen, die sich auch bei Regenwetter zu einem gemütlichen Bummel einfinden.

Der Burgwall grenzte ab 1356 das Städtchen als Wassergraben von der Außenwelt ab, wurde jedoch 1902 zugeschüttet und mit Kopfsteinpflaster gedeckt. Vermutlich stand im frühen Mittelalter eine Burg, sicher aber ein Kloster, in Den Burg.

Der Viehmarkt am Montagmorgen ist leider nicht mehr das, was er einmal war, als die Bauern noch ihre Lämmer zu Hunderten auf den Groeneplaats brachten und die Geschäfte auf Handschlag abschlossen. Inzwischen wird der Handel zu Hause abgewickelt, doch als fotogene Kulisse für die Urlauber stehen nach wie vor genügend Schafe und Pferde auf dem Markt herum.

Sehenswertes

■ **Oudheidskamer,** Kogerstraat 1, Apr-Okt Mo-Fr 10-12.30 und 13.15-15 Uhr; Zutritt frei.

Das reizvolle Heimatmuseum im Dorfzentrum von Den Burg wurde vermutlich um das Jahr 1599 erbaut und diente wohl einst als Gasthaus für herumziehende Landstreicher. Zeitweilig wurden darin auch die Armen untergebracht, was auf der Fassade noch an sinngemäßen Spruch zu erkennen ist: »Wer seine Ohren schließt für das Rufen der Armen, Gott wird sich nicht über ihm erbarmen«.

In einer Anwandlung von Nostalgie wurde das Häuschen 1954 renoviert, und die Insulaner stöberten auf ihrem Dachboden nach allem erdenklichen Kram aus Großmutters Zeiten. So fehlt es der urigen Einrichtung weder an antiken Feuertöpfen und Kaffeemühlen noch an feinen Spitzenhäubchen und wertvollem Goldschmuck. Man glaubt, in einer Wohnung 'rumzuschnüffeln, die sich seit hundert Jahren nicht verändert hat. Auf dem ausgebauten Dachboden werden Wechselausstellungen gezeigt. Hinter dem Haus duftet »der kleinste öffentliche Kräutergarten Hollands«.

■ **Hervormde Kerk:** Im historischen Mittelpunkt des Städtchens, am Binnenburg, steht jene Kirche, um die Den Burgs Straßen kreisförmig angelegt wurden. Nicht das stille Interieur des im 15. Jahrhundert erbauten Gotteshauses, sondern die Aussicht von der Turmspitze lockt während des Sommers so zahlreiche Leute an, daß man bis zu eine halbe Stunde auf den Aufstieg warten muß. Daß der Großansturm in Grenzen gehalten wird, ist durchaus vernünftig. Immerhin ist die Turmspitze 1539 kurzerhand eingestürzt. Erst 1604 sollen die Bürger den Kirchturm neu aufgebaut haben.

■ **Schafsbauernhof De Noordkroon,** Nieuwlanderweg 10, März-Okt Mo-Sa 16-18 Uhr.

Wollten Sie schon immer wissen, wie man ein Schaf melkt, dann fahren Sie zu diesem Hof 2 km nördlich von Den Burg, nahe der Radwegkreuzung De Waal/De Koog. Nein, nein, von Hand wird die Arbeit auch bei Schafen längst nicht mehr erledigt. Der hauseigene Schafskäse schmeckt trotzdem, und es gibt noch allerlei andere Produkte der blökenden Viecher zu kaufen.

Texel/Den Burg 83

Unterkunft

Hotels/Pensionen:

■ **Lindenboom,** Groeneplaats 14, 1791 CC, Tel. 12 041, Fax 15 676.

Gediegen ist die Ausstrahlung dieses Hauses am Den Burger Hauptplatz. Auch Speisesäle und Aufenthaltsräume zeugen von Geschmack. Die Zimmer mit TV/Minibar sind geräumig, aber ziemlich veraltet für den Personenpreis von f 60 ohne und f 75 mit Badezimmer; HP ab f 85. Die luxuriöse Brautsuite kostet inklusive Champagnerfrühstück f 320.

■ **De Smulpot,** Binnenburg 5, 1791 CG, Tel. 12 756.

Gleich um die Ecke des »Lindenbaums« über dem gemütlichen Wirtshaus werden 7 moderne Doppelzimmer mit TV/Radio/Telefon, bunten Gardinen und schönem Bad um f 65 pro Person vermietet. Zum Haus gehört ein Solarium.

■ **'t Koogerend,** Kogerstraat 94, 1791 EV, Tel. 13 301.

Unter dem bauchigen Dach dieses niedlichen Hauses am Dorfrand liegen moderne, nicht sehr helle Räume, davon einige mit Bad auf dem Flur, andere mit eigener Dusche sowie 12 Zimmer mit Sprudelbadewanne für f 40-65 pro Person, HP ab f 60. Haustiere sind willkommen.

■ **Den Burg,** Emmalaan 2, 1791 AV, Tel. 12 106.

Etwas außerhalb vom Zentrum, in ruhiger Lage; alle Zimmer haben Bad oder Dusche, auch als EZ oder für 3 Personen zu je f 45-80 pro Nacht. An der Bar geht es gemütlich zu und her. Besonderer Stolz ist die Küche, die man mit HP oder VP für f 70-115 testen kann.

■ **NJHC Herberg de Eiercoogh,** Pontweg 106, 1791 LB Den Burg, Tel. 129 07.

Mit rund f 25 pro Person ist die Übernachtung in der Jugendherberge, ein Stück außerhalb des Dorfes auf dem Weg nach De Koog, zwar sehr günstig, aber nicht sonderlich reizvoll. Gäste mit einer Mitgliedskarte der niederländischen Herbergen zahlen pro Nacht f 5 weniger. Es gibt 100 Betten und 4 Schlafsäle für mindestens 10 Personen. Bettwäsche kann man mieten. Mahlzeiten kosten f 40-50 pro Tag. Gemütlich ist die Bar. In der Saison gibt's gar Discoabende.

■ **NJHC Herberg Panorama,** Tel. 154 41.

Die zweite Jugendherberge ist in einem schönen alten Hof untergebracht, der, abseits der Touristenströme, in der herrlichen Umgebung des Hogeberg südlich von Den Burg liegt. Die Übernachtung kostet um f 27, HP oder VP für f 45-55. Im Aufenthaltsraum kann man an der Bar sitzen, oder man genießt die Sonne im Garten. Übrige Bestimmungen wie oben. Korrespondenz richtet man an die erstgenannte Herberge.

■ **Bêd & Brochje:** Bett und Frühstück gibt es bei einigen Familien für knapp f 30 pro Person zu mieten: Bakker, Beatrixlaan 78, 1791 GD, Tel. 134 83. Commandeur, Wilhelminalaan 114, 1791 AB, Tel. 141 17. Eelman, Veenselangweg 8, 1791 LS, Tel. 121 18. Kamp, Schilderend 144, 1791 BK, Tel. 131 71. Keijser, Waalderweg 115, 1791 MA, Tel. 127 40.

Für Gruppen:

Fast sämtliche Vermieter von Gruppenunterkünften haben sich auf Texel zusammengeschlossen, was der Kund-

84 Texel/Den Burg

schaft ermöglicht, über eine einzige Adresse genau die passende Unterkunft zu finden. Auch die Jugendherbergen sind im Club dabei. Auf Wunsch wird Ihnen ein spezieller Prospekt zugesandt.
- **Information Gruppenunterkünfte:** Groet, Tel. 147 41.
- **De Bult,** Meyertebos 19, 1791 MG, Tel. 128 25.

Diese Gruppenunterkunft in ländlicher Umgebung, eineinhalb Kilometer von Den Burg, ist speziell für Behinderte eingerichtet und kann 14-24 Personen, davon bis zu 6 Rollstühle, aufnehmen. Es hat einen großen Aufenthaltsraum mit TV/Video und Kamin, 8 Schlafzimmer und 3 Badezimmer, eine ausgerüstete Küche und einen weitläufigen Garten. Kosten pro Person ab f 15 pro Nacht, inklusive Nebenkosten.

Camping:

Die Campingplätze liegen einige Kilometer westlich von Den Burg, am Waldrand hinter den Dünen in der Umgebung Dennenbossen, nur drei Kilometer von De Koog entfernt. Wo nicht anders vermerkt, beträgt der Richtpreis in der Hochsaison mit Zelt oder Wohnwagen für 4 Personen um f 30, für jede weitere Person f 4-5 pro Nacht. Geöffnet sind die Campingplätze von April bis Oktober.
- **De Bremakker,** Tempeliersweg 40, 1191 NS, Tel. 128 63.

In dem Wald, etwa einen Kilometer vom Strand entfernt, werden Wohnwagen vermietet, wenn man nicht den eigenen oder ein Zelt mitbringt. Es gibt eine Imbißstube und einen Lebensmittelladen. Jung und Alt ist dort anzutreffen.
- **Dennenoord,** Grensweg 106, 1790 AA, Tel. 124 23.

Ein gut ausgebauter Platz mit Laden, Kantine, Kinderspiel- und Allwetter-Tennisplatz, Geländebeleuchtung, Freizeit-Team und Waschsalon. Junge Leute sind mit oder ohne Begleitung der Eltern willkommen, Haustiere ebenso. Man kann auch Chalets und Bungalows mit Bodenheizung mieten.
- **Hoeve Bloemwijk,** Gerritslanderdijkje 20, 1791 NB, Tel. 121 63.

Jugendliche müssen in Begleitung von Erwachsenen sein, können aber auch in Gruppen kommen. Die Plätze für 120 Gäste sind extrem günstig (f 21 als Richtpreis), mit entsprechend bescheidener Infrastruktur. Die sanitären Anlagen sind aber gut.
- **Pranger,** Gerritslanderdijkje 47, 1791 NA, Tel. 125 89.

Reiner Familiencamping für maximal 100 Gäste mit drei ANWB-Sternen für die sanitären Anlagen. Es hat einen Laden auf dem Gelände, das für Wohnmobile zu klein ist. Schließt bereits Ende September.
- **De Koorn-Aar,** Grensweg 388, 1791 NP, Tel. 129 31.

Ein paar Gulden billiger, aber dennoch gut ausgerüstet mit der üblichen Infrastruktur und sogar Tenniscourts. Platz für knapp 200 Gäste. Haustiere sind willkommen.
- **Het Woutershok,** Rozendijk 38, 1791 PE, Tel. 130 80.

Das Gelände ist auf die Bedürfnisse von Rollstuhlfahrern abgestimmt. Es gibt einen Kinderspielplatz und Aktivitäten in der Saison. Haustiere sind erlaubt. Das Familiencamping ist etwas günstiger.

Verpflegung

■ **Het Kleine Verschil,** Gravenstraat 16, Küche 17.30-21.30 Uhr, dienstags geschlossen.

Das winzige Lokal nahe dem Kino strahlt durch seine warmen Farben und die alten Lampen großmütterliche Gemütlichkeit aus. Ebenso wie die Bilder an der Wand, wechselt die Menükarte nach Saison. Die Kräuter in der Lammsbouillon (f 7) stammen aus dem eigenen Garten. Oder wie wär's mit Kalbfleisch in einer Dillrahmsauce für f 30?

■ **Raadskelder,** Vismarkt 6, Küche 11-22 Uhr.

Im lindgrün gehaltenen Keller mit massiver Standuhr beim Gemeindehaus bereitet der Küchenchef das mehrgängige Spezialmenü für f 60 aus reinen texelschen Produkten. Die bürgerliche Küche bietet aber auch eine breite Auswahl kleinerer Gerichte und Tagesmenüs sowie ein appetitanregendes Salatbuffet.

■ **De Smulpot,** Binnenburg 5, Küche 11-14 und 17-22 Uhr.

Den Aperitif oder den Schlummerdrunk nehmen Sie möglicherweise in der mit dunklem Holz gemütlich eingerichteten Bar. Das Restaurant hat einen separaten Eingang gegenüber der Kirche, nahe dem Vismarkt, und lädt seine Gäste ein, am Feuer des offenen Kamins zu sitzen. Fleisch- und Fischgerichte kosten f 30-40.

■ **Azië,** Goeneplaats 12, Küche täglich 11.30-22.30 Uhr.

Chinese am Hauptplatz. Der Kleine war völlig fasziniert vom chinesischen Wasserspiel beim Eingang. Die Erwachsenen machten sich über das exotische Buffet für knapp f 30 (Kinder f 15) her. Preiswert ist auch das mehrgängige Lunchgericht für f 12. A-la-carte bietet die üblich breite Auswahl mit Gerichten um f 25.

■ **De Twaalf Balcken,** Weverstraat 20.

Das echte Brauncafé, mit genau zwölf Balken an der Decke und einer gemütlichen Bar, ist sehr beliebt bei den Insulanern. Die Küche bietet Spezialitäten wie Lammspoot, Lammskarbonade, gegrillter Lammspieß.

■ **Venetia,** Kogerstraat 7, Küche 11-23 Uhr.

Von der Decke hängen massenweise leere Chiantiflaschen. In den Tellern liegen vorwiegend Pizzen für f 15-20, und das alles nahe dem Heimatmuseum im Zentrum.

■ **Theodorahoeve,** Kogerstraat 26, 11.30-21.30 Uhr

Im Sommer sitzt man auf der großen Terrasse. Gemütlich ist auch die Inneneinrichtung des umgebauten Bauernhofes am Dorfrand. Die Karte bietet so Unterschiedliches wie Pfannkuchen, Käsefondue, vegetarische Menüs und natürlich Fisch- und Fleischgerichte zu ebenso unterschiedlichen Preisen.

■ **Catharina Hoeve,** Rozendijk 17 (Seitenweg 11), täglich 12-21 Uhr.

Ein herrliches Exemplar von einem typischen Hof mit offenem Kamin und viel Holz ist dieser nostalgische Treffpunkt am Waldrand zwischen Den Burg und De Koog. Die Menükarte bietet die üblichen Spezialitäten von Pfannkuchen zu Lammkoteletts. Im Sommer spielen die Kinder im Garten.

Nachtleben

Am Hauptplatz, im großen Saal des Hotels *Lindenboom,* schwingen die Wände zum Blues. Der Bandleader knurrt unter dem tief ins Gesicht gezogenen Hut. Das Volk tanzt oder quatscht, einige dösen in der frühen Morgenstunde unauffällig vor sich hin. Das Den Burger Bluesfestival Mitte Oktober ist zwar kein Ereignis internationaler Größe, doch während drei Nächten geben die lokalen Bands ein Happening, das die Kneipen des Ortes aus allen Nähten platzen läßt. Auch zu ruhigeren Zeiten bieten sie Unterhaltung für jeden Geschmack. Am besten beginnt man die Tour im Dorfkern, am Fischmarkt. Für die Schließungszeiten gelten übrigens dieselben Regeln wie in De Koog.

■ **Café Karseboom,** Vismarkt 4.
Kleines Caf#e hinter rot-weißer Fassade. Die holländischen Seemannsschnulzen ab Band passen bestens zum ebenso typischen Dekor mit den Teppichen auf den Tischen. Die Stufen hinauf zur Toilette knarren. Die beiden Männer hinter der Theke wirken fast antik und ausgesprochen gemütlich.

■ **De Zwaan,** Zwaanstraat 6 a.
Zweigt man vom Fischmarkt in die Seitenstraße beim Restaurant Azië ab, lädt auf dem Weg zur Disco der langgezogene und etwas kahle »Schwan« zu Darts oder Billard ein.

■ **Disco Question,** Zwaanstraat 5, täglich 20-03 Uhr.
Jeden Donnerstag können Sie zum Superstar werden und sich beim Karaoke den tosenden Applaus Ihres Publikums sichern. Der Zutritt ist auch in den übrigen Nächten gratis. Nach Ladenschluß kann man eine letzte Runde an der Tür nebenan ausgeben.

■ **Nightbar Casino,** Zwaanstraat 5, 23-04 Uhr.
Es müffelt wie in einem Weinkeller, obwohl die Bar mit der raumfüllenden, ovalen Theke kein Spezialist in edlen Tropfen ist. Der Glimmer eines Kasinos fehlt dem gedämpften Lokal ebenso; es ist einfach da zum Schwatzen und zum Schauen.

■ **De Pilaar,** Kantoorstraat 5.
Sehr populär bei Jungen und Junggebliebenen ist diese Bar in der Seitenstraße, die vom Fischmarkt neben dem *Lindenboom* abgeht. Ein paar Häuser weiter liegt die Disco.

■ **De Jelleboog,** Kantoorstraat 11.
Zur vorgerückten Stunde stehen und sitzen Trauben junger Leute schon vor der »trendigen« Disco.

■ **In den Grooten Slock,** Parkstraat 36.
Wer ein paar Schritte Luft schnappen will, spaziert über den Groene Platz geradeaus und wählt, gegenüber der Post, in diesem geselligen Pub mit Kitschdekoration einen »großen Schluck« unter vierzig verschiedenen Biersorten.

■ **The twaalf Balcken,** Weverstraat 20.
Den Rundgang kann man an der äußeren Kreisgasse fortsetzen. Denn auch nach der Essenszeit kommen die Insulaner gerne in das urige Lokal.

De Koog

Ohne die touristische Entwicklung auf Texel wäre De Koog vermutlich von der Landkarte verschwunden. Nur gerade noch elf Häuser standen 1921 im Dorf, während 1514, genau wie in Den Hoorn, stolze 140 Häuser gezählt wurden. Der Name De Koog stammt von »*cooghen*«, wie zur Zeit seiner Entstehung jene kleinen Polder genannt wurden, welche die Bevölkerung durch das Anlegen niedriger Deiche der See abgerungen hatte.

Seine erste Blüte verdankte De Koog hingegen der Fischerei. Als die Siedlung 1559 und 1570 von schweren Stürmen heimgesucht wurde, brachten sich jedoch viele Bewohner in anderen Inseldörfern in Sicherheit und blieben gleich dort. Dazu kam, daß die Wasserläufe, auf denen die Schiffe vom Ort direkt zur See fuhren, immer stärker versandeten.

Den Grundstein für seine zweite Karriere legte De Koog am 1. April 1908 mit der Eröffnung des ersten Strandhotels auf Texel. Vorerst kamen die Urlauber, um die prächtige Vielfalt von Vögeln und Pflanzen in den nahegelegenen Naturschutzgebieten *De Muy* und *De Slufter* zu bewundern. Später wurde das romantisch anmutende Hotel *Prinses Juliana* am Badweg durch einen Neubau ersetzt und zum exklusiven Apartmenthotel ausgebaut.

Um De Koog als Ferienziel zu propagieren, gründeten die Bewohner einen Fremdenverkehrsverein. Allerdings hatte jede Ortschaft auf der Insel ihren eigenen Verein mit ebenso eigenen Ideen, und es dauerte bis 1938, bis die verschiedenen Clubs einsahen, daß Zusammenarbeit angebracht wäre. Nach dem Zweiten Weltkrieg nahm die Besucherzahl tatsächlich rasant zu. De Koog wuchs entsprechend schnell zu einem quirligen Badeort heran. Von der Nordsee nur durch zwei schützende Dünenreihen getrennt, besaß es von allen Inseldörfern die besten Voraussetzungen für einen lebhaften Urlaubsbetrieb. Inzwischen gesellen sich zu den gut 800 Einwohnern jeden Sommer rund 20.000 Urlauber, die in und um De Koog residieren.

Einziges Überbleibsel aus der Vergangenheit ist die weiße Kirche (1719) mitten im Dorf, in der Musik- und Dia-Abende gegeben werden. Um den kleinen Platz davor scharen sich Geschäfte und Restaurants ebenso wie entlang der Dorfstraße, die auf beiden Seiten des Platzes das autofreie Zentrum bildet. Sogar außerhalb der Badesaison, während der Herbst- und Winterferien, flaniert die Gästeschar durch das gemütliche De Koog. Wer totale Ruhe und Abgeschiedenheit sucht, residiert also besser in einem anderen Inseldorf.

Sehenswertes

■ **EcoMare,** Ruyslaan 92 (Seitenstraße Nr. 13), De Koog, täglich 9-17 Uhr, Nov-März nur Mo-Sa, Tierfütterung 11 und 15 Uhr. Eintritt f 7.50, Kinder bis 13 Jahre f 4.

Etwa fünf Fahrradminuten südlich von De Koog zeigt das »Informationszentrum für das Watten- und Nordseegebiet« die Entwicklung Texels vom Mammut bis heute. Hauptattraktion sind die 25 Seehunde draußen im Pool, die beim Fressen um 11 und 15 Uhr auch mal lautstark ins Publikum bellen. Diese erste Seehundauffangstation Europas hat das Ehepaar *Gerrit* und *Annie de Haan* als Verwalter des naturhistorischen Museums im Jahre 1951 gegründet und mit viel Einsatz zu dem ausgebaut, was es heute ist.

Neben den ständig im »EcoMare« lebenden Seehunden, werden auch kranke Tiere aufgepäppelt und, wie die Neugeborenen, wieder ausgesetzt, sobald sie stark genug dazu sind.

Während des Rundgangs durch die abwechslungsreiche Ausstellung lernt der Besucher die ökologischen Zusammenhänge dieses wichtigen Naturgebietes kennen. Spannend zu beobachten sind etwa die Meeresgetiere im 23 m langen Aquarium. Auf Wanderwegen durch das ringsumliegende Dünengebiet wird zudem die Natur am lebhaften Beispiel erklärt. Bis man alles gesehen hat, verstreichen einige Stunden. Dazu gehört ein Selbstbedienungsrestaurant.

Zu 80 % finanziert sich das Zentrum aus den Eintrittsgeldern der Besucher, die zudem Gelegenheit haben, an Naturexkursionen und Kursen teilzunehmen. Für f 15 kann man übrigens »Freund der Seehunde« werden.

Unterkunft

Hotels/Pensionen:

■ **Het Gouden Boltje,** Dorpsstraat 228, 1796 BC, Tel. 177 55.

Etwas für Romantiker ist am Dorfrand dieses Haus mit seinem steilen Dach, unter dem die 9 Doppelzimmer mit Bad oder Dusche um f 45 pro Person kosten. Auch EZ und Räume für 3 Personen. Geschätzt wird im Sommer der geschützte Garten.

■ **Brinkzicht,** Dorpsstraat 210, 1796 BC, Tel. 172 58.

Gemütliches Familienhotel, ebenfalls gut gelegen am Rande des Dorfzentrums. 8 Doppelzimmer mit oder ohne Bad ab gut f 40 pro Person. Verpflegung auch auf der Sonnenterrasse.

■ **'t Jachthuis,** Boodtlaan 39, 1796 BG De Koog, Tel. 177 58.

Eine einfach gemütliche Familienpension in einem prächtigen Haus an der nördlichen Ausfahrtstraße, wo die Zimmer für 1-3 Personen mit oder ohne Bad und teilweise mit eigener Terrasse um f 40-50 pro Person kosten. Im Aufenthaltsraum brennt Feuer im Kamin, auch Kinderspielgelegenheiten. Hunde sind willkommen.

■ **Tatenhove,** Bosrandweg 202, 1796 NK De Koog, Tel. 172 74, Fax 175 33.

Nahe dem subtropischen Schwimmbad liegt diese freundliche Anlage in aller Stille. Die Zimmer haben Dusche oder Bad, Telefon/TV und im Parterre eine eigene Terrasse. Umgeben ist das Haus von einem Garten mit Weiher. Die Nacht kostet f 65-70 pro Person. Auch Verpflegung. Hunde nach Absprache.

■ **Boschrand,** Bosrandweg 225, 1796 NA, Tel. 172 81, Fax 174 59.

Ein langgezogener Neubau, der über Zimmer mit Terrasse oder Balkon und dem üblichen Komfort wie TV/Telefon verfügt; auch einige Standardzimmer ab knapp f 40. Zudem Solarium und 50 % Nachlaß auf die Tarife der Tennis- und Squash-Halle »'t Stappeland«. Abwechslungsreiche Küche. Haustiere sind willkommen.

■ **Pelikaan,** Pelikaanweg 18, 1796 NR, Tel. 157 03, Fax 156 76.

Sich total verwöhnen lassen kann man in diesem einsam gelegenen Kurhotel mit medizinischem Thermalbad (35°C). Zudem Schönheitssalon, Sauna, Solarium, Whirlpool, Massagen, Kurpackungen und Bäder, die vom Kurarzt individuell verschrieben werden. Dann gibt es auch einen Wintergarten, moderne, geräumige Zimmer mit dem üblichen Komfort oder Apartments für 2-6 Personen. Die Küche bietet texelsche Spezialitäten. Grundtarif im Hotel f 55-60 pro Person, mit HP f 90-100. Die Behandlungen werden separat verrechnet, auch Wochenend-Arrangements.

■ **Beatrix,** Kamerstraat 5, 1796 AM, Tel. 157 01.

Seit das Hotel über Apartments für 2-4 Personen verfügt, ist auch das Haus neu renoviert. Die Zimmer haben TV/Radio für rund f 40 und ein Bad für f 60-80. Zur Anlage gehören ein Hallenbad und ein Solarium.

■ **Bêd & Brochje:** Bett und Frühstück vermieten zahlreiche Familien für knapp f 30 pro Person, beispielsweise: Boswinkel, Wintergroen 24, 1796 AG, Tel. 175 96. De Haan, Watermunt 15, 1796 BN, Tel. 177 94. Halsema, Boodtlaan 30, 1796 BG, Tel. 174 23. Houwing, Wintergroen 27, 1796 BL, Tel. 178 97. Kiltz, Nikadel 23, 1796 BP, Tel. 177 46. Lakeman, Boodtlaan 26, 1796 BG, Tel. 176 35. Langeveld, Dorpsstraat 8, 1796 BB, Tel. 172 36. Vonk, Mienterglop 9, 1796 MR, Tel. 178 00.

Für Gruppen:

Siehe »Unterkunft Den Burg«.

■ **Tesselhuus,** Klimpstraat 16, 1795 AL De Cocksdorp, Tel. 162 50.

Im Gegensatz zur Postadresse liegt diese Gruppenunterkunft an der Ruyslaan 65 in De Koog. Sie ist mit ihren 4 Zimmern und den beiden Badezimmern ausschließlich für Behinderte eingerichtet.

Camping:

Die aufgelisteten Campingplätze bei De Koog verlangen in der Saison für die Übernachtung von 4 Personen in Wohnwagen oder Zelt um f 30 und rund f 5 für jede weitere Person.

■ **Kogerstrand,** Badweg 33, 1796 AA, Tel. 172 08, April bis September.

Direkt hinter der ersten Düne am Nordseestrand dehnt sich dieser Platz mit windgeschützten Stellflächen für Zelte und Wohnwagen über zwei Kilometer aus, auf denen sich bis zu 5500 Leute tummeln. Die Infrastruktur bietet den üblichen Standard mit sanitären Anlagen und Restaurant-Aufenthaltsraum. Auch Gruppen und Hunde sind willkommen.

■ **Om de Noord,** Boodtlaan 80, 1796 BG, Tel. 173 77, und
■ **De Shelter,** Boodtlaan 43, 1796 BD, Tel. 174 75.

Ebenfalls am nördlichen Ortsrand, in Laufabstand zum Strand, liegen diese beiden Familiencampings. Sie sind von Mitte März bis zum 22. Oktober geöffnet. Beide haben Elektro-Anschluß und eine Cafeteria. Hunde sind nur auf »Om de Noord« anzutreffen.

■ **De Turkse Tent,** Bosrandweg 395, 1796 ND, Tel. 172 90, April bis Oktober.

Das Schwimmbad ist natürlich eine Attraktion, dafür liegt der Platz etwas weiter vom Strand, südlich von De Koog am Waldrand.

■ **Coogerherveld,** Kamperfoelieweg 7, 1796 MT, Tel. 177 28.

Schon Mitte März können hier bis etwa 75 Leute zelten oder im Wohnwagen campen.

Verpflegung

Nach De Koog fährt kein Insulaner, wenn er vorhat, schön auszugehen, obwohl es hier von Restaurants wimmelt. Am Strand von De Koog, auf der Höhe von Pfahl 20, sitzen die Badegäste im Sommer auf den Terrassen des Strandpavillons oder der beiden Restaurants *Noordzee* und *De Buterriggel*. An stürmischen Tagen fasziniert ein Fensterblick auf die tobende See. Im Ort selbst reihen sich Restaurants und Imbißbuden an der Dorpsstraat aneinander. Hier eine Auswahl:

90 Texel/De Koog

■ **Orangjerie,** Dorpsstraat 204.

Auch im Winter kann man auf der überdeckten Terrasse am Ende des Dorfes sitzen und einen der zahlreichen Pfannkuchen um f 10 genießen. Das Interieur ist mehr in Pfirsich als in Orange gehalten, doch auch hier schmecken die kleinen Mahlzeiten.

■ **'t Pruttelhuus,** Parnassiastraat 1, Küche 16.30-22 Uhr.

Um die Ecke bei der Kirche, und eigentlich noch an der Dorpsstraat, kann man für je rund f 40 verschiedene Fleischfondues bestellen oder das Fleisch auf einer Steinplatte selbst braten. Es gibt auch Grillspezialitäten und Touristenmenüs in diesem gemütlich wirkenden Lokal.

■ **Talk of town,** Dorpsstraat 78.

Man würde es dem Pub nicht unbedingt zutrauen, doch die Grillspezialitäten bis zu f 30 schmecken hier echt gut. Die Riesenportion Sparribs wird mit knackigem Salat und frischem Stangenbrot serviert. In der Saison dreht der Barkeeper so um 21 Uhr die Musik auf.

■ **Peking,** Nikadel 1, Küche täglich 11-23 Uhr.

Spezialitäten aus Kanton, Peking, Shanghai und Szechuan bietet am Anfang der Dorpsstraat dieser Exote für f 20-30 pro Hauptmahlzeit. Wie wär's mit *Gon Bao Kai,* einem Hühnergericht aus Szechuan oder *Chen pi yi,* einer Peking-Ente? Auch Abholservice.

Nachtleben

Im Sommer pulsieren die Nächte in De Koog, und die Wirte haben ihre liebe Mühe, das Lokal zu schließen. Deshalb gilt die Regel, daß nach ein Uhr früh kein Zutritt mehr gewährt wird, man aber bis zwei sitzen bleiben kann. Bei grellem Licht um drei ziehen dann auch die letzten Nachtschwärmer ab, wenn auch nur, um in den beiden Nachtkneipen noch bis vier zu sitzen...

Im Sommer stehen bis in die frühen Morgenstunden Taxis an der Dorfstraße bereit; aber auch außerhalb der Saison bleiben Gäste bis zur letzten Minute. Die ganze Szene spielt sich auf der kurzen Meile zwischen der Kirche und der Abzweigung zum Badweg ab.

■ **De Jutter,** Dorpsstraat 144.

Die Tour beginnt möglicherweise beim »Strandräuber«, der davon träumt, eine richtige Nixe zu finden, aber immerhin die üppige weiße Skulptur einer Meerjungfrau im Lokal stehen hat. Nymphen zieren auch den langen Tresen. Weil es angenehm ruhig ist, kann man in den schweren Ledersofas gemütlich plaudern. Oder spielen Sie Pool?

■ **De Kuip,** Dorpsstraat 75.

Schräg gegenüber dröhnt die Musik aus allen Kanälen. Selbst während der Nachsaison kommt in den frühen Morgenstunden schon mal Partystimmung auf. Reizvolles Dekor sind die Emailleschilder. Pool- und Billardtische fehlen auch nicht.

■ **Talk of town,** Dorpsstraat 78.

Im Zickzack geht's vielleicht wieder über die Gasse, wo die Gästeschar an den rustikalen Holztischen kichert und witzelt. Gibt es Hochbetrieb, wird auch der Sound hoch gedreht, und auf der winzigen Tanzfläche tummelt sich die Ausgelassenheit. Manchmal spielt eine Band. Tür an Tür liegt ein Spätschließer.

■ **De Beerekuil,** Dorpsstraat 80, 22-4 Uhr.

Eine Treppe führt hinunter ins Nachtcafé an die runde Bar, die, vor allem, nachdem die anderen Lokale geschlossen sind, gut besucht wird. Die *Happyhour* von 22 bis 23 Uhr soll dem ein bißchen abhelfen; doch besser wäre es, der Wirt würde sein Lokal etwas attraktiver gestalten.

■ **De Toekomst,** Dorpsstraat 8.

Kein echter Discofreak läßt »die Zukunft« im mondänsten Schuppen des Ortes aus.

■ **'t Galjoen,** Dorpsstraat 4, bis 4 Uhr.

Im Sommer drängelt sich das Publikum in diesem Nachtschiff, als wäre es die Arche Noahs. Sollten Sie den Wellengang spüren, liegt das dennoch kaum am Interieur, das mit seinen Petrollampen und Holzverbauungen die Illusion weckt, im Bauch eines alten Segelschiffes zu sitzen. Von Januar bis März geht das Schiff nicht auf Fahrt.

■ **Metro und Tuf Tuf,** Dorpsstraat.

Gegenüber in der Disco tanzt das junge Volk zum neusten Sound, doch dazwischen verirrt sich auch mal eine holländische Schnulze. Auf ihren Rollstühlen zwar gefangen, aber trotzdem in bester Laune amüsierten sich beim letzten Besuch auch einige Behinderte. Im selben Haus kann man sich auch in der *Tuf Tuf Bar* einen Drink genehmigen.

■ **Pianobar,** Nikadel.

Ein Vergnügen ganz anderer Art bietet sich von Donnerstag bis Sonntag abend im Keller des Hotels *Dijkstra* in der Kurve. Die Gäste sitzen an der Bar oder um den Flügel, um mit dem Pianisten zu schäkern. Die Musiker wechseln sich ab und werden aus der ganzen Welt eingeflogen.

Den Hoorn

Die Silhouette des südlichsten Dorfes hat eine gewisse Magie. Am schönsten ist sie im Frühjahr, wenn von weitem der weiße Kirchturm aus den knutschgelben Narzissenfeldern in den dramatisch verhangenen Himmel ragt.

Gegründet wurde Den Hoorn 1398 auf einem eiszeitlichen Lehmhügel, der damals direkt an der See lag. Die Bewohner lebten vom Fischfang und von der Landwirtschaft. Noch immer prägen die schönen Häuser der damaligen Lotsen das Dorfbild. Ausguck hielten die Lotsen von der höchsten Inseldüne, die unverändert *Loodsmansduin* genannt wird. Doch durch Einpolderungen entfernte sich das Dorf mittlerweile zwei Kilometer vom Strand und kam im Inland zu liegen.

Um die Jahrhundertwende soll ein Den Hoorner Notar erstmals mit der Züchtung von Blumenzwiebeln experimentiert haben. Die Erde um Den Hoorn erwies sich als idealer Grund für das Wachstum von Zwiebeln, so daß nicht nur der Notar seine Ellbogenschoner beiseite legte, sondern auch viele seiner Mitbürger anfingen, anstelle von Korn Blumen anzupflanzten.

Inzwischen sind viele der Blumenäcker verschwunden, denn als Camping- oder Bungalowpark läßt sich darauf noch mehr Geld verdienen. Dennoch verlegen sich seit einigen Jahren wieder vermehrt Kleinbauern auf die Blumenzwiebelzucht, weil ihre Parzellen zu klein für eine moderne Landwirtschaft sind. Die Arbeit auf den Blumenfeldern ist intensiv, doch der Verdienst ist auch nicht zu verachten. Um die ganze Kraft auf die Zwiebeln zu konzentrieren, müssen die Pflanzen kurz nach der Blüte geköpft werden. Ein Teil dieser Blumen wird exportiert. Weil nicht alle Sorten gleichzeitig blühen, ist Den Hoorn (knapp 500 Einwohner) während des ganzen Frühjahres von prächtigen Feldern umgeben.

Sehenswertes

■ **Landkirche:** Wahrzeichen des Dorfes ist die fünfhundert Jahre alte Kirche, der Ausblick vom weiß getünchten Kirchturm wunderbar. Geöffnet für den Aufstieg wird das Gotteshaus von Juli bis zu den Herbstferien jeden Dienstag und Donnerstag von 14 bis 16 Uhr. Wie in alten Zeiten dient der Turm der Seefahrt als Wegweiser. Tag und Nacht blitzen drei starke Schweinwerfer auf, die, in einer Linie mit den Scheinwerfern auf dem Mokbaai, die direkte Route nach Den Helder anzeigen.

■ **Kinderbauernhof De Mient,** Rommelpot 11, Tel. 192 96, Mai-Okt täglich 9.30-21 Uhr.

Der Hof liegt außerhalb Den Hoorns an dem nordwestlich abzweigenden Radweg – ein Heidengaudi für Kinder bei mehr als 50 Tieren, von grunzenden Schweinen über anhängliche Katzen zu eingebildeten Hähnen und Lizzy, dem Kamel. Auch auf den beiden Spielplätzen ist ganz schön was los, und einige Kinder versuchen eine Runde auf der Autoscooterbahn. Die Mutigeren wagen zwischen 14 und 17.30 Uhr einen Ritt auf dem Ponyrücken. Es hat auch eine Minigolfbahn. Das Eintrittsgeld von f 4 verwendet die Stiftung für den Kauf des Tierfutters.

■ **Käsebauernhof Wezenspyk,** Hoornderweg 27, Mitte Mai bis Mitte Okt Di-Sa 10 Uhr, ansonsten nur Fr, Sa.

Am südlichen Verbindungsweg zwischen Den Burg und Den Hoorn kann der Besucher den Herstellungsraum für Käse besichtigen und vom Käsebauer einiges über die Produktion erfahren. Ein kurzer Videofilm informiert zusätzlich. Anschließend kann man sich im Laden mit Käse eindecken.

■ **Bauernhof St. Donatus,** Hoornderweg 46, Tel. 194 26, ganzjährig Di 14-18 und Do, Sa 9-13 und 14-18 Uhr.

Am Dorfrand Richtung Den Burg kann man zuschauen, wie ein biologisch dynamischer Bauernhof betrieben wird; sofern man die Leute nicht von der Arbeit abhält. Ab 17 Uhr steht das Melken des Viehs auf dem Tagesprogramm. Wünscht man eine Führung mit Erläuterungen, muß man sich telefonisch anmelden.

Unterkunft

Hotels/Pensionen:

■ **Loodsmanswelvaren,** Herenstraat 12, 1797 AH, Tel. 192 28, Fax 195 17.

Mitten im Dorf über dem Bistro, haben die meisten der 10 Zimmer für 2-3 Gäste ein Bad und TV/Telefon für f 55-70, HP ab f 90. Es gibt zudem Studios ohne Küche, aber mit Terrasse für 2-4 Personen. Hunde sind willkommen.

■ **Op Dijk,** Diek 10, 1797 AB, Tel. 192 62.

Das Gülfhaus hat noch sein traditionelles Rieddach, aber darunter wurde das Originale zu einem freundlichen Hotel ausgebaut, das helle Zimmer mit und ohne Bad für f 40-80, HP ab f 70, anbietet. Im Aufenthaltsraum sitzt man zwischen tropischen Pflanzen, und von

Aus geheimen Zutaten braut Gert in Den Horn den Kräuterbitter »Kleintje van Gert« ▶

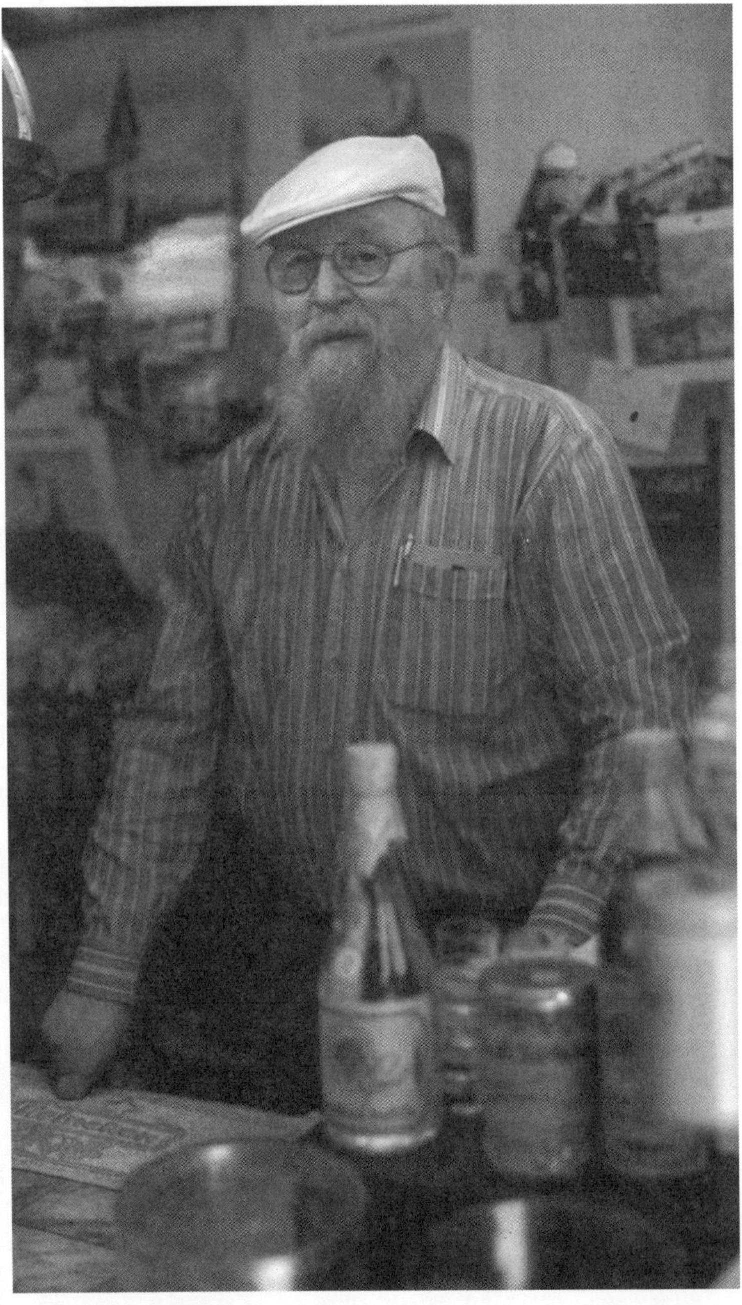

der Terrasse fällt der Blick auf die Schafweide. Haustiere auf Anfrage.

■ **Bêd & Brochje:** Bett und Frühstück bieten folgende Familien für rund f 30 pro Person: Bruining, Kerkstraat 2, 1797 AD, Tel. 193 80. Happy Days, Herenstraat 34, 1797 AJ, Tel. 196 23. Van Heerwaarden, De Kuil 7, 1797 AT, Tel. 193 89. Wokke, Klif 1, 1797 AK, Tel. 194 62.

Für Gruppen:

Siehe »Unterkunft Den Burg«.

Camping:

■ **Loodsmansduin,** Rommelpot 19, 1797 RN Den Hoorn, Tel. 192 03.

Zwischen Dorf und Dünen grenzt dieser Campingplatz an ein prächtiges Naturgebiet, wo außerhalb der Saison viele Singvögel zwitschern. Im Sommer kommen bis zu 2300 Gäste, die auf kleinen Grasinseln zwischen den Waldpartien campen und natürlich gerne das Freibad und die Tennisplätze benutzen. Zudem Kantine und Supermarkt. Richtpreis in der Hochsaison mit Zelt oder Wohnwagen für 4 Personen gut f 30, für jede weitere Person um f 5 pro Nacht.

Verpflegung/Nachtleben

■ **Klif 23,** Klif 23, Küche 12-21 Uhr.

Ein freundliches Lokal mit schönen alten Lampen, aber leider etwas laut, wenn im Sommer Großandrang herrscht. Die kulturelle Ader findet bei Wechselausstellungen im *Achterhuis* Ausdruck. Die Speisekarte bietet eine herrliche Auswahl an Pfannkuchen. Die Lammspezialitäten sind nichts besonderes. Dafür können Sie hier ein Glas frische, biologisch dynamische *karnemelk* trinken oder geräucherten Lammschinken mit Apfelwein goutieren. Normale Preise.

■ **Klif 12,** Klif 12, Küche 12-21 Uhr.

Die Gründer des Klif 23 haben 1988 schräg gegenüber das Klif 12 eröffnet. Das Personal in diesem einzigartigen Theater-Restaurant an der gleichnamigen Adresse serviert nicht nur das Diner, sondern steigt zwischendurch auch auf die Bühne, um Musik, Tanz und Kabarett darzubieten.

■ **Het Kompas,** Herenstraat 7, bis 23 Uhr.

Eine der teuersten Adressen der Insel mit Kerzenlicht und gepflegten Gerichten ab etwa f 40. Spezialität des stilvollen Hauses sind die 150 Whisky-Sorten an der Bar und eine Musikkarte mit vorwiegend klassischen Stücken, von der man die passende Untermalung zum Diner wählen kann.

■ **Het wapen van Texel,** Herenstraat 34.

In der gemütlichen Cafébar des gleichnamigen Hotels spielen die Gäste gerne Billard oder plaudern die neuesten Neuigkeiten aus. Im Restaurant werden à-la-carte-Gerichte serviert.

■ **Havenrestaurant Texel,** Pontweg 3, Küche 10-21 Uhr.

Direkt beim Fährhafen 't Horntje hat der Besitzer des Den Burger »Ratskellers« seinen Ehrgeiz daran gesetzt, nur typische Texeler Gerichte, hergestellt aus ebenso texelschen Produkten, anzubieten. Die Fischgerichte werden sparsam gewürzt, um den natürlichen Geschmack nicht zu verfälschen. Auch vegetarische Gerichte.

Oudeschild

Frische Fische von Fischers Fritz gibt es jeden Tag im Hafen von Oudeschild, denn als einzige der Watteninseln hat Texel eine eigene Fischereiflotte. Oudeschild ist denn auch mehr Hafen als Dorf, trotz seiner 1050 Einwohner. Seine Attraktion sind die imposanten Kutter mit den hängenden Fangnetzen und der TX-Marke auf grünem Grund. Sie fahren aufs Wattenmeer und zur Nordsee, um, beladen mit Zunge, Aal, Scholle und Garnelen, in den Hafen zurückzukehren. Vor allem freitags, wenn die größeren Schiffe von ihren einwöchigen Touren einfahren, ist der Hafen erfüllt von geschäftigem Treiben, von Gerüchen und von Fischen, die man direkt ab Boot kaufen kann. Die Quotierungsmaßregeln der Regierung zur Kontrolle des Fischbestandes ärgert die Fischer, denn zur Zeit könnten sie mehr fangen, als sie dürfen.

Ein guter Fischkutter war in den sechziger Jahren noch für eine halbe Million Gulden erhältlich; inzwischen muß mit sechs Millionen gerechnet werden, denn die Technik hat auch in diesem Bereich enorme Fortschritte gemacht. Die gut dreißig Kutter sind modern ausgerüstet mit Ortsbestimmungsinstrumenten, Decca und Richtungssucher, Sende- und Empfangsgeräten, Kurzbereichssender, Echolot mit Schreiber, Kompaß mit automatischem Pilot, Plotter oder Fischlupe, ganz zu schweigen vom Maschinenraum, der eine Wissenschaft für sich ist.

Im »Goldenen Zeitalter« des 17. Jahrhunderts ankerten vor Oudeschild Hunderte von Handelsschiffen, die auf gute Witterungsverhältnisse warteten. Grund für den Standort war der nahegelegene *Wezenputten* beim heutigen Bauernhof *Wezenplaats* – ein Brunnen, aus dem Trinkwasser geschöpft und als Vorrat in Fässer abgefüllt wurde. Viele Insulaner waren damals erfolgreich als Lotsen tätig, und weiter nördlich entstand während der Blüte gar eine neue Ortschaft: *Nieuweschild,* ein Dorf, das nach dem Rückgang des Lotsenwesens fast gänzlich verschwunden ist.

Der Hafen von Oudeschild wurde aber erst gebaut, nachdem ein Sturm 1780 einen natürlichen Deichdurchbruch geschaffen hatte. Mit der Eröffnung des Nordhollandkanals kam dann die große Krise; die Reeder brauchten Texel nicht mehr zu passieren. Dafür nahm in unserem Jahrhundert der Transport von Urlaubern enorm zu, so daß der Hafen in erster Linie als Anlegeplatz für die Fähre in Gebrauch war. Als der Fährhafen nach langen Diskussionen 1962 nach 't Horntje verlegt wurde, kam die Fischereiflotte zustande. Der Jachthafen mit zweihundert Anlegeplätzen wurde 1973 angelegt und ist aus Rücksicht auf den starken Tidenhub mit schwimmenden Anlegestegen ausgerüstet.

Am schönsten ist Oudeschild, wenn man selbst an Bord eines Schiffes steigt und ins Wattenmeer hinaustuckert – wenn nicht mit der eigenen Jacht, dann auf einem der diversen Ausflugsboote. Oder versuchen Sie bei einer der Imbißbuden ein *Broodje Paaling,* ein Brötchen mit geräuchertem Aal. Auch sämtliche Dorfstraßen widmen sich der Seefahrt. Sie sind nicht nur nach berühmten Seehelden benannt. An ihren Adressen liegen auch Fischhandel und Fischräucherei, Angelsportgeschäfte, Materialhandel für die Seefahrt und eine Seemannskirche aus dem Jahre 1648.

Texel/Oudeschild

Sehenswertes

■ **Maritim und Strandräubermuseum,** Barentszstraat 21, Mo-Sa 9-17 Uhr, Eintritt f 5.

Natürlich widmet sich das Oudeschilder Museum hinter dem Hafendeich der Seefahrt. Schiffsmodelle, ein Fischkutter, wie er in den sechziger Jahren in Gebrauch war, aber auch Wrackteile sind in zwei Getreidelagerhäusern aus dem 18. Jahrhundert untergebracht. Die Tangscheune beweist, daß einst getrocknetes Seegras zum Stopfen von Decken und als Verpackungsmaterial gefragt war. Der Besucher lernt zudem, daß Texel ein wichtiges Zentrum für die Meeresforschung ist und er erfährt einiges über das Rettungswesen.

Das weitläufige Gelände zeigt in verschiedenen Gebäuden noch weit mehr. Eine Welt für sich ist die riesige Scheune mit dem Strandgut. Wau, was da so alles angespült wurde! Beispielsweise ein vollständiger Ärztekoffer. Der erfolgreiche Strandjutter *Cor Ellen* ist hier nicht nur damit beschäftigt, seine Funde zu sortieren, er wird auch wie eine Art Ehrenbürger auf Texel geschätzt. Die Strandräuberei war früher ein anerkannter Berufszweig, dem alle Insulaner nachgingen.

In der Getreidemühle aus dem Jahre 1902 kann man beobachten, wie dieser Tage Elektrizität produziert wird. Im Garten picknicken die Besucher an den Tischen. Es bestehen Pläne, das 1980 eröffnete Museum noch weiter auszubauen. Lassen Sie sich Zeit für den Besuch.

■ **Elektrizitätszentrale:** Nicht eine eigentliche Sehenswürdigkeit, aber unübersehbar sind die vier 1989 in Betrieb genommenen Windturbinen von je 0,25 MW, die sich hinter dem Hafengelände drehen. Schon seit 1927 produziert Texel seinen Strom selbst. Eine Untersuchung im Jahre 1988 hat gezeigt, daß der Mehrbedarf an Elektrizität durch den gestiegenen Tourismus preiswerter mit dieser Anlage produziert wird, als das Legen von Kabeln auf der schwierigen Trasse zum Festland wäre. Die Mitglieder der Rettungsmannschaft werden übrigens auf der ganzen Insel über ein System zum Einsatz gerufen, das in der Elektrizitätszentrale auf Knopfdruck einen Alarmschalter an den Steckdosen auslöst.

■ **Wollfabrik,** Laagwaalderweg, Mo-Fr 8-12.30 und 13.30-16.45 Uhr.

Interessenten können dabei zuschauen, wie aus Schafwolle Bettdecken und Kissen entstehen.

■ **Die Palingrokerij Piet van der Star,** Heemskerstraat 15.

Wollen Sie mal wissen, wie Aal zu feinen Leckerbissen geräuchert wird, dann schauen Sie doch vorbei.

Unterkunft

Der Jachthafen Texels ist reizvoll zu besuchen, doch Unterkunftsmöglichkeiten bestehen hier keine, bis auf einige möblierte Häuser und Wohnungen.

Verpflegung

Den Hafen sollten Sie nicht verlassen, ohne eine der zahlreichen Fischspezialitäten zu kosten. Eine leckere Auswahl bietet an der Hauptmeile das kleine Lokal der Aalräucherei *van der Star*. Ausgiebig speisen kann man in den Restaurants.

■ **Havenzicht,** Haven 6, 12-15 und 17-21 Uhr.

Der Ausblick auf die Schiffe im Licht der untergehenden Sonne ist wirklich reizend. Das Lokal im ersten Stock hat echt holländisches Flair mit seinen Tischteppichen. Die schmackhaften Fischgerichte sind um f 20 ausgesprochen preiswert. Sogar Seezunge wird für rund f 35 serviert.

■ **'t Pakhuus,** Haven 8, Di-So ab 12-15 und 16.30-22 Uhr.

Mitten im Hafen liegt das historische Lagerhaus mit gleich zwei Restaurants. Im heimeligen Parterre hat man sich auf Fischgerichte spezialisiert, die besser schmecken sollen als die mit Wasser angemachte, heiße Schokolade. Im *Steakhouse* des ersten Stockes kommen Fleischliebhaber voll auf ihre Kosten.

De Waal

Das kleinste Dorf mit seinen 250 Einwohnern liegt drei Kilometer von Den Burg entfernt in der Inselmitte und wurde bereits im 11. Jahrhundert erwähnt. Es gibt zwar eine Kirche, eine Grundschule, zwei Hotels, aber keine Geschäfte. Und das einzige Restaurant öffnet nur, wenn sich die Gäste vorher telefonisch angemeldet haben. Auch mitten in der Hochsaison ist die Atmosphäre ausgesprochen gelassen.

Am nördlichen Dorfrand prägt der Silo einer Getreidetrocknerei in wenig charmanter Weise die Silhouette des Dorfes. Der andere Turm gehört dem Bethaus, wobei die Bewohner noch immer ihrem alten Kirchlein nachtrauern, das während des »Russenkrieges« zerstört wurde. An der westlichen Dorfausfahrt fällt vor der großen Scheune die Hälfte eines alten Kutters auf. Meistens ist sein Besitzer in Holzschuhen mit Schweisserarbeiten vor dem Prachtstück beschäftigt und schätzt es natürlich, wenn Passanten bewundernd mit ihm ins Gespräch kommen. Der südliche Eingang zum Dorf führt über den *Bomendijk,* der als einer der ältesten Deiche seit 1436 den Polder *Waalenburg* abgrenzt.

Sehenswertes

■ **Agrar-Museum,** Hogereind 4-6, Mitte Mai bis Mitte September Mo ab 14 Uhr, Di-Fr 10-17 Uhr, Sa-So 14-16 Uhr. Eintritt f 3.50.

Die weiträumige Ausstellung in der historischen Scheune an der Hauptmeile vermittelt einen Einblick in die Geschichte der Landwirtschaft. Bauernwagen, allerlei Geräte und Kutschen werden in liebenswürdiger Weise präsentiert. Die Diashow berichtet über Viehzucht und Blumenzwiebelkultur. Eine ganz besondere Attraktion ist von Mitte Mai bis Mitte September, jeweils am Dienstag und Donnerstag zwischen 14.30 und 16.30 Uhr, die Schmiede, in der man dem alteingesessenen Dorfschmied bei der Arbeit zuschauen kann. Die Stiftung *Vereniging voor Vrienden van het Paard* organisiert auch Kutschenausflüge. Das Museum kann sich vor Schenkungen kaum retten. Es wurde erst 1986 durch die ehemalige Grundschule erweitert und hat schon wieder Expansionsgelüste.

Unterkunft

De Waal ist winzig, und die einzigen Übernachtungsmöglichkeiten bieten zwei Hotels und einige Zimmervermieter. Wer kein Auto hat, ist in De Waal

Texel/De Waal

darauf angewiesen, Halbpension zu buchen. Beide Hotels servieren das Diner zu fixen Zeiten.

■ **Rebecca,** Hogereind 39, 1793 AE De Waal, Tel. 127 45.

Eine freundlich geführte Hotel-Pension, deren wohnliche Zimmer mit weiß gekacheltem Bad für f 80-90 zu mieten sind. Die Zimmer mit Dusche auf dem Flur sind für f 70 pro Person zu teuer. HP kostet f 65-85. Kinder haben drinnen und draußen Spielmöglichkeiten. Hoteleigener Tennisplatz. Haustiere kann man mitnehmen.

■ **De Weal,** Hogereind 28, 1793 AH De Waal, Tel. 132 82.

Ein paar Schritte vom Nachbarn wurden die Zimmer hier 1992 frisch herausgeputzt. Mit dem Badezimmer auf dem Flur kosten sie f 45 und mit eigenem um f 55 pro Person. Die HP für f 60-75 bietet eine gute vegetarische Küche. Besonders reizvoll ist es, im Wintergarten beieinander zu hocken.

■ **Bêd & Brochje:** Übernachtung mit Frühstück können Sie für rund f 30 pro Person bei folgenden Familien buchen: Kooiman, Laagwaalderweg 48, 1793 ED, Tel. 139 56. Plaatsman, Laagwaalderweg 46, 1793 ED, Tel. 125 04. Zoeterlief, Westerboersweg 8, 1793 ER, Tel. 173 03.

Verpflegung

Die beiden Hotels bieten tagsüber Snacks und kleine Mahlzeiten. Für ein Nachtessen im Restaurant *De Fuik,* Tel. 125 78, muß man sich vorher anmelden.

Oosterend

Das hübsche Kaff nordöstlich von Den Burg wird von seinen gut 1000 Einwohnern gehegt und gepflegt. Dank der Initiative des »Vereins zur Förderung der Restaurierung des Dorfes« sind die meisten der prächtigen alten Häuser mit ihren typischen, grünen Holzgiebeln restauriert worden und bieten für die Ferienkameras ein beliebtes Sujet. Sogar die älteste, im frühromanischen Stil erbaute Inselkirche mit ihrem mächtigen Turm aus dem 12. Jahrhundert hat ihr ursprüngliches Angesicht zurückerhalten. Da Oosterend aber acht Kilometer vom Nordseestrand entfernt liegt, kommen die meisten Urlauber nur auf einen Tagesausflug vorbei.

Auch in Oosterend lebte die Bevölkerung traditionellerweise von der Landwirtschaft und vom Fischfang. Im Jahre 1843 legten gar Austernfischer einen Hafen beim Wattendeich vor Oosterend an, der jedoch 1859 wieder zerfiel, weil sich die Investitionen zur Instandhaltung kaum lohnten. Dieser Tage sind Austern im Wattenmeer eine Rarität. Nach dem Ersten Weltkrieg, als die hungrigen Europäer alles aßen, was irgendwie den Magen stopfte, erlebte der Muschelfang eine kurze, aber sehr intensive Blüte.

Eine andere texelsche Spezialität hat sich hingegen bis heute gehalten und wird in der Dorfstraße verkauft. Es sind die Kräuterbitter, die süßlich, fast wie ein Likör schmecken. Das Rezept für den *Kees Boontje* verriet ein schwedischer Schiffsbrüchiger dem Strandräuber *Kees Boon* als Dank für die Rettung seines Lebens. Das *Kleintje van Gert* ist eine schmackhafte Spinnerei des ausgesprochen charmanten, weißbärtigen

Gert Coevert in Den Hoorn, der jahrelang auf Schiffen durch die Welt fuhr. Aber lassen Sie sich noch einen Schluck vom *'t Juttertje* einschenken, bevor Sie sich für ein Fläschchen entscheiden.

Wenige Kilometer von Oosterend entfernt liegt direkt hinter dem Wattendeich das uralte, aber minusküle Dörfchen Oost, wo bereits 1367 eine Ziegelei stand, in der während zweihundert Jahren Ziegel gebrannt wurden.

Sehenswertes

■ **Mühle Het Noorden:** Am Wattendeich etwas nördlich von Oost kann man an jedem ersten Samstag des Monats das Innenleben der 1878 erbauten Mühle besichtigen. Ansonsten ist sie geöffnet, wenn sich die Flügel drehen und der blaue Wimpel im Wind flattert. Ihre Aufgabe war es nicht etwa, Korn zu mahlen, sondern den Wasserhaushalt des Polders *Het Noorden* zu kontrollieren. Nachdem die Insel Eierland eingedeicht worden war, bildete dieses Gebiet einen tiefen Einschnitt zwischen dem alten Inselteil Texels und dem neu gewonnenen Land. Deshalb wurde 1876 mit der Trockenlegung des Het Noorden-Polders begonnen, doch sie erwies sich, trotz Mitarbeit der Mühle, als äußerst mühsam und brachte kein fruchtbares Land hervor. Nur noch eine zweite Mühle in ganz Holland funktionierte mit dem gleichen System von Schöpfpumpen, die das überschüssige Wasser in eine Kammer leiten, um es von dort ins Meer abzulassen. Seit 1963 hat eine elektronische Anlage die Kontrolle des Wasserstandes übernommen.

Unterkunft

Hotels/Pensionen:

■ **Prins Hendrik,** Stuifweg 13, 1794 HA, Tel. 188 01, Fax 184 27.

Das idyllisch anmutende Haus mit seinen grün-weißen Fensterläden liegt am Wattenmeer, nahe der Mühle, beim gleichnamigen Campingplatz. Die 6 geräumigen Doppelzimmer mit Bad, ab rund f 35 pro Nase, werden vorwiegend von Hobbyfischern und Schülern des Paracentrums gemietet. Behaglicher Aufenthaltsraum mit Kamin. Garten und Terrasse liegen auf der Südseite. Hunde nach Absprache.

■ **Bêd & Brochje:** Zimmer/Frühstück für etwa f 30 pro Person hat es bei den Familien: Duinker, Kotterstraat 18, 1794 BE, Tel. 183 56. Eelman, Nieuweschild 9, 1794 GG, Tel. 184 31 und Eelman, Ankerstraat 5, 1794 BH, Tel. 188 63. Van der Star, Genteweg 11, 1794 HK, Tel. 183 44. Sijstma, Mulderstraat 27, 1794 AA, Tel. 188 90. Van der Vis, Vliestraat 12, 1794 AV, Tel. 184 53. Vonk, Vliestraat 24, 1794 AV, Tel. 188 03.

Für Gruppen:

■ **Bartiméushoeve,** Harkebuurt 5, 1794 HM, Tel. 186 11.

Die einzige Gruppenunterkunft in Oosterend ist für Behinderte eingerichtet und kann in elf Sälen bis zu 30 Leute beherbergen. Es hat keine Küche.

Camping:

■ **Prins Hendrik,** Stuifweg 15, 1794 HA, Tel. 184 27.

Direkt am Wattendeich, nahe der Mühle, liegt dieser Platz für Familien, Gruppen und Jugendliche. Nachts ist das Gelände beleuchtet; für Kinder gibt es Spielmöglichkeiten. Zelte, Wohnwagen, Camper und Haustiere sind von Mitte März bis Oktober willkommen und zahlen als Richtpreis für vier Personen nur gut f 20. Verpflegen kann man sich im Restaurant des gleichnamigen Hotels.

Verpflegung/Nachtleben

■ **Rôtisserie 't Kerckeplein,** Oesterstraat 6, ab 17 Uhr.

Gediegen am offenen Kamin dinieren kann man in diesem gepflegten Haus mitten im Dorf, wo nicht ganz billige, vier- bis sechsgängige Menüs und natürlich auch Tagesspezialitäten serviert werden. Weinkenner schätzen die umfangreiche Getränkekarte.

■ **Strends End,** Achtertune 9, Küche 10.30-21 Uhr.

Am schönsten ist es natürlich, wenn man auf der Terrasse in der Sonne sitzen kann. Aber auch drinnen paßt das häusliche Dekor bestens zu den Pfannkuchen (so um f 15) und zu den kleinen Mahlzeiten.

■ **'t Cafeetje,** Kerkstraat 7.

Ein gemütlicher Treffpunkt, wie ihn die Einheimischen lieben. Sie plaudern an der Bar oder verspeisen an den Holztischen eine Kleinigkeit. Das Café ist auch der richtige Ort für einen Schlummertrunk.

De Cocksdorp

Ein bezaubernder Laubtunnel, die *Molenlaan,* formt als Allee das Eingangstor zum nördlichsten und jüngsten Inseldorf. Die rund 400 Einwohner führen fast alle in der *Kikkerstraat* ein Eßlokal, ein Geschäft oder ein Hotel und leben ganz gut davon, seit die Urlauber mit dem Auto anreisen und nichts mehr dagegen haben, daß der Strand eineinhalb Kilometer von De Cocksdorp entfernt liegt. So kommt es, daß zwischen dem kleinen Nest und dem besonders breiten Strand an der Nordspitze Texels riesige Camping- und Bungalowanlagen gebaut wurden. Neben der katholischen und der reformierten Kirche sowie einer Grundschule gibt es deshalb auch ein Schwimmbad und Tennisplätze in Dorfnähe. Und um den Feriengästen die letzten Wünsche von den Augen abzulesen, ist in den vergangen Jahren sogar ein Wald in der Umgebung angepflanzt worden, in dem sich die Feriengäste dann erholen sollen.

Früher lebten die wenigen Bewohner des Nordzipfels vor allem von der Strandjutterei, denn in den *Eierlandse Gronden* strandeten einst massenweise Schiffe, deren Ladung die Insulaner mehr interessierte als die in Seenot geratene Mannschaft. Heute ist ein Rettungsboot am Strand von De Cocksdorp stationiert. Im April 1945 fuhr von dieser Rettungsstation ein Boot los, um, von den deutschen Truppen unbemerkt, nach England zu gelangen und Hilfe im sogenannten »Russenaufstand« zu holen. Für die Briten war der Krieg zu jenem Zeitpunkt allerdings schon gewonnen und vorüber.

Seinen Namen verdankt De Cocksdorp Herrn N. J. de Cock, einem Reeder aus Antwerpen, der während des belgischen Aufstands flüchtete und 1835 das Deichvorland auf Texel kaufte. Der ehrgeizige Unternehmer gründete eine »Gesellschaft für das Eigentum im Eierland« und ließ von 1500 Arbeitern innerhalb nur zwanzig Wochen einen Deich von elf Kilometern Länge anlegen. Ein erster Deich hatte zwar schon 1629 die beiden Inseln Texel und Eierland miteinander verbunden, aber erst durch De Cocks Initiative wurde das eingepolderte Gebiet auch fruchtbar und erhielt den Namen »Buitenveld«, das heute Eierlandse Polder genannt wird. Niedergelassen haben sich darauf Bauern aus ganz Holland, die den neuen Hof öfters nach ihrer alten Heimat *Rotterdam, Breda* oder *Dordrecht* benannt haben.

Sehenswertes

■ **Leuchtturm:** Am äußersten Punkt der Insel, zwei Kilometer nördlich von De Cocksdorp, weisen seit 1864 die Lichtfinger des Leuchtturmes den Schiffen den Weg. Jeder Leuchtturm auf den Watteninseln hat einen eigenen Rhythmus, in dem die Strahlen aufleuchten, damit Seefahrer die Inseln voneinander unterscheiden können. Von der Spitze könnte man weit über die Vlieländer Sandplatte Vliehors und über den Eierlandschen Polder blicken, doch der Zustand des ziemlich häßlichen Turmes ist so mies, daß nur Hoffnung besteht, er möge im nächsten oder übernächsten Sommer für den Zugang von Besuchern geöffnet werden. Abgesehen von den Zerstörungen, die der Leuchtturm im Zweiten Weltkrieg erlitt, bedroht die Nordsee das Gebäude, in dem sie die Landzunge untergräbt. Um den Bau vor dem Zusammenbruch zu bewahren, wurde er auf einer Asphaltplatte gesichert.

■ **Flugplatz:** Mitten im Eierlandschen Polder liegen die beiden Graslandebahnen für Sportflugzeuge. Im Sommer wird ab und an eine Flugshow organisiert. Aber auch sonst ist es spannend, den Fallschirmspringern zuzuschauen, wie sie geschäftig ihre Ausrüstung für den Start klar machen und schließlich springen. Daß pro Jahr gut 20.000 Flugzeuge hier starten und landen, erfüllt die einen mit Stolz; die anderen nervt höchstens der Fluglärm. Man kann das Treiben auch bestens von der Terrasse des Restaurants beobachten, wo öfters jemand mit Gipsbein sitzt.

Unterkunft

Hotels/Pensionen:

■ **Molenbos,** Postweg 224-226, 1795 JT, Tel. 164 76, Fax 163 77.

Mitten in der Natur des einstigen Seearmes Roggesloot, etwa einen halben Kilometer außerhalb des Dorfes, liegt dieses Hotel mit angenehmen Zimmern für f 60-75 pro Person, die über ein eigenes Bad, TV und Telefon verfügen. Es hat auch zwei Zimmer, die für Rollstühle eingerichtet sind. Man kann ab f 90 HP buchen oder im Restaurant gut à la carte speisen. Haustiere sind willkommen.

■ **Nieuw Breda,** Postweg 134, 1795 JS, Tel. 112 37, Fax 116 01.

Einige Kilometer vom Dorf entfernt, ganz in der Nähe des Flugfeldes im Eierland, liegt dieses Sport-Hotel ideal für Flugbegeisterte, bietet aber auch Hallenbad, Sauna, Sonnenbank und Tennisplätze. Die Zimmer ab etwa f 60 pro Person sind ruhig und modern mit dem üblichen Komfort ausgebaut. Die Aufenthaltsräume sind geschmackvoll eingerichtet.

■ **De Kievit,** Hoofdweg 80, 1795 JE, Tel. 114 66, Fax 114 53.

Ebenfalls nahe dem Flugfeld. Doppelzimmer ohne Bad ab f 40, mit Bad ab f 50 oder für 4 Personen je f 25. Auch in Schlafsälen kann man für f 21 pro Nacht schlafen; sie werden vorwiegend von den Schülern des Paracentrums oder der Segelschule gebucht. Das Hotel organisiert Sportwochen und unterhaltende Abende.

■ **Bêd & Brochje:** Ein Bett mit Frühstück für rund f 30 kann man bei einigen Familien mieten: Boon, J. Hodsonstraat 8, 1795 AK, Tel. 163 46. De Kok, Kikkerstraat 69, 1795 AC, Tel. 165 01. Koorn, Kikkerstraat 20, 1795 AD, 164 91. 't Noordende, Kikkerstraat 49, 1795 AB, Tel. 164 50. Veldman, Kikkerstraat 42, 1795 AE, Tel. 163 69. Vogel, Kikkerstraat 29, 1795 AA, Tel. 165 10. Broekman, Hoofdweg 116, 1795 JG, Tel. 163 62.

Für Gruppen:

Siehe »Unterkunft Den Burg«.

Camping:

■ **De Krim,** Roggeslootweg 6, 1795 JV, Tel. 162 75, Fax 165 49.

Als letztes Großprojekt für bis zu 2500 Gäste wurde diese Anlage zwischen Dorf und Strand 1986 fertiggestellt. Man hat die Qual der Wahl zwischen luxuriösem Campingplatz (jeder mit eigenem Sanitärhäuschen), Bungalowpark, Villas für 6 Personen mit Kamin und Garten. Zur Infrastruktur gehören Hallen- und Freibad, Tennisplätze, Restaurants und Cafés, Supermarkt, Waschsalon, Minigolf, Sport- und Unterhaltungsprogramme, Spielfelder, Spielhalle etc. Auf dem Campingplatz zahlen 4 Personen mit Zelt rund f 35.

■ **De Sluftervallei,** Krimweg 102, 1795 LS, Tel. 162 14.

In der Nachbarschaft liegt dieser ebenfalls gut ausgerüstete Platz, auch für Rollstuhlfahrer. Es hat ein Schwimmbad, Tennisplätze, Spielmöglichkeiten, Laden und Café, die von Mitte Mai bis Oktober geöffnet sind. Richtpreis für 4 Personen rund f 32 pro Nacht im Camper oder Zelt.

■ **De Robbenjager,** Vuurtorenweg 146, 1795 LN, Tel. 162 58. April bis Oktober.

Für Familien und Jugendliche, Zelte und Wohnwagen in Superlage direkt am Strand nahe dem Leuchtturm, aber nicht sonderlich gepflegt, für rund f 25 bei vier Personen mit Zelt.

Verpflegung

■ **De Kleine Club,** Kikkerstraat 1, Küche 17-20 Uhr.

Das kleine, feine, vegetarische Restaurant ist nur während der Saison geöffnet, bietet dann aber Menüs für f 20, inklusive Vorspeise und Nachgericht.

■ **'t Bikkelement,** Kikkerstraat 19, Küche 12-21 Uhr.

Während die Eltern das Essen genießen, brauchen die Kinder nicht unruhig auf den Stühlen herumzurutschen, denn das Restaurant hat speziell für die Kleinen eine Spielecke mit allerlei Spielzeug eingerichtet. Zudem ist es für Rollstuhlfahrer geeignet.

■ **Bella Vista,** Kikkerstraat 30, täglich 12-14.30 und 17-22.30 Uhr.

Italienische Träume werden wahr bei 40 Sorten Pizza, diversen Pastagerichten, aber auch typisch südländischen Fleischspezialitäten für f 15-35.

Nachtleben

■ **Eierlandsche Huis,** Klimpstraat 33.

Sehr aktiv organisiert das Lokal in der Saison die verschiedensten Attraktionen. Fast jeden Abend ist der Zugang zur Disco (ab 21 Uhr) kostenlos. Am Sonntag gibt es einen Cocktailabend mit Musik aus den Tropen. Dienstags wird ab 20 Uhr meistens Bingo gespielt. Zudem Extras wie die Drive-in-show.

■ **La Morena,** Kikkerstraat 31.

Tagsüber sitzen die Gäste auf der Terrasse, am Abend auch gerne an der gemütlichen Bar, oder sie spielen eine Runde Billard.

Naturschutzgebiete

■ **De Slufter:** Im Nordwesten der Insel grenzt der *Zanddijk* das Dünengebiet vom Eierland Polder ab. Der Sanddeich wurde um 1630 angelegt, um die beiden Inseln Texel und Eierland miteinander zu verbinden. Die Einpolderung des Eierlandes entwickelte sich aber erst erfolgreich, als De Cock im letzten Jahrhundert einen zusätzlichen Deich anlegen ließ. Vor dem Sanddeich wuchs dafür ein Dünengebiet, das bis zum heutigen Nordseestrand reicht.

Nach einer schweren Sturmflut im Jahre 1851 verschaffte sich die See erneuten Zugang zu den Dünen und durchbrach sie an drei Stellen. Trotz allen Anstrengungen, die Dünenreihe wieder zu vervollständigen, blieb auf der Höhe der Strandmarkierung 25 eine direkte Verbindung zur Nordsee, den *Slufterkreek,* den man nur am Strand bei Ebbe überqueren kann. *Vorsicht:* Planen Sie ihre Wanderung deshalb entsprechend der Zeiten der Ebbe. Dann sind auch die Überreste der Bunker aus dem Zweiten Weltkrieg zu sehen. Sie wurden damals von den deutschen Truppen in den Dünen angelegt, die inzwischen von der See aufgefressen wurden.

An stürmischen Tagen kann das gesamte Gebiet des Slufter unter Wasser liegen, aber normalerweise bildet es nur kleine, miteinander verbundene Tümpel und Priele in der Salzwiese. Im nördlichen Teil, am Sanddeich, brüten die Vögel besonders gerne. Im Sommer watscheln dort die Eiderenten mit ihrer Kinderschar über das Land. Um die brütenden Vögel nicht zu stören, ist das nördliche Gebiet von April bis September nur im Rahmen geführter Exkursionen zu besichtigen. Am schönsten ist der Slufter jedoch im August, wenn die lilafarbenen Strandnelken blühen. Der Süden ist das ganze Jahr frei zugänglich.

■ **De Muy:** Wie weiter nördlich De Slufter, entstand auch das 1908 unter Schutz gestellte Gebiet De Muy nach den schweren Stürmen Mitte des letzten Jahrhunderts. Im Gegensatz zum benachbarten Naturschutzgebiet hat die Nordsee aber keinen Zugang mehr zum Muy, da die Dünenreihen zwischen den Pfählen 22 und 24 wieder künstlich geschlossen werden konnten. Trotzdem bedroht das Meer den Dünenweiher, da die Strömung seit einigen Jahren immer näher zur Küste verläuft und regelmäßig Teile der äußeren Dünenreihe wegspült. So mag auch der Sand vom Strand her leichter über die Schutzwälle treiben und die reiche Vegetation bedrohen. Beim Dünenweiher haben rund fünfzig Vogelarten ihr Brutgebiet. Die berühmtesten sind Löffler, deren Bestand durch die Umweltverschmutzungen in den sechziger Jahren von 150 auf 12 Paare sank. Allmählich wächst die Kolonie wieder, doch an manchen Tagen sieht man bloß ein paar Enten im bedenklich stark versandeten Weiher paddeln.

Vor allem in Spätsommer und Herbst sind die bunten Beeren der Holunder-, Sanddorn- und Weißdornsträuche ein Augenschmaus. Zugvögel sorgen mit ihrer Verdauung dafür, daß die Nahrungsquelle nicht versiegt. Auch Kaninchen finden De Muy ein ausgesprochen attraktives Wohngebiet, was für die Vegetation eher nachteilig ist. Ein paar wenige Hermeline und verwilderte Iltisarten hausen ebenfalls in der Gegend. Ein Teil der Wanderwege in dieser Landschaft ist das ganze Jahr zugänglich.

Am Rande des Muy fällt auf der Landkarte das ringförmige Wäldchen der *Korverskooi* auf. An diesem alten Entenpferch werden noch immer Vögel gefangen, allerdings nicht für die Speisekarte, sondern um sie zu beringen, wodurch Wissenschaftler nützliche Erkenntnisse über die Lebensgewohnheiten der Tiere erhalten.

■ **De Schorren und Zeeburg:** Zwischen De Cocksdorp und Oosterend, vor dem Eendracht Polder, liegt das Naturmonument De Schorren. Das Deichvorland ist Brutstätte für Brandseeschwalben, Lachmöwen und Löffler. Das Gebiet selbst darf nicht betreten werden, doch von den Deichübergängen kann man bestens beobachten, wie sich bei Ebbe Möwen, Schwalben, Enten und Gänse sattessen. Zudem werden Exkursionen organisiert.

Am nördlichen Rand des Eendracht-Polders, unten am Deich beim Gehöft *Zeeburg,* liegt ein Reservat für Ringelgänse, die man von Oktober bis Anfang Juni beobachten kann. Zwischen August und November sowie zwischen März und Mai machen aber auch andere Zugvögel halt. Bei Hochwasser erholen sich Austernfischer, Pfuhlschnepfen und Brachvögel. Auch dieses Gebiet kann man nicht betreten, jedoch von den Deichübergängen gut überblicken.

■ **Drijvers Vogelweid De Bol:** Kurz de Bol genannt, liegt dieses Naturmonument bei der Mühle *Het Noorden,* die früher die Überreste des alten Seearmes trocken hielt. Auf dem tiefgelegenen Weideland tummeln sich Rotschenkel, Säbelschnäbler, Feldlerchen und Ringelgänse, die man vom Deich her gut beobachten kann. Interessant sind auch die botanischen Exkursionen. Das Gebiet ist 1937 vom »Verein für Naturdenkmalpflege« gekauft und unter Schutz gestellt worden. Näher bei Oosterend, zwischen dem alten und dem neuen Deich, liegen zudem die reizvollen Teiche des *Wagejot*.

■ **De Hoge Berg:** Während der dritten Eiszeit, vor hunderttausend Jahren, war diese Gegend zwischen Den Burg und Oudeschild vom skandinavischen Landeis bedeckt. Kiesel und Lehm formten nach der Schmelze einen 15 m hohen Berg, auf den die Texelaner unheimlich stolz sind, obwohl man die Bodenwelle in anderen Ländern kaum beachten würde. Der Reiz dieses Naturschutzgebietes liegt aber nicht in seiner Höhe, sondern in der charaktervollen Prägung der Landschaft mit einzigartigen *tuinwallen.* Diese Gartenwälle umsäumen als bunte Vegetationsbänder die Wiesen und teilen sie in Parzellen auf. Die steilen Minideiche sind bis zu einem Meter hoch und waren früher allgegenwärtig. Die meisten gingen jedoch durch Flurbereinigungen und die Anschaffung moderner Landwirtschaftsmaschinen verloren. Jene Bauern, die für die verbliebenen rund 100 Kilometer tuinwallen Sorge tragen, werden seit 1968 subventioniert. Die Wälle laden zu herrlichen Spaziergängen ein, die an typischen *schapenboeten,* an Schafscheunen, vorbeiführen. Sie sehen aus, als würde die Hälfte der Hütte fehlen. Auf der Westseite, wo der Wind meistens herbläst, haben sie zwar ein normales, abgeschrägtes Scheunendach, doch im Osten sind sie flach abgeschnitten, so daß der Bauer eine möglichst große, windgeschützte Fläche zum Einbringen von Heu hat. In den Schuppen lagern auch allerlei Geräte, doch die Schafe übernachten hier höchstens, wenn sie gerade Junge gekriegt haben.

■ **De Geul und Mokbaai:** Ganz im Süden, am Rande des Horspolders, sieht man am besten vom Mokweg auf die sumpfige Bucht Mokbaai, wo am Dünensee De Geul Löffler, Reiher und Rohrweihen nisten. Der Wanderweg zum Weiher ist von September bis März zugänglich. In der nahen Umgebung präsentiert sich im Mai und Juni das *Horsmeertje* (Horsteich) mit seinen wilden Orchideen und dem Sumpf-Herzblatt am Ufer als Paradies für Pflanzenliebhaber, die sich davor hüten, die schönen Blumen zu pflücken.

■ **De Bolle Kamer:** Einst dehnte sich zwischen den Strandmarkierungen 7 bis 16 ein feuchtes Dünengebiet mit zahlreichen Seen und Sümpfen aus, ähnlich wie sich heutzutage De Muy oder De Geul präsentieren. Ende des letzten Jahrhunderts wurde jedoch das Gebiet zwischen dem *Bleekersvallei* im Nordwesten bis zum *Pompevlak* im Südwesten entwässert, was bei manchem Naturschützer heute noch Gänsehaut hervorruft. Seit der Entwässerungsgraben geschlossen ist, erholt sich das Gebiet langsam, so daß wieder vermehrt Vögel vorbeikommen.

Das alte Dünengebiet nordwestlich von Den Hoorn ist das ganze Jahr auf zwei Wanderwegen zugänglich. Im Bollekamer läßt sich bestens beobachten, wie die nach Süden gerichteten Dünenseiten trocken und arm an Vegetation sind, während in den feuchten, nach Norden gerichteten Tälern die Krähenbeere mit ihren violetten Früchten, Tüpfelfarn und die ebenfalls violett blühende Besenheide gedeihen. Singvögel wie Schwarzkelchen und Feldschwirl geben ein Ständchen.

■ **Grote Vlak:** Um die Dünen nach Sturmfluten wieder zu sichern, wurde im Landesinneren, an ungefährdeten Stellen, massenweise Sand ausgehoben, was die Entstehung kleiner Seen und Weiher begünstigte. Besonders schön ist dieses Wasserschutzgebiet für brütende Enten im Juli, wenn die gelben Schwertlilien blühen – bloß kann man sie dann nicht sehen, weil der Zutritt auf den beiden Wanderwegen nur von September bis Februar erlaubt ist.

Vlieland

Zur Zeit, als das Watt noch Marschland war und die Grenzen zwischen Inseln, Meer und Festland viel unklarer als heute verliefen, schenkte der holländische *Graf Willem II* das Gebiet von Vlieland dem Kloster *Ludinga* nahe Harlingen. Um den Zugang vom Festland zum Sandbank-Satelliten zu verbessern und einzelne Landstriche trockenzulegen, beschlossen die Herrschaften Mitte des 13. Jahrhunderts, Kanäle im Morast zu graben. Über das kleine Eiland regierte damals die Königin *Wanda,* die eher gefürchtet als geschätzt wurde. Sie soll mit ihrem Sohn *Worp* in einem Turm gehaust haben, der mehr Ruine als Schloß war.

Als der Abt von Ludinga, *Syard Sierdsma,* den Auftrag für die Ausführung des Kanalprojektes gab, war Wanda außer sich. Bis dato konnte sie ziemlich ungestört herrschen, wie es ihr gerade paßte. Sie legte alles daran, ihren Sohn zu überreden, den bauleitenden Mönch, *Pater Bouwe,* zu ermorden. Worp soll jedoch ein friedliebender Mensch gewesen sein, der nichts in seinem Kopf hatte, als in den Tag zu träumen und sich an der Schönheit der Natur zu erfreuen. Als er eines Tages schockiert beobachtete, wie Pater Bouwe einen Vogel tötete, kam er jedoch so in Rage, daß seine Mutter leichtes Spiel für ihre Pläne hatte. Nach seiner Bluttat war Worp allerdings niedergeschlagen und von sich enttäuscht. Den Rest seines Lebens verbrachte er reuevoll im Kloster. Die Kanäle wurden ausgeführt und sollen der Grund sein, weshalb Vlieland eine Insel geworden ist, denn durch Sturmfluten wurden die Gräben aufgerissen und immer weiter ausgedehnt.

Eine Flugaufnahme von den Inseln hätte damals ein völlig anderes Mosaik gezeigt als heute. Bis im Mittelalter war Vlieland mit der Insel Eierland verbunden, die viel später durch den Bau eines Sanddeiches Teil von Texel wurde. Damals lag im Osten von Vlieland noch ein Dorf, dessen Bewohner immer wieder Ärger mit der Regierung hatten. Als sich die Klagen des offiziellen Steuereintreibers *Jacob van Schoten* häuften, weil die Insulaner ihre Abrechnungen manipulierten, sandte die Landvögtin *Margaretha van Nederlanden* 1512 eine Strafexpedition nach Vlieland. Die Aufmüpfigen gaben aber offensichtlich keine Ruhe, denn 1575 kam es zu einem erneuten Vergeltungsschlag, wobei 450 Wohnungen niedergebrannt wurden. Die Staaten von Holland übernahmen 1615 die Regierung der strategisch wichtigen Insel. Wie Texel lag Vlieland während der Seefahrerzeit an der Eingangspforte zu den wichtigsten holländischen Häfen. Die zahlreichen Lotsen, die den immensen Handelsschiffen den kniffligen Weg durch das Seegatt wiesen, verdienten eine schöne Stange Geld.

Nach der totalen Krise im letzten Jahrhundert geht es den Vlieländern heute wieder sehr gut. Es fehlen zwar mondäne Unterhaltungsmöglichkeiten, doch Vlieland hat so ziemlich alles, was das Leben lebenswert macht. Ein niedliches Dorf ohne Verkehrslärm, schöne Strände, grüne Wälder und einsame

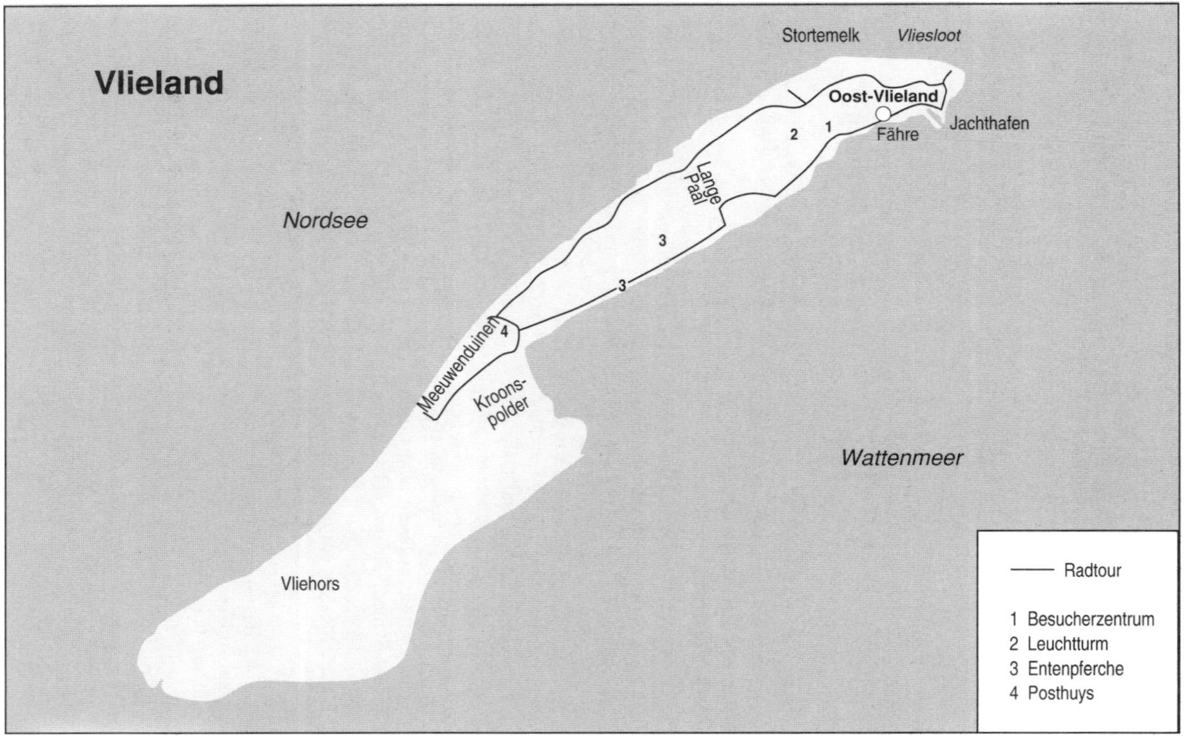
Vlieland
Stortemelk
Vliesloot
Oost-Vlieland
Jachthafen
Fähre
Lange Paal
Nordsee
Meeuwenduinen
Kroons-polder
Wattenmeer
Vliehors
Radtour
1 Besucherzentrum
2 Leuchtturm
3 Entenpferche
4 Posthuys

Weite. Bloß ein Frisör, das fehlt aus unerklärlichen Gründen seit Jahren auf Vlieland. Jener, der einmal wöchentlich per Helikopter von Terschelling angeflogen kommt, soll nichts weiter als einen Topf auf den Kopf seines Kunden legen und dann ringsherum schneiden. Entdecken Sie Vlieländer mit adrettem Haarschnitt, können Sie also sicher sein, daß sich der oder die Betreffende die Mühe macht, zum Frisör aufs Festland zu fahren. Über den Pfarrer waren keine Klagen zu hören, aber auch der wird jede Woche eingeflogen.

Das versunkene Dorf Vest-Vlieland

Eine Karte von Vlieland aus dem Jahre 1688 zeigt, daß am Westzipfel der Insel, im Schutze der Dünen, einst ein Dorf lag. Doch damals waren die Schutzwälle noch nicht bepflanzt und der unwirschen See ausgeliefert. In seinen Glanzzeiten muß West-Vlieland bedeutender als das kleine Gegenüber *Oost-Vlieland* gewesen sein. Der kleine Bruder trug gar bis 1590 das Wappen West-Vlielands mit einem dürren, blätterlosen Baum – Symbol für das unfruchtbare Land.

Der Mythos um das untergegangene Dorf beschäftigt einige Insulaner, die fleißig alles sammeln, was es darüber gibt; doch das ist wenig. Gehütet werden als stolzes Erbgut immerhin das Rechnungsbuch des Bürgermeisteramtes von 1646-1720, jenes des Kirchenmeisters (1657-1724) und ein Buch mit Verordnungen von 1595-1597. Im Rechnungsbuch sind immer wieder Beiträge für die Instandhaltung der Dünen eingetragen. Zwischen 1514 und 1520 wurde offensichtlich der Deich *Oudelandsdijk* angelegt. Trotzdem wischten die Sturmfluten von 1717 und 1727 das Dorf kurzerhand vom Tisch. Mitte des 18. Jahrhunderts sahen die Bürger allmählich die Zukunftslosigkeit ihres Heimatdorfes ein. Steine waren rar auf der Insel und als Baumaterial begehrt, um ein neues Zuhause in Oost-Vlieland zu erbauen.

Welch ein Gemecker

Wie bei manchen Leute ein Hund in der Hundehütte des Vorgartens bellt, so haben andere eine Geiß mit Geißenhäuschen vor der Haustür. Auf Vlieland sagen die Kinder der Ziege in der Nachbarschaft auf dem Weg zur Schule »GOEDE MORGEN« und führen sie hie und da an einer Leine spazieren. Auch einen älteren Herrn sah ich schon von seinem Haustier begleitet durchs Dorf schlendern.

Die Ziegen führen denn auch ein ganz angenehmes Leben, werden mit frischem Gemüse gefüttert, pennen bei Regen unter dem schützenden Dach ihrer Hütte und gehen manchmal gar in erotische Ferien. Die Ziegen bedanken sich mit Nachwuchs und Milch. Im Gegensatz zu den Einheimischen der Schafinsel Texel, schwören die Vlieländer auf Ziegenmilch, aus der sie in früheren Jahren frischen Käse herstellten. Zudem war das Tier einst wichtigster Fleischlieferant. Lange Zeit durften die Ziegen frei auf Vlieland herumtollen, wobei eine Fußfessel dafür sorgte, daß sie nicht übermütig über die Zäune sprangen. Seit 1911 mit dem Waldaufforstungsprogramm begonnen wurde, müssen die Zicken ihr Dasein angepflockt fristen, und so sind die zahlreichen Herden auch immer mehr von der

Landschaft verschwunden. Dennoch ließen sich die Vlieländer kürzlich zu einem »I ♥ Ziegen«-Aufkleber hinreißen.

Ausverkauf der Heimat

Nach dem Zusammenbruch des Lotsenwesens, Mitte des letzten Jahrhunderts, sank die Bevölkerung auf keine 500 Insulaner, da es immer weniger Verdienstmöglichkeiten auf Vlieland gab. Die Regierung fand die Kosten für den Unterhalt der kleinen Insel in Anbetracht der wenigen Bewohner viel zu hoch und zog ernsthaft in Erwägung, Vlieland dem Lauf der Natur zu übergeben, das heißt, die Insel wegspülen zu lassen. Gleichzeitig wurden damals Pläne aktuell, das Wattenmeer durch den Bau von Dämmen zwischen Ameland und dem Festland weitgehend einzupoldern, was Vlieland als Landwirtschaftszone bis zur Aufgabe des Projektes doch wieder eine vorübergehende Existenzberechtigung gab.

Die Vlieländer waren wenig begeistert vom absehbaren Verlust ihrer Heimat und überlegten sich zusätzliche Einkommensquellen. Bereits 1906 wurde die *Vereniging Voor Vreemdelingenverkeer Vlieland* gegründet, um den langsam gedeihenden Tourismus professioneller zu fördern. Inzwischen ist der Fremdenverkehr wichtigster Erwerbszweig, doch bedeutend für die Wirtschaft wurden die Badegäste erst nach dem Zweiten Weltkrieg.

Als die Deutschen ihren Stützpunkt auf Vlieland abbrachen, war die Zukunft der Insel sehr ungewiß. Auch wunderte sich kaum jemand, daß die niederländische Armee nach Kriegsende die Stellungen der deutschen Soldaten übernahm. Eine Militärbasis war immerhin die beste Garantie, daß Vlieland trotz kostspieliger Befestigungsmassnahmen weiterhin im Wattenmeer dümpeln durfte. Dann mußten die Kinder der in der Armee beschäftigten Familien ja zur Schule gehen, und wieso sollte der Lehrer nicht auch gleich die Kinder der Einheimischen unterrichten? Der für die Gemeinde kostenlos erbaute Helikopter-Landeplatz nahe dem Hafen darf in Notfällen auch für die Lokalbevölkerung benutzt werden, und etwa 20 % der arbeitenden Vlieländer verdienen ihr Geld durch das Militär.

Die Gegenwart der Armee in den modernen Gebäudekomplexen hinter dem Posthuys, am Rande des *Vliehors,* ist den Vlieländern deshalb nicht unlieb. Auch funktioniert das Zusammenleben mit der Zivilbevölkerung gut. Dennoch äußern sich die Vlieländer sehr verhalten über die Tätigkeit der Armee. Die Kommentare lauten etwa: »Sie waren nach dem Krieg einfach da und konnten halt in den dichtbevölkerten Niederlanden keinen anderen Übungsplatz für ihre Düsenjäger finden. Ausweichmöglichkeiten werden im Ausland auch je länger, desto weniger zur Verfügung gestellt. Man kann nur hoffen, daß die Abrüstung weiter Fortschritte macht. Zum Glück erlaubt die heutige Technik immer mehr Simultanflüge auf dem Computer.«

Wirkliche Gegner des Übungsplatzes sind Naturschützer, die in den nahegelegenen, unter Schutz stehenden Vogelbrutgebieten beobachten, wie die Tiere durch Schießübungen und Militärflüge aufgescheucht werden. Immerhin finden zwischen Mai und Anfang September keine Schießübungen statt. Der Zutritt zum Vliehors ist jedoch nur am Wochenende erlaubt. Gegen die ganzjährigen Flugrouten demonstrierte im Sommer 1992 eine Gruppe Aktivisten auf Texel, denn die Jäger drehen (unerlaubterweise) öfters ihre Kurven über dem Ostzipfel der Nachbarinsel. Im Dorf auf Vlieland hält sich der Fluglärm dank dieser Route in Grenzen.

Elisabeth Hodes und ihr Vlieland

Im Garten von Elisabeth Hodes schnattern Enten. Die Seevögel watscheln erfreut auf die Hausherrin zu, die ihnen schäkernd frische Fische verfüttert. Der Versuch, ölverschmutzte Vögel wieder auszusetzen, ist so anspruchsvoll, daß viele Tiere, die ihrem Mitbewohner, einem pensionierten Biologen, gebracht werden, schließlich am Hafenweg bleiben.

Die herzhaft wirkende, gut 80jährige Frau Hodes kam in Indonesien zur Welt und zog nach dem Zweiten Weltkrieg mit ihrem Mann nach Vlieland. Ihr verstorbener Gatte hatte als Arzt die nicht ganz leichte Aufgabe, die damals 800 Einwohner medizinisch zu versorgen. Das Leben in dieser kleinen Gemeinschaft macht der geselligen Frau keine Mühe. Sie kennt aber einige, die es auf der Insel nicht ausgehalten haben, vor allem weil die soziale Kontrolle enorm stark war. »Immerhin hatte die Bevölkerung nie viel für religiösen Fanatismus übrig, was das Zusammenleben enorm erleichterte«, ist Frau Hodes überzeugt. Durch die Verlängerung der Touristensaison bis in den Winter hinein, finden die Insulaner auch immer weniger Zeit zum Tratschen. Dennoch blüht das Gesellschaftsleben jeden Herbst neu auf: Parties werden veranstaltet und Geburtstage gefeiert. Zu den Treffen der Vereine erscheinen die Mitglieder wieder vollständig und proben gewissenhaft für die nächste Theateraufführung oder den Gesangsabend.

Die betagte Dame räkelt sich im bequemen Ohrensessel vor den stilvoll alten Möbeln ihres Wohnzimmers. In den letzten Jahren nimmt sie nicht mehr so stark Teil am öffentlichen Leben, sondern genießt es, wenn der pfeifende Wind oder dichter Nebel einen gemütlichen Tag zu Hause versprechen. Fühlt sich die gute Frau mal einsam, schlendert sie ins Dorf, wo sie bestimmt eine Bekannte zum Kaffeetrinken antrifft.

Fährt Frau Hodes ausnahmsweise zum Festland, ist sie froh, auf ihr Eiland zurückzukehren. Für ihren Geschmack gibt es dort von allem viel zu viel: »Es hat zu viele Menschen, Häuser und Autos, zu viel Lärm, zu viele Düfte und meistens keine angenehmen.« Nicht daß sie glaubt, mit der Natur auf Vlieland sei noch alles in Ordnung, aber sie fühlt sich hier freier, findet noch genügend Platz, ihre Füße dort hinzustellen, wo es ihr gerade gefällt. Auch bringt die ruhige Saison im Winter nach dem hektischen Sommer wenigstens einige Monate der Entspannung.

Typisch findet die aufgeweckte Frau, daß sich viele Urlauber nach einer Rundfahrt auf der Insel bereits langweilen: »Heutzutage genießt man die Ferien nicht, man macht Ferien.« Aktivitäten bietet Vlieland aber tatsächlich nur wenige. Die Stammgäste kommen, um gerade diese Ruhe auszuschöpfen, Tage damit zu verbringen, schöne Blumen oder Vögel zu betrachten, in den Dünen zu träumen oder sich in der Welt eines Buches zu verlieren. Immer mehr kommt Vlieland jedoch dem Bedürfnis nach Unterhaltung entgegen, organisiert

Elisabeth Hodes kam als junge Frau eines Arztes nach Vlieland und möchte nirgendwo sonst leben ▶

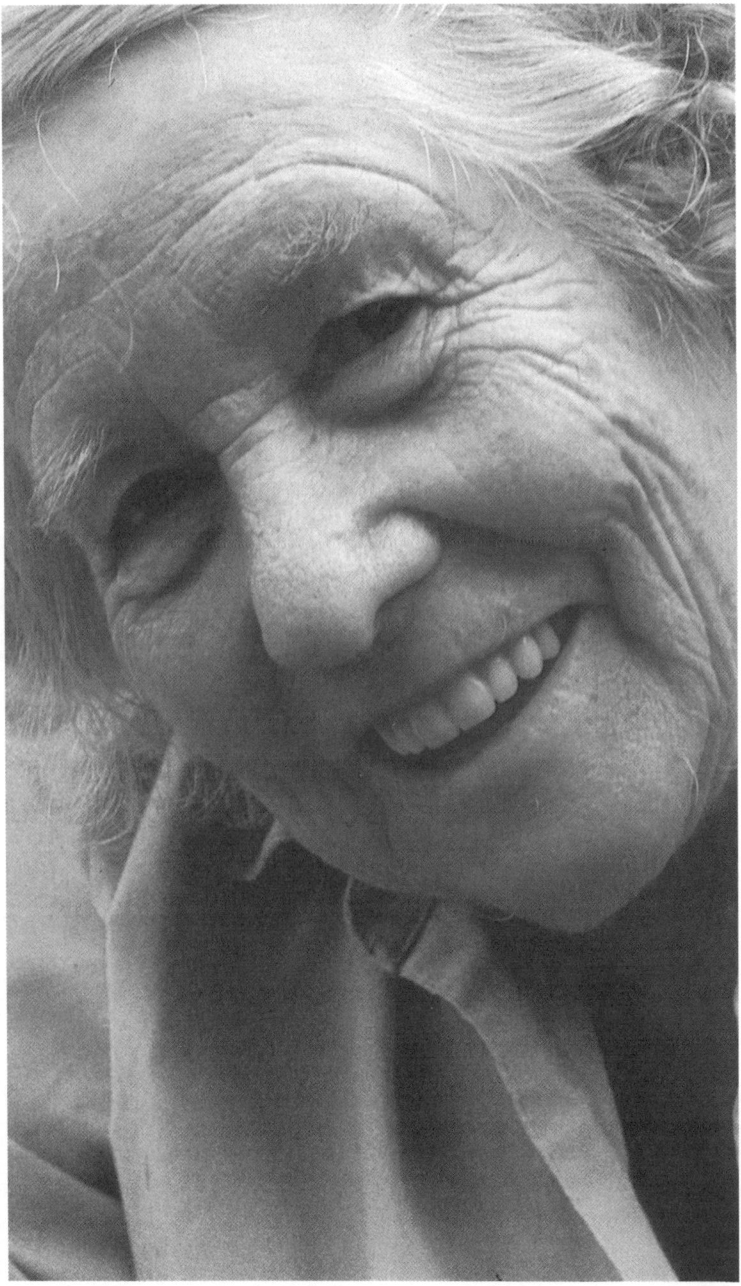

dies und jenes, um die Kundschaft bei Laune zu halten.

Eine ähnliche Entwicklung beobachtet die Witwe bei den jüngeren Leuten auf Vlieland. Sie wollen alle ein Auto, obwohl sie es nur selten gebrauchen können. Die von der ersten Generation aufgebaute Infrastruktur wird so ausgeweitet, daß sie genügend abwirft, um sich Skiferien in den Alpen oder Safaris auf fernen Kontinenten zu erlauben. Auch auf Vlieland werden die Hotels größer und anspruchsvoller, die Geschäfte verlängern die Öffnungszeiten. Die Fähre transportiert immer mehr Urlauber. Es sei natürlich normal, daß sich alte Leute über diese Entwicklung beklagen, gesteht sie und bedauert dennoch, daß Streß und Gier gleichermaßen zunehmen, während die Zeit und die Freiheit abnehmen.

Orientierung

Zur Zeit leben etwa 1080 Einwohner dauerhaft auf Vlieland, von denen 180 zur Schule gehen und etwa 400 in Pension leben. In der Hochsaison bringt die Fähre die meisten der bis zu 7000 Touristen auf die 3520 ha große Insel zwischen Texel und Terschelling. Rund die Hälfte der Besucher kommen auf den beiden Campingplätzen unter. Nur etwa 10 % der Urlauber reisen aus Deutschland an, und von denen bringen viele gleich ihre Jacht mit. Tagsüber verteilen sich die Feriengäste hervorragend auf der 20 km langen und durchschnittlich 2 km breiten Insel, doch an schwülen Sommerabenden herrscht im einzigen Inseldorf Oost-Vlieland ein ziemliches Gedränge.

An- und Rückreise

Wie für Terschelling besteigt man im Hafenstädtchen Harlingen die Fähre, um in 90 Minuten nach Vlieland zu tuckern. Hin- und Rückfahrt kosten rund f 35; Kinder zahlen die Hälfte. Fahrräder und Hunde kosten um f 15. *Wichtig:* Es werden keine Autos zur Insel befördert. Ausnahmen, etwa für Behinderte, müssen über das *VVV* genehmigt werden.

Das Schnellboot braucht 50 Minuten für die Überfahrt und kostet f 30 für eine Strecke, Kinder bis 11 Jahre die Hälfte. Es gibt auch Einzelfahrkarten, oder man zahlt auf die Fahrkarte der Fähre einen Zuschlag von f 8.

Das Schnellboot verkehrt zudem direkt zwischen Vlieland und Terschelling. Dazu kommt im Sommer eine abenteuerliche Verbindung von und nach Texel.

■ **Information:** *Rederij Doeksen,* Willem Barentszkade 21, Postbus 40, 8880 AA Terschelling West, Tel. 05621-1313.

■ **Fähre Harlingen-Vlieland:** täglich um 9.20, 14.20 und 19.05 Uhr, mit einigen Abweichungen im Winterhalbjahr.

■ **Fähre Vlieland-Harlingen:** um 7, 11.45 und 16.45 Uhr mit Unregelmäßigkeiten von Oktober bis April.

■ **Schnellboot Harlingen-Vlieland:** von Juli bis September montags um 8 Uhr und Dienstag bis Samstag um 9 Uhr. Von Montag bis Samstag fährt das Schiff zudem um 18 Uhr via Terschelling, wodurch die Fahrt 80 Minuten dauert. Von Oktober bis April nur montags um 8 und 18 Uhr.

■ **Schnellboot Vlieland-Harlingen:** von Juli bis September jeden Montag bis Samstag um 11 Uhr. Von Oktober bis April nur montags um 10 Uhr.

■ **Terschelling–Vlieland:** Das Schnellboot fährt von Juli bis September jeweils von Montag bis Samstag um 10.30 und 19 Uhr, und in der übrigen Zeit nur montags um 9 und 19 Uhr in 20 Minuten nach Vlieland. Zurück nach Terschelling geht das Schiff am Montag um 9 und 19.30 Uhr sowie Dienstag bis Samstag um 10 und 19.30 Uhr; außerhalb der Saison nur am Montag um 10 und 19.30 Uhr. Die Tageskarte kostet f 17, Einzelstrecken f 9.

■ **Texel–Vlieland:** Bestimmt die abenteuerlichste Variante, nach Vlieland zu reisen, bietet von Mai bis August, drei- bis viermal täglich, die *Vriendschap* für f 15 die Einzelstrecke. Das Schiff fährt vom Vliehors (zu dem man mit dem *Vliehors-Expreß* gelangt, siehe »Ausflüge«) zur Nordspitze von Texel, nahe De Cocksdorp, und wieder zurück. Es werden auch Fahrräder und Hunde transportiert. Information auf Texel: Tel. 02220-163 40.

■ **Jachthafen:** Im Sommer ankern gut und gerne 500 Tagesausflügler im Hafen, die pro Bootmeter f 1.25 für die Nacht zahlen. Auskunft: Tel. 1729.

Inselverkehr

■ **Fahrrad:** Die Größe von Vlieland ist sehr angenehm zum Radeln, weshalb nach Ankunft der Fähre jedermann zur Fahrradvermietung pilgert. Weil kaum Autos auf der Insel herumfahren, eignen sich alle Wege bestens zum Radeln. Spezielle Routen wurden über rund 23 Kilometer angelegt.

■ **Fahrradvermietung:** Die drei Verleiher in der Dorpsstraat und jener beim Posthuys am Vliehors verlangen für ein gewöhnliches Rad um f 8 pro Tag: *W.L. Zeelen,* Nr. 2, Tel. 1699. *Jan van Vlieland,* Nr. 8, Tel. 1509. *Van Heerde,* Nr. 113, Tel. 1501.

■ **Bus:** Der Bus verkehrt im Stundenrhythmus zwischen dem Dorf und dem Posthuys. Bei Ankunft der Fähre steht der Bus am Hafen bereit und macht seine Tour auch durch die Ferienhäuschen-Siedlungen an der Nordseeseite.

■ **Taxi:** Tel. 1222.

■ **Auto:** Nur die Inselbewohner dürfen auf Vlieland mit dem Auto herumkurven, was sie glücklicherweise nicht mehr als notwendig machen.

■ **Gepäcktransport:** Mit Pferd und Wagen kommt Ihr Gepäck an jedes beliebige Ziel auf der Insel. Bestellung über Tel. 1415, oder füllen Sie einen Tag zuvor beim *VVV* das entsprechende Formular aus.

Praktische Hinweise

■ **Telefonvorwahl für Vlieland:** 05621-...

VORSICHT: An die lokalen vierstelligen Rufnummern wird voraussichtlich in ein, zwei Jahren vorne eine fünfte Ziffer gestellt, wobei sich die Stammnummer nicht ändern wird.

■ **Auskunft:** *VVV* Vlieland, Havenweg 10, 8899 ZN, Tel. 1111, geöffnet Mo-Fr 9-17 Uhr und bei Ankunft der Fähre. Das Büro liegt gegenüber dem Fährhafen. Saisonaktivitäten sind in der Gratis-Zeitschrift *De Vlieronde* vermerkt.

■ **Notalarm:** Tel. 06-11, Polizei, Feuerwehr und Ambulanz, rund um die Uhr.

■ **Polizei/Fundbüro:** Lutinelaan 5, Tel. 1312.

114 Vlieland

■ **Arzt:** J.A. Kruijt, Dorpsstraat 73, Tel. 1307. Hier ist auch die Insel-Apotheke.
■ **Zahnarzt:** Vuurboetsplein 14, Tel. 1532.
■ **Öffnungszeiten:** In der Saison Mo-Sa 8.30-12 und 13.30-18 Uhr, Sa bis 17 Uhr. Ansonsten bleiben die Geschäfte montags geschlossen. Der Bäcker schließt am Mittwoch.
■ **Postbüro:** Dorpsstraat 47, Mo-Fr 9.30-12.30 und 14.30-17 Uhr, Sa 9-11.30 Uhr.
■ **Bank:** Rabobank, Boereglop 4.
■ **Bibliothek:** Dorpsstraat 152 am Kirchplatz, Mo, Mi und Fr 15.30-17.30 Uhr, Fr zudem 19-20 Uhr, Juli/August auch Di 9.30-11 und 19-20 Uhr. Gegen eine kleine Gebühr kann man deutschsprachige Bücher zu leihen.
■ **TV/Video-Verleih:** Oomekens, Willem de Valminghweg 9, Tel. 1253.

Inselkalender

■ **Triathlon:** *Das* Sportereignis, Mitte Juli/Anfang August, mit 1500 m Schwimmen, 40 km Radfahren und 10 km Rennen ist für jedermann ein Volksfest.
■ **Piere-pauwen:** Mit selbstgebastelten Lämpchen und Lampions ziehen die Kinder am 2. November singend von Haus zu Haus und freuen sich über Süßigkeiten und Münzen, die die Erwachsenen spendieren.
■ **Sinterklaas:** Am 5. Dezember ankert der aus Spanien angereiste Nikolaus im Hafen von Vlieland und reitet, von seinem Gefolge und einer aufgeregten Kinderschar begleitet, auf einem Pferd durchs Dorf.

Kulturelles

■ **Dorffest:** Im Sommer verwandelt sich das Dorfzentrum jeden Donnerstagabend, von acht bis etwa zehn Uhr, in eine Freilichtbühne, sei es für die Volkstanzgruppe, den Seemannschor, den Jugend-Schlagzeugverband oder die Musikkapelle *Vlielandse Fanfare*. Das Inseloriginal *Jan van Vlieland*, unverkennbar durch seine ewig blaue Kutte und das rote Seemannshalstuch, führt durchs Programm. Der Fahrradhändler hat schon mehrere Bücher über die Geschichte seiner Insel geschrieben und produziert das *Vlieland Magazin* mit einer Auflage von 15.000 Exemplaren.
■ **Zeltplatz Stortemelk:** Während der Saison bietet der Campingplatz jeden Tag ein Konzert, ein Theater oder eine andere Attraktion, die für jedermann zugänglich ist.
■ **Hervormde Kerk:** In der Kirche am Kerkplein kann man sich während des Sommers, jeweils dienstags um 20.45 Uhr, eine Diashow über Vlieland anschauen. Kartenverkauf ab eine Stunde vor Beginn. Ab und zu dient das romantische Interieur auch als Konzertsaal.
■ **Kino:** Bis jetzt wurden während der Sommermonate in der ehemaligen Kirche, nahe der Minigolfbahn, Kinofilme gezeigt. Nun wird ein neuer Standort dafür gesucht, und bis zur nächsten Saison bestimmt auch gefunden.
■ **De Vliering,** Dorpsstraat 152.
Kinderdisco und verschiedenste Aktivitäten, wie die traditionell spukige Geisternacht im August, werden im Sommer von der Stiftung *Sozialkulturelles Werk* organisiert. Das Programm für Kinder und Jugendliche liegt beim *VVV* auf.

Sport und Spiel

Wassersport

■ **Surfen:** Für das Spiel mit dem Wind wird von der Nordsee abgeraten. Auch auf dem Wattenmeer bläst es stark genug, daß Könner Luftsprünge machen. Im Vergleich zum Surfen auf Seen, strengt der Sport auf dem Watt viel mehr an. Bei Ebbe und Westwind entsteht eine starke Strömung, die die Rückkehr zur Insel schwer macht. Die Ausrüstung muß man selbst mitbringen.

■ **Kanufahren:** Das Spiel von Ebbe und Flut, die Wasserrinnen und Sandbänke, sind für Kanufahrer eine besondere Verlockung. Besteht kein Bedarf für die Gäste des Kampierhofes, kann man Kanus mieten bei: *Ans van Dijk,* Dorpsstraat 181, Tel. 1397.

■ **Angeln:** Es braucht zum Angeln keine Genehmigung. Sportfischen mit der *MS Petra* im Juli und August regelmäßig, gemäß aktuellen Daten und Infos beim *VVV*.

Mit Angelsportzubehör handelt *Van den Berg,* Dorpsstraat 95.

■ **Badestrände:** FKK ist überall am 12 km langen Sandstrand erlaubt. Bewacht wird er allerdings nur auf der Höhe von Damm 46, bei Strandhotel und Pavillon, weshalb sich die meisten Badegäste auch dort sonnen. Der feine Sand umgarnt die Insel vom Vliehors um die Ostspitze bis zum Jachthafen an der Südseite.

Schwimmbäder/Sauna/Solarium

■ **Hallenbad Flidunen:** Das Schwimmbad im Wald nahe dem Sportplatz sitzt unter einer Klimahaube, wie man es bei Tennisplätzen öfters sieht. Von Mai bis Oktober kann man im 27°C warmen Wasser planschen und sich auf der Terrasse sonnen. Weil es Leute gibt, die seriös trainieren wollen, sind für das Bahnenschwimmen spezielle Zeiten reserviert, die auf Infoblättern aufgelistet sind. Eintritt f 3.

■ **Golfzang,** Dorpsstraat 3.

In diesem Hotel sind Sauna, Sonnenbank, Dampfbad und Whirlpool auch für Nicht-Hotelgäste zugänglich.

■ **Strandhotel Seeduyn,** Badweg 6.

Sie können das Hotel-Hallenbad für f 5 besuchen.

Reiten

Der Reitsport erfreut sich auf Vlieland besonderer Beliebtheit, und um das Dorf wurde ein breites Netz von Reitpfaden angelegt. Die Miete eines Pferdes kostet um f 20 für die Stunde; Ponys sind günstiger.

■ **Stall Edda,** Fortweg, Tel. 1128.

An der östlichsten Kante der Insel, hinter dem Jachthafen, liegt der neue Stall mit freundlichen Isländerpferden. Die Jüngsten reiten auf Sheltländern. Das ganze Jahr geöffnet.

■ **Manege de Seeruyter,** Badweg 3, Tel. 1962.

Das ganze Jahr hindurch organisiert dieser Stall Ausritte, gibt Unterricht und bietet für Kinder Pony-Reiten.

Tennis

■ **Strandhotel Seeduyn,** Badweg 6, Tel. 1560.

Pro Stunde kosten die Tennisplätze an der frischen Luft f 7.

■ **Eureka,** Badweg 4, Tel. 1723.

Bei den gleichnamigen Apartments zwischen Dorf und Strandhotel gelegen. Die Plätze kosten pro Stunde f 15, zwei

Stunden f 25. Rackets und Bälle werden gratis zur Verfügung gestellt.
■ **Tennis Vereinigung,** nahe Schwimmbad, Reservierung werktags 9-11 Uhr unter Tel. 1328.
Die beiden Außenplätze werden für f 22.50 pro Stunde vermietet.
■ **Sporthotel Rispens,** Dorpsstraat 11.
Sind die Plätze nicht von den Hotelgästen gebucht, stehen sie auch anderen zur Verfügung.

Verschiedenes

■ **Wandern:** Beim Naturzentrum und beim *VVV* sind Broschüren mit verschiedenen Wanderungen erhältlich, die mit blauen, durchnumerierten Pfählen gekennzeichnet sind: zum Beispiel die 5 km lange *Klaas Douweswanderung* ab Minigolfbahn; die 4 km lange Wanderung durch das *Baumland* mit Start am Postweg, etwa 100 Meter vor dem Waldende; oder zum *Lange Paal* und zur *Nieuwe Kooi,* mit Start beim Camping Lange Paal.

Die Forstverwaltung hat einen rund 6 km langen Naturlehrpfad angelegt, der mit weißen Pfählen gekennzeichnet ist und beim Naturzentrum beginnt.

■ **Schlittschuhlaufen/Langlauf:** Im Sommer ausgetrocknet, verwandelt sich der ursprüngliche Torfweiher hinter dem Dorf im Winter zu einer idealen Eisfläche. Das Hotel *Geertzen,* Berkenlaan 8, vermietet im Winter Langlaufskier.

Spiele

■ **Minigolf:** Das *Eldorado* liegt etwas versteckt hinter dem Havenweg und ist von Ostern bis September werktags von 10-22 Uhr und am Wochenende ab 14 Uhr geöffnet. Kosten pro Person ca. f 3.50.

■ **Bowling:** Im Strandhotel *Seeduyn* kann man auf vollautomatischen Bahnen für f 25 pro Stunde die Kugel schieben.

■ **Pool/Billard:** Für ein Spielchen geht man zur *Lutine,* zum *Bruintje Beer* oder zum *Zeeman,* die alle an der Dorfstraße liegen.

Ausflüge

■ **Tagesfahrten nach Terschelling oder Texel:** nur im Sommerhalbjahr nach Texel, nach Terschelling auch in der Nebensaison einmal wöchentlich, siehe »An- und Rückreise«.

■ **Wattenmeerfahrt zur Seehundbank:** Im Juli und August tuckert die *Vriendschap* ein- bis zweimal die Woche zur Robbeninsel, wobei die Abfahrtzeiten von den Gezeiten abhängig sind. Die Fahrt dauert rund zwei Stunden und kostet um f 15, Kinder um f 8. Reservierung: Tel. 02220-163 40 auf Texel.

■ **Vliehors-Expreß:** Der umgebaute Lastwagen fährt im Sommer um 14 und 18 Uhr in die »Sahara«, am hundertjährigen Rettungshäuschen vorbei zum 160 m langen Holzsteiger am Ende des Vliehors, wo man nach Texel weiter reisen kann. Der Ausflug für rund f 10 vermittelt einen Eindruck vom einsam Endlosen dieser Sandbank.

■ **Geführte Rundgänge:** Beim Besucherzentrum kann man sich für rund f 3 zu folgenden Exkursionen anmelden: von Juni bis September täglich ein etwa zweistündiger Wattenmarsch bei Ebbe; oder eine Wald- und Dünenexkursion, zweimal wöchentlich von Juli bis September, mit Erklärungen zu Flora und Fauna; und während der Brutzeit, von April bis September, zweimal täglich von Dienstag bis Samstag, zum Naturschutzgebiet *De Kroon,* wo man verschiedenste Vögel beobachten kann. Obwohl nicht alle Erklärungen in Deutsch übersetzt werden, profitiert man vom Wissen der Guides.

Fahrradtour

Sie können Vlieland gemütlich in einem Tag mit dem Fahrrad umrunden und dann behaupten, Sie hätten die ganze Insel gesehen. Das stimmt natürlich nicht, aber immerhin können Sie sich die schönsten Flecken auf Vlieland merken, und diese in den nächsten Tagen genauer auskundschaften.

Vom Dorf, wo beim Fähranleger die Springflut bis ans Mäuerchen vor dem *VVV*-Gebäude steigt, lockt es jeden Seefahrerfreund erst mal zum **Jachthafen** am Ostzipfel der Insel. Der Strand von Vlieland reicht »um die Ecke« bis an die Hafenmauer. Vor der Terschellinger Sandbank *Noordvaarder* am Horizont kreuzen historische Flachboote und moderne Segeljachten.

Quer über die Insel führt der **Fortweg** an Pferdestallungen vorbei zum Nordseestrand hinüber, wo der Sand bei windigem Wetter ekelhaft in den Augen brennt. Auf halbem Weg zweigt ein Radweg ab, der sich ins Landesinnere, am Weiher **Oostervallei** vorbei, durchs Unterholz schlängelt. Auch auf Vlieland ist der Wald nicht natürlich gewachsen. Erst 1908, als dem Reichswasserbauamt der Unterhalt der Dünen übertragen wurde, begann die Bepflanzung von inzwischen 300 ha Wald.

An der Kreuzung mit dem **Kampfweg** radelt man nach rechts unter duftenden Tannen, Fichten, Eichen, Erlen und Ahornbäumen um die Kurve und folgt dem Kampfweg parallel zur Küste in die Gegend der Ferienhäuschen, zwischen Wald und Dünen. Am **Badweg** lohnt sich der Abstecher zu den Strandrestaurants, denn die nächsten Kilometer entlang und über die Dünen strengen ganz schön an. Immerhin wird der Gegenwind von den Dünen mehr gedämpft als auf der Wattenseeseite.

Um den Strand vor Verwehungen zu schützen, hat Vlieland als einzige der Watteninseln seit 1854 im Abstand von 160 bis 200 Metern Streckdämme ins Meer hinaus gebaut, die den Strand zwar verbreitern, aber nicht unbedingt verschönern. Die Wellenbrecher werden, zwischen dem Strand und dem Posthuys, in der antik wirkenden, grün gestrichenen **Asphalt-Fabrik** angefertigt, wo Schutt aus belgischen und deutschen Steingruben mit flüssigem, auf 170°C erhitztem Asphalt übergossen wird. Der Unterhalt der 64 Strandpfahlreihen hat sich als teurer denn die modernen Methoden der Strandaufschüttungen erwiesen.

Ihre von Wind und Salz ausgetrockneten Kehlen löschen die Urlauber im Garten vor dem **Posthuys.** Das Wirtshaus ist quasi unumgänglich für jeden, der sich den Westen der Insel anschaut. Bereits während der kriegerischen Zeiten des 17. Jahrhunderts wurden Nachrichten von Amsterdam über Texel nach Vlieland gebracht, und bis 1928 blieb die Postroute über den Eierlandse Gat zum Vliehors bestehen. Das Posthaus mit seinem nostalgischen Interieur wurde 1837 erbaut, um hier die Postsäcke auf Pferdewagen umzuladen.

Nirgendswo sonst in den Niederlanden regnet es so selten wie auf Vlieland, und wer von den Dünen am **Reddingbootpad** die unendliche Sandplatte des **Vliehors** überschaut, wundert sich nicht über den Übernamen »Sahara des Nordens«. Landschaftlich reizvoll zum Beobachten der Vögel sind die **Kroonspolder,** die das Gebiet zwischen dem Militärcamp und dem Posthuys ausfüllen.

Der Rückweg auf der Wattenmeerseite erweist sich als höchst angenehm, weil der Wind meistens vom Westen her bläst und den Radler durch das **Bomenland** vorwärts treibt. Auf dem Miniatur-**Friedhof** unter den Bäumen am Hauptweg wurden im 17. Jahrhundert angeschwemmte Seeleute begraben, die an einer Seuche gestorben waren und wegen Ansteckungsgefahr nicht im Dorf bestattet wurden. Die Gedenkschrift besagt:»Hier rust het stof uit vroeger dagen, geborgen in een houten kist, wilt eerbied voor deez' rustplaats dragen, daar zulks plicht en menselijk is.«

In den beiden nachfolgenden Waldabschnitten mag man die ehemaligen **Entenpferche** aus der Nähe besichtigen; ansonsten führt der **Postweg** immer geradeaus bis zum Campingplatz **Lange Paal,** wo der Radweg ins gleichnamige Holz abzweigt. Tatsächlich stand in diesem Waldstück einst ein Pfahl, welchen das Wasseramt für Vermessungen nutzte. Als er vermodert war und ersetzt werden sollte, löste sich der alte Pfosten nicht aus der Bodenverankerung. Deshalb wurde der neue Pfahl einfach aufgesetzt. Dadurch war er länger als alle anderen. Seit die Vermessungen mit modernen Apparaturen ausgeführt werden, haben die Pfähle ihre Bedeutung verloren, und als der neue wiederum verfaulte, wurde er nicht mehr ersetzt.

Über die Heide gelangt man zurück auf den Postweg, wo die weidenden Pferde zu einem Zwischenhalt verleiten. Man sollte die Tiere zwar nicht füttern, aber hinter den Ohren kraulen lassen sie sich alleweil. Kurz vor dem Ortsrand lohnt sich ein letzter Abstecher auf die höchste Düne der Insel, die mit dem Leuchtturm.

Oost-Vlieland

Ob das neue Hafengebäude für die Fähre notwendigerweise so massiv werden mußte, bezweifeln jene Vlieländer, denen nun der Blick aufs Wattenmeer verwehrt ist. Nach Ankunft der Fähre strömt die Masse wie von unsichtbarer Hand getrieben zu den Fahrradvermietern in Oost-Vlieland. Seit West-Vlieland im 18. Jahrhundert von der Nordsee aufgefressen wurde, spielt sich das Leben im einzigen Inseldorf ab – genauer gesagt, entlang einer einzigen Straße, der *Dorpsstraat,* in der es nicht an Geschäften, Hotels und Bars mangelt.

Als der Engländer *Holmes* 1666 über die Watteninseln herfiel, wäre die Ortschaft um ein Haar, wie West-Terschelling auf der Nachbarinsel, in Feuer und Flamme aufgegangen. Doch man erzählt sich, daß die cleveren Vlieländer allesamt mit einem Stock zum Strand liefen, um sich in Reih und Glied aufzustellen. Die englischen Späher glaubten, durch das Fernrohr eine bewaffnete Armee zu sehen, und begnügten sich damit, im Hafen gut 150 Schiffe aus aller Welt niederzubrennen.

Oost-Vlieland war damals ein Städtchen, daß viele berühmte Seefahrer zu Gast hatte, denn Schiffe von und zu den wichtigen Häfen in Amsterdam, Hoorn und Enkhuizen mußten den *Vliestrom* passieren. Admiral *de Ruyter*, von dem ein Porträt im Amsterdamer *Rijksmuseum* hängt, hatte seinen festen Platz in der Kirche von Oost-Vlieland, und im Dorf lebten während des »Goldenen Zeitalters« bis zu 70 Kommandeure der Walfischfahrt, ganz zu schweigen von den zahlreichen Kapitänen der Handelsmarine.

Vlielands berühmtester Seefahrer war zweifellos der 1640 geborene *Willem de Vlamingh*. Seine wichtigste Expedition führte ihn 1696 nach Australien, weshalb nicht nur eine Straße auf Vlieland, sondern auch mehrere Leuchttürme und ein Kap in Australien nach dem Seefahrer benannt wurden. Auf der Christmas Island zierte sein Porträt 1978 eine Briefmarke.

Als die Epoche der Segelschiffe vorüber war, überwältigte eine verheerende Krise Vlieland. Um die Kapitäne für die modernen Schiffe umzuschulen, wurde 1865 eine Seefahrtsschule im heutigen *Steakhouse De Wadden* eingerichtet. Sie mußte 1920 schließen.

Sehenswertes

■ **Het Tromp's Huys,** Dorpsstraat 99, Mai-Sep, Mo-Sa 10-12 und 14-17 Uhr, Apr und Okt ab 14 Uhr, Nov-März nur Mi und Sa nachmittags.

Das älteste noch stehende Gebäude der Insel wurde 1575 errichtet und in späteren Jahren mehrmals erweitert. Die norwegische Malerin *Betzy Akersloot-Berg* kaufte das Haus 1896 und gab ihm nach einem früheren Bewohner und Seefahrer seinen Namen. Als die Künstlerin in den zwanziger Jahren verstarb, fand auch das rege gesellschaftliche Hausleben mit internationalen Gästen sein Ende.

Seit 1955 zeigt das Heimatmuseum das höchstens aus dokumentarischen Gründen interessante Werk von Betzy Akersloot. Der Museumsbesuch lohnt sich aber, weil man über den Steinplattenboden durch historische Räume wandelt, die voll von herrlichen Antiquitäten sind, wie die kostbaren Wanduhren im ersten Zimmer und die prächtige Silbersammlung. Eine ausführliche Informationsbroschüre auf deutsch ist an der Kasse erhältlich.

■ **Bezoekercentrum Vlieland,** Dorpsstraat 150, Mai-Sep Mo-Sa 10-12 und 14-17 Uhr, ansonsten wie das Trompshaus.

Nur mäßig gelungen ist die Ausstellung im Besucherzentrum gegenüber Gemeindehaus und Bibliothek. Seit 1984 stellen Fotos und Erklärungen in holländischer Sprache die Entwicklung Vlielands dar. Die beste Attraktion ist das Aquarium mit allerlei Getier aus dem Wattenmeer. Zu empfehlen sind dagegen die interessanten Exkursionen, die das Museum organisiert (siehe »Ausflüge«).

■ **Ned. Hervormde Kerk,** Kerkplein, Mai bis Sep, Mi 10-11.30 Uhr.

Am schönsten zu betrachten ist das Interieur der 1647 erbauten Kirche während des sporadischen Konzerte in der Saison; auch Diashows werden gezeigt. Das dunkle Holz der Sitzbänke und die beiden Schiffsmodelle sind typisch für sogenannte Fischerkirchen, wie man sie auch in Norddeutschland, Dänemark und Norwegen findet.

Einen der fünf kupfernen Kerzenleuchter spendierte der Seeheld Admiraal De Ruyter, als seine Flotte wegen schlechtem Wetter bei Vlieland festsaß. Die Orgel ist gut 250 Jahre alt, und die hölzerne Kanzel stammt von 1605. Der Zahn der Zeit nagt an den sechs Walfischzähnen von 1755 bis 1827, die bis 1920 als Grabsteine auf dem Friedhof standen. Im Naturhistorischen Museum Leiden, wo der siebte Walkiefer aus der Kirche aufbewahrt wird, sucht man nach einer Methode, die dieses kulturhistorische Erbe vor dem völligen Zerfall bewahren könnte.

■ **Leuchtturm:** Mo-Fr 10-12 und 15-17 Uhr, Sa 10-12 Uhr.

Auf der mit 40 Metern höchsten Düne im Wattengebiet warnte bis zum Bau des ersten Leuchtturms 1836 ein Kohlenfeuer die passierenden Schiffe. Deshalb wird die Düne noch immer *Vuurboetsduin* genannt. Der heutige *Vuurtoren* steht seit 1910 und ist 18 m hoch, so daß man von seiner Spitze, also von 58 Metern über dem Meer, auf Dorf und Insel hinunterschaut. Der Aussichtspunkt wurde 1929 angebaut. Die 10 t schwere Kuppel aus rostfreiem Stahl und Plexiglas ersetzte 1987 die alte. Die Lichtstrahlen reichen bis zu 40 Kilometer Meter weit.

Unterkunft

Hotels/Pensionen:

Die meisten Hotels liegen im Zentrum von Oost-Vlieland und unterscheiden sich nur durch Details. Alle verfügen über Doppelzimmer mit Dusche oder Bad/WC, TV/Radio, einige über eigene Terrasse oder Balkon und Aussicht aufs Wattenmeer, je nach Ausstattung und Saison für f 70-85 pro Gast und Nacht. Einzelzimmer sind pro Hotel nur ein bis zwei vorhanden. Im Doppelzimmer kostet der Aufschlag für nur eine Person f 10-15. HP wird für f 90-100 pro Tag geboten. Wo nicht anders vermerkt, kann man Haustiere nach Absprache mitbringen. Alle Hotels haben eine Bar und ein Restaurant. Für Wochenenden sind zum Teil Spezialarrangements im Angebot.

■ **Bruin,** Dorpsstraat 88, 8899 AL, Tel. 1301, Fax 1227.

Auch VP und auf Wunsch Diätküche. Kinder bis 8 Jahre erhalten 50 % Rabatt. Hunde kosten f 15.

■ **Geertzen,** Berkenlaan 18, 8899 BP, Tel. 1408, Fax 1025.

Auch VP und eine Brautsuite mit »Jet-Streambad« und Sonnenbalkon. Zuschlag für Einzelpersonen f 20.

■ **Golfzang,** Dorpsstraat 3, 8899 AA, Tel. 1818.

Gratis Zugang zu Sauna, Sonnenbank, Dampfbad und Whirlpool. Einfachste Zimmer ab f 50. Kinder bis 12 zahlen, je nach Alter, maximal f 40.

■ **Herbergh van Flielant,** Dorpsstraat 105, Tel. 1400.

Etwas einfachere Zimmer ohne Terrasse für f 55-65.

■ **Rispens,** Dorpsstraat 11, 8899 AA, Tel. 1492.

Im Sporthotel stehen Sauna, Solarium, Tennis und Tischtennis gratis zur Verfügung.

■ **De Wadden,** Dorpsstraat 61, 8899 AD, Tel. 1298.

■ **Zeezicht,** Havenweg 1, 8899 BB, Tel. 1324.

Kinder unter 12 Jahre erhalten 50 % Ermäßigung.

Etwas bescheidener in Ausstattung und Preis sind folgende Pensionen:

Oost-Vlieland

■ **Duin en Dal,** Dorpsstraat 163, 8899 AG, Tel. 1684.

Nahe dem Leuchtturm gelegen, zum Teil mit Balkon oder Terrasse, aber ohne eigenes Bad, für f 40 mit Frühstück, HP f 60. Aufenthaltsraum mit schönem Ausblick.

■ **De Veerman,** Dorpsstraat 173, 8899 AG, Tel. 1378.

5 Doppelzimmer mit Bad auf dem Flur, aber teilweise mit Balkon zum Wattenmeer für f 35-50, HP ab f 55.

■ **Zimmer:** Übernachtungen ohne Frühstück, dafür mit Kaffeemaschine auf dem Zimmer bieten zwei Familien: Schokker, Lutinelaan 48, 8899 BG, Tel. 1587; von April bis Oktober f 35 pro Nacht. Heeringa, W. de Vlaminghweg 7, 8899 AV, Tel. 1284; das ganze Jahr, mindestens drei Nächte, für f 20. Ermäßigung für Längerbleibende.

Nicht direkt im Dorf liegen die beiden folgenden Hotels:

■ **Strandhotel Seeduyn,** Badweg 3, 8899 BV, Tel. 1560, Fax 1115.

Das teuerste und größte Hotel wurde nach einem Um- und Neubau 1992 wiedereröffnet und liegt auf den Dünen direkt hinter dem Nordseestrand. Zur Infrastruktur gehören verschiedene Restaurants und Bars, ein Dancing, Tennisplätze, Hallenbad und Freibad, Bowling und Kegelbahnen, Billard und Pooltische. Auch Kongresse und Konferenzen werden abgehalten. Die rund 90 luxuriösen Zimmer mit Balkon kosten, je nach Aussicht und Saison, f 90-180, HP oder VP ab f 130. Familientarife für Suiten bis zu 4 Personen. Zudem Spezialzimmer für Behinderte.

■ **Het Posthuys,** Postweg 4, 8899 BZ, Tel. 1282.

Wer die Abgeschiedenheit liebt, ist 7 km vom Dorf, am Rande des Vliehors und nahe den Vogelschutzgebieten, bestens aufgehoben. Das gemütlich restaurierte Bauernhaus bietet Unterkunft mit eigenem Bad, TV/Radio und Frühstück für f 60 oder mit HP für f 80. Zuschlag für Einerbelegung f 15 pro Nacht.

Für Gruppen:

■ **Het Doniahuis,** Badweg 2, 8899 BV, Tel. 1386.

Das flache Haus wirkt etwas schmucklos, liegt dafür nahe beim Strand. Wird selbst gekocht, sind die 45 Betten ab f 15, bei VP ab f 31 das ganze Jahr über zu mieten. Zudem ein Doppel- und ein Dreierzimmer, Garten und Aufenthaltsraum.

■ **Torenzicht,** Dorpsstraat 182, 8899 AP, Tel. 1428.

Unter den steilen Dächern des Hofes liegen ein Zimmer für 10, 2 für je 5 und 8 für je 2 Personen. Bettwäsche muß man mieten. Der Grundtarif ist knapp f 30. Auf Wunsch auch Verpflegung.

■ **Twest Endt,** Dorpsstraat 181, 8899 AG, Tel. 1397.

Der restaurierte Bauernhof liegt direkt am Wattendeich beim Leuchtturm. Maximal 48 Personen zahlen auf Selbstversorgungsbasis f 15-20. Es hat auch 6 Dreierzimmer, eine Spielwiese und ein Sportfeld. Auf Wunsch Kanuvermietung.

■ **De Vliehorst,** Kerkstraat 82, 3262 PH Oud-Beyerland, Tel. 01860-207 69.

Der Vermieter wohnt nicht auf der Insel. Die Unterkunft für 50 Personen gleicht einen langgezogenen Schulpavillon und liegt ungestört, mitten im Freien, zwischen Dünen und Wäldern am Rozenbottelweg 2, bei einer 400 qm großen Spielwiese. Zu Fuß sind es zum Dorf 5, zum Strand 15 Minuten. VP ab f 30. Auf Wunsch auch Selbstversorgung. Haustiere sind nach Absprache willkommen.

Camping:

Da man nicht mit dem Auto nach Vlieland reisen kann, gibt es keine Caravan-Campings, sondern reine Zeltplätze. Die Übernachtung kostet pro Kopf und pro Zelt um f 5.

■ **Stortemelk,** Kampweg 1, 8889 BX, Tel. 1225. April bis Oktober.

Besonders reizvoll zwischen den Dünen liegt keine 100 Meter vom Nordseestrand auf der Ostseite der Insel dieser modern eingerichtete Zeltplatz mit einem Laden, Toiletten, Warmwasserduschen und Spielgelegenheiten. Jugendliche unter 16 Jahren werden nur in Begleitung von Älteren zugelassen. In einer Viertelstunde ist man zu Fuß im Dorf.

■ **Lange Paal,** Postweg 1 a. Reservierungen über Staatsbosbeheer, Dennenlaan 4, 8899 BN, Tel. 1304.

Dieser *Natuurkampeerterrein* liegt drei Kilometer westlich des Dorfes zwischen Wäldern und Dünen auf der Wattenseeseite und wird vom *Staatsbosbeheer* geführt. Die Infrastruktur ist nicht luxuriös, verfügt aber über Toiletten und Duschen mit Warmwasser, Waschräumen und Trinkwasser. *Wichtig:* Es wird ein Campingausweis vom Verkehrsverein *ANWB* verlangt. Reservierungen werden nur schriftlich entgegengenommen.

■ **Gasflaschen:** bei C. Hoogland, Middenweg 37, oder bei W. v. d. Berg, Dorpsstraat 95.

Verpflegung

Auf Vlieland hat während der Sommermonate ein einziger *Strandpavillon,* am Ende des Badweges, geöffnet, wo auch das Restaurant des Hotels *Seeduyn* mit seiner großzügigen Sonnenterrasse liegt. Tagsüber wird das *Posthuys* als einziges Wirtshaus im Westen der Insel gut besucht.

Die übrigen Restaurants und Imbißbuden liegen in Oost-Vlielands Dorfstraße. Verfärbt im Hochsommer die untergehende Sonne den Himmel, drängen sich allerdings sämtliche Urlauber gleichzeitig in den hoffnungslos überfüllten Lokalen. Wollen Sie im Juli/August nicht mindestens eine Stunde auf einen Tisch warten, lohnt es sich, im Verlauf des Tages oder vor dem Aperitif zu reservieren. Schlendert man vom Hafen ins Dorf, fallen unter anderem folgende Lokale auf:

■ **De Lickebaert,** Dorpsstraat 4-6.

POFFERTJES, kleine süße Kugeln aus Pfannkuchenteig, und natürlich Pfannkuchen in allen Variationen ab f 10 schlemmt man in der gemütlichen Kneipe mit den rot-weiß karierten Tischtüchern oder draußen auf der Sonnenterrasse.

■ **Oosterbaan,** Dorpsstraat 12.

Mögen Sie Meeresfrüchte? Dann lassen Sie sich zum Beispiel mit einer delikaten Fischsuppe um f 7, einer appetitanregend präsentierten Salmforelle für rund f 25 oder einer Seezunge für f 38 verwöhnen. Fragen Sie nach einem Tisch vorne im Lokal. Der hintere Saal ist eng bestuhlt und laut.

■ **De Wadden,** Dorpsstraat 61.

Das dunkle Holz strahlt Wärme aus, und manchmal brennt Feuer im offenen Kamin. In der Mitte des gepflegten

Restaurants kann man an der Bar auf einen Tisch warten. Die Grill- und Fleischgerichte für f 25-40 werden mit generösen Beilagen serviert.

■ **Scalini,** Dorpsstraat 83.

Ergattern Sie sich einen Platz auf der herrlichen Terrasse hinter dem Haus über den Gärten des Dorfes mit Blick aufs Watt. Bei Schlechtwetter servieren junge Leute die Pizzen um f 15 im grottoartig mit rauhen, weißen Wänden dekorierten Restaurant. Die Küche haut niemanden vom Stuhl, doch gemütlich ist der Italiener alleweil.

■ **Herbergh van Flielant,** Dorpsstraat 105.

Für feierliche Angelegenheiten laden die Vlieländer ihre Liebsten gerne in die »Herberge« mit ihrem etwas vornehmen Flair ein. Neben den Lammspezialitäten bietet die Speisekarte eine schöne Auswahl an Fleisch- und Fischgerichten für gut f 30.

■ **Lutine,** Dorpsstraat 114-116.

Das Korbstuhldekor im großräumig eingerichteten Eßcafé wirkt ebenso frisch wie die Salate am Buffet. Vegetarier finden hier die beste Auswahl, aber auch die übrigen Gerichte sind für rund f 20 preiswert.

Nachtleben

Vlielands Nachtleben kann man nicht verpassen, denn es spielt sich, wen erstaunt es, zwischen dem Anfang und dem Ende der Dorfstraße ab. Man läßt sich einfach von Tür zu Tür treiben. Gegen 2 Uhr früh ist Feierabend.

■ **De Zeebaert,** Dorpsstraat 63.

Den ersten Drink kann man sich in der geselligen Bar des Wadden-Hotels genehmigen. Am langgezogenen Holztresen ist von 17 bis 18 Uhr *Happyhour*. In der Saison drängelt sich das Publikum manchmal auch um eine Liveband.

■ **De Zeeman,** Dorpsstraat 84.

Nicht nur die Jüngsten kommen auf ein Spielchen Pool, Billard oder Darts vorbei. In der *Happyhour* von 17 bis 18 Uhr wird natürlich geölt, aber Espresso und Cappucino munden. Hie und da spielt eine Band.

■ **Oorlam,** Dorpsstraat 83.

Schräg gegenüber dem »Seemann« steigt man die Treppe hoch ins urige Brauncafé, wo Darts gespielt wird.

■ **Disco De Stoep,** Dorpsstraat 81.

Im Keller des Café *Oorlam* dröhnt in der Saison ab halb zwölf der Discosound in diesem unspektakulären Tanzlokal. Vorne an der ovalen Bar gibt's bis in die frühen Morgenstunden Großandrang, doch zum Tanzen sind die Leute nicht immer aufgelegt. Der hintere, mit seinen Sitzgruppen mehr als Dancing eingerichtete Teil, füllt sich selten.

■ **Bruintje Beer,** Dorpsstraat 90.

Wieder über die Straße, ist der winzige »Braunbär« oft gerammelt voll. In guter Stimmung wird auch mal ein Lied gegrölt. Die *Happyhour* gilt ebenfalls ab 17 Uhr.

■ **Lutine,** Dorpsstraat 116.

Letzte Bastion ist die größte Bar mit Pooltisch und etwas gelangweiltem Publikum.

Naturschutzgebiete

Seit 1929 gelten im Westen der Insel 1800 ha als Naturreservat, das aus Dünengebieten, dem 200 ha großen Kroons- und Stuifpolder wie der Sandplatte Vliehors besteht. Vlieland bezieht sein Trinkwasser noch ausschließlich aus den Dünen und hat keine Leitung

124 Oost-Vlieland

zum Festland. Bitte gehen Sie sorgsam damit um.

■ **Kroonspolder:** Zwischen 1905 und 1922 wurden vier Polder an der schmalsten Stelle zwischen der Insel und der Sandbank Vliehors eingedeicht. Doch das Projekt war kein Erfolg. Das nach dem zuständigen Beamten der Wasserwerke benannte Gelände blieb unfruchtbar. Deshalb wurden 1967 die Kooge unter Naturschutz gestellt, was etwa fünfzig Arten Seevögel das Brutgebiet sichert. Die berühmtesten Besucher sind die südlichsten Kolonien der Eiderente.

Als der deutsche Ornithologe *Otto Leege* 1906 erstmals ein Eiderentennest auf Vlieland entdeckte, war das eine kleine Sensation. 1925 brüteten bereits ein Dutzend Eiderentenpaare auf der Insel. Inzwischen kommen rund 1500 Paare jedes Jahr nach Vlieland und weichen seit einigen Jahren auch auf die Nachbarinseln aus. Vermutlich stammen viele Eiderenten von der Halbinsel Ellenbogen auf Sylt, von wo sie in den letzten Jahren durch den steigenden Druck der Badegäste fast vollständig abgewandert sind. Während der Mauser im Juli legen die Eiderenten ihr Federkleid und sogar die Schwungfedern ab und verbringen die Zeit schwimmend auf dem Wattenmeer. Im Oktober folgt eine letzte Erneuerung der Federn.

Um die Vögel nicht beim Brüten zu stören, ist der Kroonspolder von Mitte März bis Mitte September nur im Rahmen von Exkursionen des Naturmuseums zu besichtigen.

■ **Möwendüne:** Im Norden des Kroonspolders dehnt sich über 380 ha das Vogelschutzgebiet in der Dünenlandschaft aus. Zum Ende der Brutzeit, nach dem 15. Juli, ist das Gebiet wieder frei zugänglich.

■ **Vliehors:** Der Westzipfel Vlielands besteht aus nichts als Sand, der zu skurrilen Formen und fantastischen Gebilden zusammen und wieder auseinander geblasen wird. Nur bei Nordweststurm oder Springflut liegt die Sandplatte unter Wasser. Nicht ganz zu vereinen mit dem Status »Naturreservat« läßt sich die Tatsache, daß das Gebiet zu militärischen Zwecken genutzt wird. Von Mai bis August und während der Herbst- und Weihnachtsferien wird zwar nicht geschossen; Flugübungen finden jedoch das ganze Jahr statt. Der Zutritt ist nur an Wochenenden erlaubt. Sollten Sie sich als Strandjutter probieren, denken Sie daran, daß Fundsachen explosiv sein können. Eine Alternative, den Westzipfel kennenzulernen, bieten besagte Ausflüge mit dem *Vliehors-Expreß*.

■ **Entenpferche:** Zwischen dem Dorf und dem Vliehors liegen vier Wäldchen, von denen zwei für das Einfangen wilder Enten angelegt wurden. Die *Oude Eendekooi* liegt im kleinsten Waldstück und ist erst nach dem 15. Juli frei zugänglich. Auf dem 1898 künstlich geschaffenen Weiher lockten einst zahme Enten ihre wilden Schwestern und Brüder an, die dann gefangen und verkauft wurden. Seit 1956 ist das alte Waldstück ein Naturreservat, wo viele Vögel getrost im Weiher baden können. Die *Nieuwe Kooi,* östlich der alten, wurde zwar auch als Entenfangplatz eingerichtet, ist aber nie in Betrieb genommen worden, obwohl die Fanginstallationen noch erkennbar sind. Dafür eignet sich die Weiherlandschaft hervorragend, um Singvögel und unterschiedlichste Enten zu beobachten. Insgesamt kann man auf Vlieland knapp hundert Vogelarten beobachten.

Terschelling

Lange Zeit war Terschelling geteilt in drei Inseln: Ganz natürlich wanderte im Westen die Sandbank Noordvaarder, der heutige *Groene Strand,* immer näher zur Hauptinsel, und im Osten wuchs die damals öde Sandfläche *De Boschplaat* nach dem Bau eines Deiches erst in unserem Jahrhundert mit Terschelling zusammen. Fast so wie die Landmassen, waren auch die Insulaner während Generationen in drei Lager gespalten: Jene, die im Westen bei West-Terschelling lebten, die in der Mitte aus der Umgebung von Midsland, und die anderen im Osten bei Oosterend. Die Dörfer lagen weit mehr als die gut sechs und acht Kilometer auseinander. Jede Dorfgemeinschaft sprach ihren eigenen friesischen Dialekt, jede der drei Gesellschaften sang ihre eigenen Lieder und tanzte ihre eigenen Reigen dazu. Daß sich die drei Lager höchst ungern durch Heirat miteinander vermischten, versteht sich.

So wie die Insel im Laufe der Zeit zu einer Einheit zusammenwuchs, so wurden auch die Unterschiede zwischen den Bevölkerungsgruppen immer unbedeutender. Und spricht man die Insulaner heute auf den alten Zwist an, schmunzeln sie höchstens verlegen: »Ach, das ist aber mehr als zwanzig Jahre her.«

Noch weiter zurück liegen die Jahrhunderte, während denen Terschelling durch Kriegsmachenschaften immer wieder seinen Besitzer wechselte. Die ersten Insulaner waren um die letzte Jahrtausendwende vermutlich Mönche, wie auf Vlieland. Schriftlich festgehalten wurde die Existenz der Insel aber erstmals im Jahre 1296. Bereits 1374 wurde Terschelling durch einen Streit zwischen Holland und Friesland vollständig zerstört. Ohne selbständig entscheiden zu können, sollte Terschelling auch in Zukunft mehrmals in seiner Zugehörigkeit zu Holland oder Friesland schwanken. So verkaufte etwa *Karl von Aremberg* das Eiland 1615 an die holländischen Staaten. Zu Beginn des 19. Jahrhunderts regierte Friesland über die Insel, doch zu Napoleons Zeiten fiel sie durch einen königlichen Beschluß 1814 wiederum der Provinz Nordholland zu. Die deutsche Besatzung schlug Terschelling 1942 einmal mehr zum Verwaltungsgebiet Friesland, was 1951 vorläufig definitiv gesetzlich verankert wurde.

Den Insulanern fiel es schwer, sich mit der friesischen Zugehörigkeit abzufinden, denn in Friesland verdiente ein Angestellter damals bedeutend weniger als ein Arbeiter in Nordholland. Mit der Zunahme der anreisenden Urlauber und der Abnahme der ökonomischen Probleme verlief der Widerstand jedoch im Sand des Nordseestrandes. Gleichwohl erzählen die Insulaner noch heute, wenn sie das Festland besuchen, daß sie nach Friesland fahren. Denn sie selbst betrachten sich als »Schylger«, so wie Terschelling im Volksmund *Skylge* (oder *Schylge*) genannt wird.

Wie die übrigen Watteninseln lebte Terschelling lange Zeit von und mit der See, erlebte Aufschwung und Krisen parallel zu Erfolg und Mißerfolg von Schiffahrt und Fischerei, bis der

Tourismus zur wichtigsten Einnahmequelle aufstieg. Im Gegensatz zu den anderen Inseln werden auf Terschelling aber nach wie vor echte Seemänner ausgebildet. Die *Hogere Zeevaartschool Willem Barentsz* wurde 1918 gegründet und bezog 1966 ihren heutigen Sitz auf dem *Dellewal,* wo Schiffsingenieure und Steuermänner ausgebildet werden. An manchen Tagen weht davor stolz die knallbunte Flagge Terschellings, deren Farbgebung genauestens begründet ist: *Rood zijn de daken* (rote Dächer). *Blauw is de lucht* (blaue Luft). *Geel zijn de halmen* (gelbe Halme). *Groen is het gras* (grünes Gras). *Wit is het zand* (weißer Sand). *Dit zijn de kleuren van Schellingerland* (das sind die Farben von Schellingerland).

Das Stryper Weibchen

Während des Handelskrieges um die Ostindischen Kolonien zwischen Holland und England litten die Seefahrer stark unter den Kriegswirren, weil ihre Fischerflotten immer wieder beschossenen wurden und die üblichen Handelswege versperrt waren. Schlimmer noch arteten die direkten Attacken auf die strategisch wichtigen Inseln aus.

Beim Angriff auf die Insel 1666 gingen im Hafen von West-Terschelling zahlreiche Handelsschiffe ebenso in Feuer und Flamme auf wie das Städtchen selbst, von dem gerade noch ein paar Häuser übrig geblieben waren. Beflügelt von seinem vernichtenden Schlag, machte sich der britische Befehlshaber Holmes mit seinem Trupp auf den Weg zu den übrigen Inseldörfern, die in dichtem Seenebel lagen. Kurz bevor die Soldaten Midsland erreichten, entdeckten sie verschwommen in der Ferne einige undefinierbare Gestalten. Sie fragten eine Alte, die am Wegrand stand, was das denn sei. Und das Stryper Weib soll geantwortet haben: »DAAR STAAN ZE BIJ HONDERDEN, MAAR ZE LIGGEN ER BIJ DUIZENDEN – DA STEHEN SIE ZU HUNDERTEN, ABER SIE LIEGEN DORT ZU TAUSENDEN«. Dem tapferen Heer war ziemlich bange, denn es glaubte, der Feind liege so zahlreich auf der Lauer. Fluchtartig verließen die Engländer die Insel.

Die gute Alte jedoch, sie hatte vom Stryper Totenacker gesprochen, der noch immer an der Hauptstraße vor Midsland liegt. Ihr Standbild, einige hundert Meter davor, zeigt sie wegweisend am Straßenrand.

Süße, rote Cranberries

Der Nordwestwind tobte in einer Nacht des Jahres 1839 über die See und schmiß alles, was auf den Wellen ritt, über den Strand. Der Strandjutter *Pieter Sipkeszoon Eupido van Kinnum* rieb sich die Hände, als er ein vielversprechendes Faß entdeckte, war aber völlig frustriert, als sich der Inhalt offenbarte: Statt Whisky dümpelte eine dickflüssige, rote Sauce im Faß. Pieter soll den Tank mit einem Fußtritt umgestoßen haben, und die Flüssigkeit versickerte im Boden. Seither ist Terschelling einer der wenigen Flecken in Europa, auf der wilde Cranberries, amerikanische Preiselbeeren, gedeihen.

Weil die eingemachten Früchte monatelang haltbar sind, dienten sie zu Zeiten der Seefahrt als Vitaminvorrat gegen Skorbut. Der Name soll auf das englische *crane,* den Kranich, Bezug nehmen, weil der gebogene Blütenstengel dem Hals des Vogels gleicht. Die

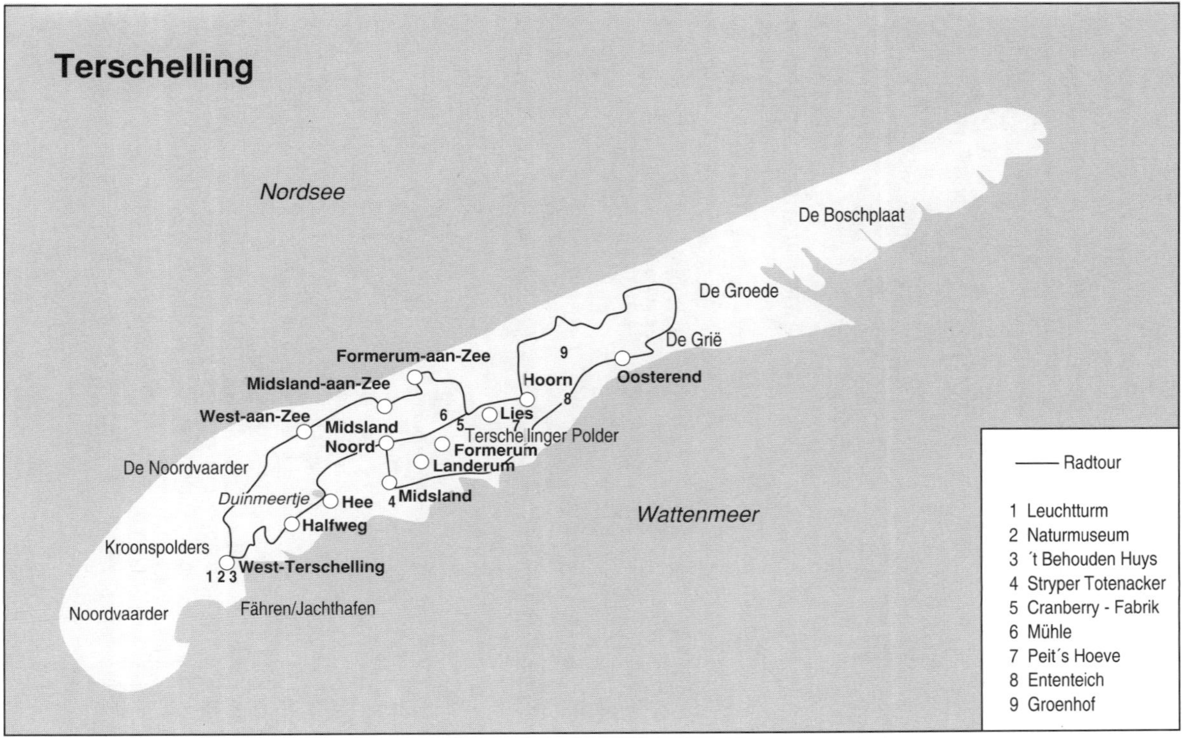

Terschelling

Nordsee

Noordvaarder

De Noordvaarder

Kroonspolders

Fähren/Jachthaten

West-aan-Zee

Midsland-aan-Zee

Formerum-aan-Zee

Duinmeertje

1 2 3 West-Terschelling

Hee

Haltweg

Midsland Noord

4 Midsland

Landerum

Formerum

Terschellinger Polder

6

5 Lies

Hoorn

8

Oosterend

9

De Griē

De Groede

Wattenmeer

De Boschplaat

——— Radtour

1 Leuchtturm
2 Naturmuseum
3 't Behouden Huys
4 Stryper Totenacker
5 Cranberry - Fabrik
6 Mühle
7 Peit's Hoeve
8 Ententeich
9 Groenhof

Terschellinger nennen die Moosbeeren *beike,* und verdauen sie als Kompott, Marmelade, Wein, Likör oder Sirup, die es natürlich, hübsch abgepackt, überall zu kaufen gibt. Auch dieser Tage noch kommen Cranberry-Produkte ohne Konservierungsmittel und Farbstoffe aus. In Formerum kann man die lokale Cranberry-Fabrik besichtigen.

Die ausgesprochen durstige Pflanze gedeiht in den wuchtigen Dünenhügeln von Terschelling. Nur wenn sie bis spät im Frühjahr im Wasser steht, blühen Mitte Juni die rosafarbenen Blüten. Anfangs September sind die tiefroten Beeren reif, die später auch zwischen dem allgegenwärtigen Cranberry-Kuchen klemmen. Da die Dünen unter Schutz stehen, dürfen Cranberries nicht kultiviert werden. Die Ernte ist entsprechend schwer kalkulierbar. Das freie Pflücken der Beeren ist schon seit 1886 verboten, denn die Felder sind verpachtet. Um die Jahrhundertwende machte Vlieland übrigens einen Versuch, die Stauden auch auf ihrer Insel anzupflanzen – allerdings mit wenig Erfolg.

Hessel, der Watteneiland-Troubadour

Das Volk vor dem *Brandaris* lallt die holländische Schnulze begeistert mit. Hessel spielt seine Gitarre wie ein Rock'n Roll-Star, animiert gekonnt sein Publikum und genießt den tobenden Applaus. Nach dem Konzert auf dem Dorfplatz in West-Terschelling scharen sich die Teenager um Hessel. Einige Girls strecken ihm keck den Jeanspo entgegen, damit er darauf seine Signatur verewige. Der Musiker spielt mit, strahlt auf den Souvenirfotos fast so breit wie die glückseligen Mädchen in seinen Armen. The Show is over. Ich kriege keine Unterschrift, dafür einen Termin in der *Groenen Weide,* Hessels Pub in Hoorn, in dem er allabendlich spielt.

Das Konzert im Dorf war eine Aktion gegen übermäßigen Alkoholkonsum, erklärt mir Hessel van der Kooy später. Nicht, daß der Sänger und Wirt etwas gegen lustige Abende hätte, doch zu viel Trinken findet er blöd: »Weil es überhaupt nicht amüsant ist, wenn die Leute im Suff aggressiv werden.« Der unkomplizierte Star betrachtet sich als glücklichen Menschen, weil er keine Drogen brauche, um sich *high* zu fühlen. Okay, die Musik, das sei seine Droge, schwenkt der spitzbübische Mann im gestreiften T-Shirt ein.

Etwas trunken machen ihn denn auch seine Konzerte auf dem Festland, zu denen er immerhin 10.000 Fans anzulocken vermag. Ohne das Publikum, sein Klatschen und Pfeifen, würde ihm die Musik nur halb so viel Spaß machen. Die Arbeit im Studio, wenn die Songs entstehen und für Platten aufgenommen werden, machen dem Musiker mehr Mühe, denn die Wände reagieren nicht. Das Geheimnis seines Erfolges sieht er in der Mischung von Schlager und Rock, die im Gegensatz zur computerisierten Musik der achtziger Jahre das Gefühl vermittelt, daß eben Menschen die Klänge erzeugen. Bands wie »Guns en' Roses« und »Red Hot Chilli Pepper« reiten seiner Meinung nach auf derselben Welle.

Natürlich träumt der Ehrgeizige davon, eines Tages weltberühmt zu werden oder zumindest einen Song zu schreiben, der sich um den Erdball dreht. An dem Tag, an dem er zufrieden mit seinem Erfolg ist, will er die Gitarre jedenfalls weglegen.

Terschelling: Zu Hessels Konzerten auf dem Festland reisen Tausende Fans an ▶

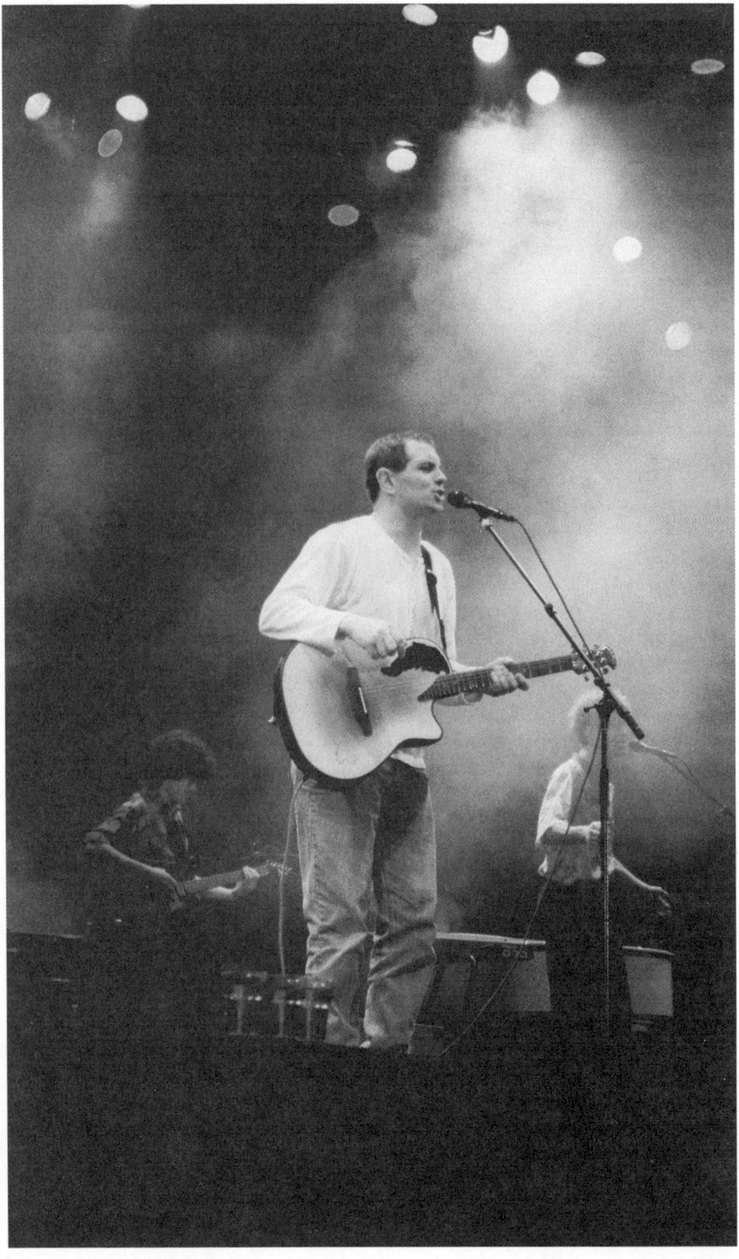

Die ersten Griffe hatte ihm als Zwölfjährigen sein Cousin beigebracht, und als Hessel sechzehn war, übernahm er von zwei alten Damen sein heutiges Pub, wo er mangels Kundschaft am Anfang viel Zeit zum Üben hatte. Schließlich kamen doch noch Gäste ins Lokal, die gerne zuhörten, so daß Hessel nach sieben Jahren selbstsicher eine erste Scheibe auflegte. Bis zum zweiten Album verstrichen weitere sieben Jahre. Aber dann ging alles ziemlich schnell, und die Band reiste zu Konzerten in die mächtigen Hallen des Festlandes. Der inzwischen knapp Vierzigjährige hat seine eigene Marketing- und Produktionsfirma; die CD's läßt er über das Vertriebsnetz einer großen Plattenfirma laufen. Seine vierte Scheibe ist in Vorbereitung.

Eingebildet oder blasiert wirkt der Sänger aber nicht. »Auf Terschelling sind die Leute glücklicherweise so kühl und gelassen, daß ich schön brav auf dem Boden bleibe oder zumindest nach jedem Höhenflug wieder darauf lande.« Seine reizende Tochter Sanne, die mit uns am Tisch sitzt, hat schon mehr Mühe mit dem Erfolg ihres Papas. Für sie ist er zwar ein ganz normaler Typ mit Vor- und Nachteilen. Bei ihren Teenagerfreunden kann sie aber selten sicher sein, ob die nun ihretwegen so freundlich sind oder weil sie eine Unterschriftenkarte von ihrem Vater wollen.

Als kleiner Junge empfand Hessel seine Insel als Paradies. Es gab in der Natur Platz genug zum Raufen, im Sommer kamen massenweise neue Kinder zum Spielen, und den Winter verbrachte man mit gemütlichem Nichtstun. »Als Teenager wird man dagegen vor eine ziemlich wichtige Entscheidung gestellt«, sinniert der Virtuose. »Wer eine höhere Schule besuchen und später Karriere machen will, muß zum Festland gehen, wo zur Zeit auch meine zweite Tochter studiert.« Auf Terschelling kann man beruflich nur direkt oder indirekt in den Tourismus einsteigen. Wichtiger als die Karriere sind Hessel dennoch die Gesundheit – »Was nützt mir eine Million, wenn ich Krebs habe?« –, ein verläßlicher Freundeskreis und eine mehr oder weniger saubere Umwelt. Auf Terschelling hat der Sunnyboy seine eigene Welt kreiert, so wie sie ihm gefällt. Würde sie aus irgendwelchen Gründen zerbröckeln, zögerte Hessel nicht, woanders sein kleines Imperium aufzubauen.

Orientierung

Zwanzig Kilometer vor dem Festland liegt zwischen Vlieland und Ameland die zweitgrößte Watteninsel. Ihre 10.000 ha verteilen sich auf eine Länge von dreißig Kilometern und eine Breite von maximal fünf Kilometern. In der Hochsaison gesellen sich bis zu 20.000 Feriengäste zu den 4.600 Einheimischen. Die Fähre legt im Hafenstädtchen *West-Terschelling* an, von wo viele Badegäste auf dem Hoofdweg Richtung Osten nach *Midsland, Formerum, Hoorn* oder *Oosterend* weiterreisen. Nachdem der Inseltourismus um 1958 so richtig in Schwung kam, entstanden hinter den Dünen des Nordseestrandes die Ferienhäuschen-Satelliten *West-aan-Zee, Midsland-aan-Zee* und *Formerum-aan-Zee*.

An- und Rückreise

Vom reizvollen Hafenstädtchen Harlingen unterhält die Reederei *Doeksen* einen Fährbetrieb und einen Schnellbootdienst nach Terschelling und nach Vlieland. Vorsicht also, in welches Schiff Sie einsteigen. Autos werden bei frühzeitiger Reservierung für f 17.50 pro halben Meter transportiert. Die Fähre braucht rund eineinhalb Stunden für die Überfahrt und kostet hin und zurück rund f 35; Kinder bis 12 Jahre zahlen die Hälfte. Einzelfahrkarten werden keine verkauft. Hunde und Fahrräder kosten um f 15.

Das Schnellboot braucht nur 50 Minuten und kostet für Erwachsene f 30. Es werden auch Einzelstrecken verkauft. Wer schon eine Fahrkarte für die Fähre hat, kann einen Zuschlag von f 7.50 für das Schnellboot bezahlen. Ein exklusives Erlebnis ist die Fahrt in der ersten Klasse, wo man Panoramasicht hat.

Zudem besteht eine direkte Schiffsverbindung zwischen Vlieland und Terschelling.

■ **Information:** Rederij Doeksen, Willem Barentszkade 21, 8880 AA Terschelling West. Fähre Tel. 05620-2770; Schnellboot Tel. 05620-3220; Autotransport Tel. 05620-6111, geöffnet von 8.30-12 und 13-16.15 Uhr.

■ **Fähre Harlingen-Terschelling:** täglich um 10.05, 15.05 und 19.50 Uhr, mit wenigen Abweichungen in der Nebensaison.

■ **Fähre Terschelling-Harlingen:** täglich um 7.30 (Ausnahme Montag 7 Uhr), 12.35 und 17.35 Uhr; in den Wintermonaten gibt es kleine Abweichungen.

■ **Schnellboot Harlingen-Terschelling:** von Mai bis Juni um 12.20 und 18.20 Uhr, zudem Dienstag bis Samstag 9.20 Uhr. Von Juli bis April täglich um 12.20 und 18 Uhr sowie bis September von Dienstag bis Samstag um 9 Uhr via Vlieland mit einer Fahrzeit von 80 Minuten.

■ **Schnellboot Terschelling-Harlingen:** von Mai bis Juni jeweils Dienstag bis Samstag um 7.30 und 10.30 Uhr, Sonntag und Montag um 10.30 und 16.30 Uhr. Von Juli bis April dienstags bis samstags um 7.45 und täglich 16.45 Uhr. Bis September auch täglich via Vlieland um 10.30 Uhr.

■ **Vlieland-Terschelling:** Das Schnellboot braucht 20 Minuten für die direkte Überfahrt von Insel zu Insel und kostet hin und zurück f 17 bzw. f 9 für die Einzelstrecke. Von Vlieland startet das Boot von Juli bis September montags um 9 und 19.30 Uhr sowie von Dienstag bis Samstag um 10 und 19.30 Uhr. In der übrigen Zeit nur am Montag um 10 und 19.30 Uhr.

Von Terschelling zurück nach Vlieland geht's von Montag bis Samstag um 10.30 und 19 Uhr. In der Nebensaison ebenfalls nur montags um 9 und 19 Uhr.

■ **Jachthafen:** West-Terschellings *Rijkshaven* gehört dem Staat und ist gratis zugänglich, was im Hochsommer viel Andrang mit sich bringt. Die Terschellinger hoffen, daß der Hafen bis in ein paar Jahren an die Gemeinde übergeht, um mit Kontingenten oder Platzmieten den Ansturm besser kontrollieren zu können. Es hat sanitäre Anlagen und Frischwasser. Information: Tel. 05620-3337, werktags 9-10, 13-14 und 19-20 Uhr.

Inselverkehr

■ **Fahrrad:** Es fahren auf der Insel 8000 Mieträder, deren Fahrer sich an den sogenannten *paddestoelen,* diesen niedrigen weißen »Pilzen« an jeder Kreuzung, orientieren. Insgesamt kann man 60 Kilometer Radwege abstrampeln, wobei die Distanzen auf Terschelling kurzweilig erscheinen. Da die Fähre bei West-Terschelling anlegt, kann man von hier gleich losradeln.

■ **Fahrradvermietung:** Für rund f 8 pro Tag für ein normales Fahrrad in *West-Terschelling:* Willem Barentszkade 15, Tel. 2178; Torenstraat 10, sowie 36 und 49. – *Midsland:* Westerburen 20, Tel. 8704. – *Formerum:* Nr. 39-41, Tel. 8165. – *Lies:* Noordhoeksweg 45. – *Hoorn:* Dorpsstraat 14 und 92, Tel. 8743 und 8662.

■ **Bus:** Zwischen West-Terschelling und Oosterend verkehren die Busse unregelmäßig alle ein bis zwei Stunden. Ihr Fahrplan ist auf jenen der Fähre abgestimmt, wobei sie unterwegs auch mal halten, wo es kein offiziellen Busstop gibt. Ein Superservice und auch sehr gefragt ist der Nachtbus mit der letzten Abfahrt um 2.15 Uhr in West-Terschelling und um 1.45 Uhr ab Oosterend, im Juli/August täglich, ansonsten Freitag- und Samstagnacht.

■ **Taxi:** Tel. 9111. Gruppen bis 8 Personen können Extrafahrten chartern.

■ **Auto:** Man kann sein Auto bei Bedarf mit auf die Insel bringen. Tankstellen hat es in Midsland, Hoofdweg 5 (auch sonntags von 11-12 Uhr geöffnet), in Landerum Nummer 12 und in Hoorn, Dorpsstraat 14.

Praktische Hinweise

■ **Telefon-Vorwahl für Terschelling:** Tel. 05620-...

Vorsicht: In ein, zwei Jahren sollen die lokalen vierstelligen Rufnummern mit einer fünften Ziffer ergänzt werden, die vor die alte Nummer gestellt wird.

■ **Auskunft:** *VVV,* Willem Barentszkade 19a, 8880 AA West-Terschelling, Tel. 3000, Mo-Fr 9-12 und 13-17 Uhr, Sa 11-13 und 16-17 Uhr. Das Büro liegt gegenüber dem Fährhafen. Der Verkehrsverein veröffentlicht das Informationsblatt *De Sjouw* mit aktuellen Hinweisen in Holländisch. Pro Jahr entstehen auch vier Ausgaben des *Terschelling Magazine* mit Hintergrundinfos in Holländisch.

■ **Notalarm:** Polizei, Feuerwehr und Ambulanz Tel. 06-11, rund um die Uhr.

■ **Polizei und Fundbüro:** *West-Terschelling:* Longway 19, Tel. 2280, Mo-Fr 9.30-11.30 und 14-17 Uhr. – *Midsland:* Kallandspad 6, Tel. 8732.

■ **Ärzte:** *West-Terschelling:* P.S. Smit, J. de Voslaan 8 (Hintereingang Hotel Europa), Tel. 2181. – *Midsland:* D.F. van Schie, Oosterburen 51, Tel. 8703, am Wochenende Tel. 8222. – In Notfällen wird ein Helikopter für den Transport zum Festland eingesetzt.

■ **Zahnärzte:** *West-Terschelling:* J.M. Smit, Pr. Margrietlaan 11, Tel. 2760. – *Hoorn:* J. Boerma, Dorpsstraat 64, Tel. 8270.

■ **Tierarzt:** W. de Haan, Westerdam 12, Midsland, Tel. 8400.

■ **Öffnungszeiten:** In der Vor- und Nachsaison sind die meisten Läden von 9-12.30 und 14-18 Uhr sowie samstags bis 17 Uhr geöffnet, wobei einige Geschäfte Mittwoch nachmittag schließen. Von Juli bis September kann

man von 8.30-18 Uhr durchgehend einkaufen. Freitag abend bleiben viele Läden bis 21 Uhr geöffnet.
■ **Postbüros:** *West-Terschelling:* Burg. Reedekerstraat 19, Mo-Fr 9.30-12.30 und 14.30-17.30 Uhr, Sa 9-12 Uhr. – *Midsland:* Das Amt liegt nahe der Kirche am Heereweg 3, Mo-Fr 9.30-12 und 15-17.30 Uhr. – *Hoorn:* Winzig ist der Ableger an der Dorpsstraat 57, Mo-Fr 9-12 und 14-17.30 Uhr.
■ **Banken:** *West-Terschelling:* Beim Leuchtturm Rabobank, Mo-Fr 9-12 und 14-16 Uhr, Do zusätzlich 19-20 Uhr. Zwei weitere Banken an der Ausfahrtsstraße Burg von Heusdenweg. – *Midsland:* am Ostende von Midsland, Oosterburen 70, Mo-Fr 9-12 und 14-16 Uhr, Do auch 19-20 Uhr.
■ **Bibliotheken:** *West-Terschelling:* Torenstraat 15, Di und Fr 15.30-17.30 Uhr, Do 10-12 Uhr. – *Midsland:* Heereweg 3, Mo, Mi und Fr 15.30-17.30 Uhr. – *Hoorn:* im Dorpshuis de Stoek, Dorpsstraat 54, Fr 16.30-17.30 Uhr, in der Saison auch Mo und Do 16.30-17.15 Uhr.
■ **Zeltvermietung:** Auch für Gruppen bei *Primakamp,* Tel. 8583.

Inselkalender

■ **Burebier:** Mit einem Getränk aus warmem Bier, Branntwein und braunem Zucker stoßen die Einheimischen im Januar von alters her auf den Abschluß ihrer Jahresrechnung an. Inzwischen nutzen die Insulaner den Anlaß, um Dorfangelegenheiten zu besprechen.
■ **Sloepen-Roei-Rennen:**
Am Wochenende nach Christi Himmelfahrt, also Ende Mai/Anfang Juni, fahren etwa 100 Schaluppen in rund vier Stunden vom Harlinger Hafen nach West-Terschelling um die Wette. Am nächsten Tag starten in West-Terschelling Segelboote zu einem 16 Seemeilen langen Rundkurs.
■ **Meibranden:** Für Jugendliche ist das Maifeuer am Ersten des Monats ideale Gelegenheit, sich näherzukommen. Denn nach alter Tradition dürfen die Burschen den Mädchen das Gesicht mit Holzkohle schwarz einfärben.
■ **Schuttevaer-Rennen:** ein Sportereignis, das als Kombination von Segeln, Radfahren und Langstreckenlauf in der zweiten Juni-Woche stattfindet.
■ **Oerol-Festival:** Landesweit berühmt ist dieses zehntägige Kulturfestival, das in der dritten Juni-Woche beginnt und seit 1981 nicht als Massenereignis, sondern als Ereignis mit massenweise Attraktionen jedes Jahr turbulenter wird. Die Wechselwirkung von Natur und Kultur verleiht dem Festival seinen besonderen Reiz. Podien für Konzerte, magische Nächte, Zirkus, Theater, Skulpturen und Ballet sind der Groene Strand und der Strand bei Midsland-aan-Zee, die Weiherlandschaft um das Duinmeertje in Hee, die Manege *De Barrage* und das Kulturzentrum *ET 10* in Midsland Noord. Der Zutritt zu einzelnen Veranstaltungen kostet nichts bis f 20. Natürlich feiert man nachts bei Livemusik in den Kneipen weiter. Es gibt Extrafahrten mit der Fähre und spezielle Tagesarrangements. Programm und Ticketvorverkauf beim *VVV.*
■ **Sint-Jan-Fest:** Am 25. Juni, dem Tag des Heiligen Johannes, laufen Bauernpferde und Ponys in der Dorfstraße von Midsland um die Wette.
■ **Tag des Pferdes:** Ende Juli organisiert der Reitverein eine Trabkunstshow mit Ringstechen.

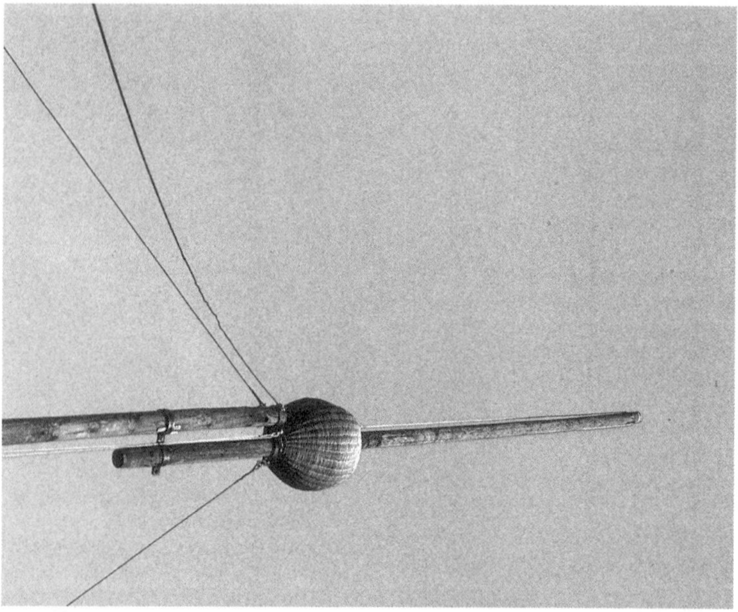

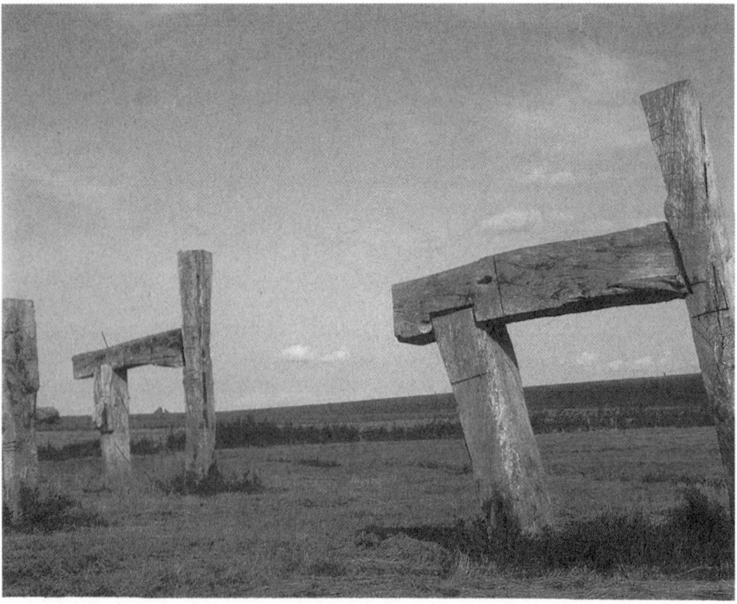

- **Musikfestival:** Während einer Woche im September werden zahlreiche Konzerte mit klassischer Musik veranstaltet.
- **Sint Maartenfeest:** Am 11. November ziehen die Kinder mit Laternen aus ausgehöhlten Rüben durch die Dörfer.
- **Sunderum:** Ähnlich wie auf Ameland verkleiden sich die Männer am 6. Dezember und gehen singend durch Midsland, wo an jeder offenstehenden Tür Schnaps ausgeschenkt wird. In Hoorn und Oosterend wurde vereinbart, daß erst nach der Demaskierung um 22.30 Uhr getrunken wird.

Kulturelles

- **Volkstänze:** Es ist typisch für Terschelling, daß es drei Tanzgruppen gibt, die überzeugt sind, daß ihre Reigen keinesfalls miteinander zu verwechseln sind. Bei schönem Wetter zeigen sie ihre Künste in West-Terschelling jeden Dienstag um 20 Uhr hinter dem Naturmuseum, in Midsland im Kulturzentrum *ET 10* und in Hoorn jeweils dienstags um 20 Uhr hinter der Druckerei *Eilandpers,* Dorpsstraat 57.
- **ET 10,** Heereweg 40, Midsland Noord, Mo-Fr 10.30-18 und 20-24 Uhr, Sa 15.30-17.30 und 18.30-24 Uhr.

Das Freizeitzentrum zeigt Kino- und Dokumentarfilme in Originalfassung, organisiert Vorträge und Programme für Kinder und bietet jeden Donnerstag um 20.30 Uhr eine zweistündige Diashow über Terschelling.
- **Dorpshuis De Stoek,** Dorpsstraat 54, Hoorn, Mo-Fr 10.30-12 Uhr.

Im Juli und August werden zahlreiche Aktivitäten wie Töpfern, Basteln und Spielen für Kinder zwischen 5 und 12 Jahren organisiert.
- **Fischmarkt:** In der Hochsaison, täglich von 15-18 Uhr, frische Nordseefische am Fusse des Leuchtturms.

Sport und Spiel

Wassersport

- **Segeln:** Großereignis für jeden Segler ist das *Sloepen-Roei-Rennen,* siehe »Inselkalender«.

Mitsegeln kann man in der Saison jeden Montag und Samstag von 9-17 Uhr für f 25 pro Kopf über das *Koffiehuis 't Wakend Oog,* Tel. 2371.

Einiges übers Segeln erfährt man auch während eines Törns für f 40 mit der *Vaerderij* in Lies 40, Tel. 9089.
- **Surfen:** An der Wattenmeerküste, wo die lange Mole den Jachthafen von West-Terschelling schützt, sieht man die meisten Surfer. Bei Lies befindet sich ein Anleger des Wassersportvereins für geübte Surfer. Sicher auf dem Brett muß man auch auf der Nordsee, zwischen Palen 9 und 10, sein.
- **Kanufahren:** Dreistündige Kanufahrten auf dem Wattenmeer mit Begleitung und Instruktionen für f 35 pro Person bietet *De Vaerderij* in Lies 40, Tel. 9089.

PERRY'S OUTDOOR SPORT, Sportlaan 5 beim Schwimmbad von West-Terschelling, offeriert dasselbe, Tel. 2257.
- **Angeln:** Zum Fischen fahren mehrere Kutter: Die *MS Petra* bucht man über den Zigarrenladen Stobbe, Torenstraat 14 in West-Terschelling, Tel. 2384 und 2227. Ein halber Tag kostet f 12.50, der ganze Tag f 25.

Früher wurde der Bastball am Masten hochgezogen, um die Landarbeiter über Zeit und Gefahren zu informieren. Der letzte »Sjouw« steht in Hoorn

◀ *Ein Vermächtnis des jährlich veranstalteten Oerol-Festivals steht nahe Oosterend (s. S. 144)*

Die *MS Zeebars* läuft in der Saison jeden Tag für mehrere Stunden zum Fischen aus. Am Dienstag und Donnerstag gibt's zusätzliche Fahrten abends von 19-23 Uhr und, als besonderes Erlebnis, Samstag nacht von 22-6 Uhr früh. Buchungen über Tordelenweg 10, Hoorn, Tel. 8379.

Das *Koffiehuis 't Wakend Ooog*, Tel. 2371, organisiert im Sommer jeden Montag und Freitag halbtägige Angelfahrten für f 12.50, am Dienstag und Donnerstag den ganzen Tag für f 25.

Angelzubehör erhält man am Dorfende Formerum 20, Tel. 8552.

■ **Badestrände:** 30 km lang und bis zu 1 km breit ist Terschellings feiner Strand, der mit 28 Pfählen in einem Abstand von einem Kilometer markiert ist. Bewacht wird der Strand zwischen Pfahl 8 und 12. Ein Teil des Westzipfels Noordvaarder wird von Pfahl 0 bis 3 zu militärischen Zwecken genutzt und darf bei gehißter roter Fahne nicht betreten werden. Strandpavillons gibt es auf der Höhe der Strandmarkierungen 8, zwischen 11-12 und 14-15 sowie 18. Nacktbaden ist überall erlaubt, solange man die anderen Urlauber nicht damit nervt. Schön zum Planschen ist auch der Dünenweiher bei Hee.

Schwimmbäder/Sauna/ Solarium

■ **De Dôbe,** Sportlaan 5, West-Terschelling, Juli/August Mo-Fr 10-21 Uhr, Sa-So 13-17 Uhr. Ansonsten wechseln die Öffnungszeiten.

Das Freiluftbecken im Wald hinter dem Dorf ist seit Jahren geschlossen, doch im Hallenbad vergnügt man sich zwischen tropischem Gewächs unter dem regnenden Pilz, auf der 50 m langen Wasserrutsche und im Sprudelbad. Das Wasser hat angenehme 28°C. Eintritt je nach Saison f 6-10, Kinder bis 17 Jahre f 5-7.

■ **Hotel Thalassa,** Heereweg 5, Midsland, Tel. 8850, täglich ab 11 Uhr.

Das Hallenbad mit Sauna und Dampfbad wird auch von Gästen besucht, die nicht im Hotel wohnen, und kostet f 15 für zwei Stunden.

■ **Sauna Terschelling,** De Ruyterstraat 11, West-Terschelling, Tel. 2022.

Nach Voranmeldung für maximal acht Personen Sauna und Dampfbad für f 16.50. Danach sonnt man sich auf der Terrasse oder ruht im Entspannungsraum.

Reiten

In den Wäldern und Dünen wurden Reitwege angelegt, die durch weiße Pfähle gekennzeichnet sind. Die Stunde kostet um f 20.

■ **Manege De Barrage,** Dorpsstraat 102, Hoorn, Tel. 8452.

Pferdeliebhaber können in der Pension gleich übernachten.

■ **Pony Centrum de Prairie,** Formerum, Tel. 8612.

Am Badweg zum Formerumer Strand werden auch Reitsportveranstaltungen wie Ringstechen und Showlaufen organisiert.

■ **Terpstra,** Dorpsstraat 20, Hoorn, Tel. 8837.

■ **Stoeterijk Musarrindill,** Kooiweg 1, Hoorn, Tel. 8146.

■ **Familie Lok,** Landerum Nr. 9, Tel. 8188.

■ **Stal Hek,** Hee Nr. 10, Tel. 2591.

Tennis

Nach telefonischer Anmeldung kann man bei beiden Anlagen für f 10 pro

Terschelling 137

Platz und halbe Stunde spielen. Es gibt auch Rackets zu mieten.
■ **Tennisbaan,** Sportlaan 2, West-Terschelling, Tel. 2409, 9-12 und 13.30-18 Uhr.
Von Mitte April bis Mitte September drei Sandplätze und ein Hartplatz nahe dem Schwimmbad »De Dôbe«.
■ **Tennisbaan Camping Tjermelân,** Tel. 9981, 9-22 Uhr.
Zwischen Hoorn und Oosterend, beim gleichnamigen Zeltplatz.

Verschiedenes

■ **Wandern:** Insgesamt wurden 36 Kilometer Natur- und Wanderpfade angelegt, die durch farbige Pfähle gekennzeichnet sind. Die roten Pfähle starten in West-Terschelling und in Midsland-Noord und sind 4 km lang. Die blau gekennzeichneten Wege sind 5 und 6 km lang. Beim *VVV* sind mehrere Wegbeschreibungen für Naturpfade durch den Forumerbos und durch die Dünen von Midsland erhältlich.
■ **Fitneßcenter feel fit,** Burgemeester Mentzstraat 23, West-Terschelling, Tel. 2462, Mo-Fr 17-21.30 Uhr, Sa 16.30-18.30 Uhr sowie Di, Do und Sa 9.30-11.30 Uhr.
Kraft- und Konditionstraining, Bodybuilding und Sportmassage.
■ **Handbogenschießen:** Nach Anmeldung erhält man bei der *Vaerderij* in Lies 40, Tel. 9089, eine zweieinhalbstündige Lektion für f 30.
■ **Schlittschuhlaufen:** Am westlichen Waldrand des Hoornse Bos gefriert der Hêdreders Weiher öfters zu einer glatten Eisfläche.
■ **Drachensteigen:** Material und fertige Flieger gibt's bei *De Vlieger Inn,* Torenstraat 26, West-Terschelling, und bei *In de Wolken,* an der Dorfstraße in Midsland.

Spiele

■ **Fair Play,** Verlengde Boomstraat 3, West-Terschelling.
In diesem Spielsalon kann man sich an Flipperkästen, einarmigen Banditen und sonstigen Maschinen amüsieren.
■ **Minigolf:** Das Vergnügen kostet für Erwachsene um f 5. Kinder haben Vergünstigung bei der Imbißbude neben der Koffiemolen in Formerum, wo täglich von 10 bis 23 Uhr gespielt wird; zudem beim Camping Cnossen am Hoofdweg 8, in West-Terschelling, täglich von 10-22 Uhr.
■ **Pool/Billard:** Bei *Bornholm,* Hoofdweg 6, West-Terschelling, täglich von 12-24 Uhr für f 10 pro Tisch und Stunde.
■ **Bowling:** Ebenfalls bei Bornholm, nahe der Pizzeria Isola Bella, für f 25 pro Bahn und Stunde.

Ausflüge

■ **Kutschenfahrten:** Vor allem Gruppen und Familien haben ihren Spaß an den beiden Touren, die jeweils um 9.30 Uhr in Hoorn starten. Die *Tocht 1* führt durch den Hoornse Bos über den Nordseestrand zu den Tweede Duintjes im Boschplaat und kostet f 20, für Kinder bis 8 Jahre f 12.50. Die *Tocht 2* für f 25 und f 15 geht durch den Boschplaat ganz in den Osten bis zum Ameländer Gatt. Reservierung und Start beim *Huifkarbedrijf Rients Terpstra,* Dorpsstraat 20, Hoorn, Tel. 8837.
■ **Busrundfahrten:** In Mai, Juni und September kann man in gut zwei

Stunden eine Inselrundfahrt machen, die am Dienstag und Freitag um 13.30 Uhr am Hafen in West-Terschelling startet. Kosten f 15, Kinder bis 9 Jahre f 10. Kartenverkauf beim Zigarrenladen »Stogge,« Torenstraat, oder an Bord.

■ **Geführte Rundgänge:** Wenn die Möwenkolonie während der Brutzeit von Mitte März bis Mitte August nicht frei zugänglich ist, organisiert die Forstverwaltung dreimal wöchentlich eine gut einstündige Exkursion. Unter sachkundiger Leitung gibt es außerdem pflanzenkundliche Führungen durch die Naturgebiete Boschplaat und Noordvaarder sowie Fahrradtouren, Wattwanderungen und Besichtigungen der Hoorner Eendenkooi. Ein historischer Rundgang führt durch West-Terschelling. Erklärungen werden in Holländisch gegeben, doch die Leiter nehmen Rücksicht auf Deutschsprachige. Teilnahmekarten für rund f 3 verkauft das *VVV-Büro.*

Fahrradtour

Wer Terschelling in einem Tag umradeln will, sollte frühzeitig aufstehen, um in Ruhe die Gegend auszukosten und sich die schönsten Flecken zu merken, zu denen man in den folgenden Tagen zurückkehren möchte.

Die Tour beginnt in **West-Terschelling,** wo man vom Leuchtturm über die **Brandarisstraat** und den **Parnassiaweg** am kleinen **Seemannsfriedhof** am Waldrand vorbei radelt. An der Kreuzung der geteerten Straßen fährt man nach rechts in die **West Aleta Laan** und gleich wieder links in den Wald, Richtung Schwimmbad und Tennisplatz. Mitten im Holz zweigt ein Fahrradweg rechts ab und folgt nach einer starken Kurve dem Waldrand bis zum idyllischen Weiher **Duinmeertje Kruls Plak,** der etwa auf der Höhe von Hee liegt. Hier lohnt es sich, das Fahrrad kurz stehenzulassen, um den herrlichen Ausblick von der 30 m hohen **Arjensdüne** über die ganze Insel zu genießen. Der **Duinweg** führt dann durch die feuchte Wiese des **Kooibosjes** mit seinen wilden Orchideen und mündet schließlich im **Heereweg,** zwischen Midsland-aan-Zee und Midsland Noord.

Vom eigentlichen Dorf **Midsland** erreicht man über die Hauptstraße den **Stryper Friedhof** und rollt auf dem Radweg in den **Terschellinger Polder,** östlich von **Seeryp,** wo Austernfischer mit ihren auffallend roten Schnäbeln den Weg kreuzen. Bei der **Hoorner Kooi** wurden früher wilde Enten gefangen. Wie das vor sich ging, kann man während einer geführten Besichtigung erfahren. Kurz nach dem Wäldchen endet der Radweg an der Hauptstraße, die durch **Oosterend** führt. Bevor der Hoofdweg am Deich endet, fallen rechter Hand urige Holzkonstruktionen im Polder auf, die als Vermächtnis des Oerol-Festivals eine von *Klaas Kamphuis* geschaffene Gruppe von Pferden darstellen. Direkt hinter dem Deich liegt die heutige Gruppenunterkunft **Wierschuur.** In früheren Jahren wurde darin Seegras getrocknet, das als Füllmaterial für Matratzen begehrt war. Am Rande des **Boschplaat** verläuft der Radweg nun Richtung Nordsee und zweigt nach Westen, wieder ins Landesinnere ab. Nun kommt der anstrengendste Teil der Radtour gegen den Wind sowie auf und ab durch die Dünen.

Lange Zeit ließen die Bauern ihr Vieh auf den Dünen grasen, was zu Kahlschlag und schließlich zu Verwehungen führte, bis die Forstverwaltung um die Jahrhundertwende die Aufsicht der Schutzwälle übernahm. Die Begeisterung der Bauern blieb aus, als Teile des kostbaren Landes mit Bäumen bepflanzt werden sollten. Doch von diesem Widerstand ist im **Hoornse Bos** längst nichts mehr zu spüren. Zu den anfänglichen Kiefern haben sich inzwischen üppige Laubbäume gesellt. Ein kurzer Abstecher Richtung Meer lädt zu einer Verschnaufpause beim Strandpavillon ein.

Mitten durch den Wald geht der Radweg direkt auf **Hoorn** zu. Parallel zur Hauptstraße verläuft der Radweg zum **Formerumer Bos,** der zwischen 1920 und 1935 angelegt wurde. Von hier führen zwar nicht alle Weg nach Rom, aber immerhin mehr oder weniger direkt zum bewachten Nordseestrand, zwischen den Strandmarkierungen 11 und 12. Bis **Midsland Aan Zee** ist es ein Katzensprung. Über **West Aan Zee** und den **Longway** gelangt man zurück nach West-Terschelling.

West-Terschelling

Schon von der Reling der Fähre betrachtet, hängt über Terschellings Hauptort der gewisse Charme eines südlichen Hafennestes, das am Rande einer weiten Sandbank hockt. Zwar fehlen die alten Fischer, die mit dem Flicken von Netzen beschäftigt sind, doch die bunten Jachten im Hafen, auf denen die Wäsche an der Leine hängt, und die Spannung bei jeder Ankunft und Abfahrt der Fähre vermitteln West-Terschelling durchaus dieses vorwiegend südliche Gefühl der Leichtigkeit des Seins. Die 4000 Einwohner nennen ihr Verwaltungszentrum kurz »West«.

An der Westseite des Hafens stehen einige Kanonen, die nicht vermeiden konnten, daß das französische Schiff *Lutine* 1793 in englische Hände fiel. In der Sturmnacht vom 9. Oktober 1799 sank der Frachter vor Terschelling. Über 100 Mann ertranken ebenso wie die Goldladung, die auf dem Weg von Yarmouth nach Hamburg war. Die Versicherungsgesellschaft »Lloyd's« in London schätzt den damaligen Verlust auf 1.5 Millionen Pfund Sterling. Doch findige Schatzsucher haben einen Großteil der Münzen und Barren bereits in den Jahren 1800 und 1850 gehoben. Trotzdem brachte ein Bagger 1938 noch eine Goldbarre und die eben erwähnten Kanonen zum Vorschein.

Nach dem Großangriff der Briten 1666, als bis auf den Leuchtturm und die Kirche das ganze Dorf abgebrannt worden war, war es offensichtlich für die Inselkapitäne Mode, die neuen Wohnhäuser aus dem charakteristisch gelben Backstein mit Treppengiebeln zu versehen. Hing damals in der Commandeurstraat ein kleiner Anker am Giebel, bedeutete dies, daß der Kapitän gerade wieder mal zu Hause war. Noch immer stehen vor einigen Häusern sogenannte *stoeppalen,* steinerne Pfeiler mit familientypischen Ornamenten, wie man sie auch auf dem Stryper Totenacker sieht. Vom Hafen führt die Rathausstraße nach Norden zum Leuchtturm mitten durch das Dorfzentrum und bildet mit den parallel und quer verlaufenden Gassen vor allem an regnerischen Tagen eine lebhafte Einkaufs- und Bummelzone.

An der Hauptstraße nach Midsland passiert man *Halfweg* heute quasi ein Vorort von West, der im 17. Jahrhundert »Stattum« hieß und aus einigen Höfen bestand. Als Ableger, direkt hinter den Dünen an der Nordsee, ist *West-aan-Zee* bei Pfahl 8 mit dem gleichnamigen Strandhotel gewachsen.

Sehenswertes

■ **Leuchtturm Brandaris:** Als ältester »Vuurtoren« Hollands wurde der Brandaris 1594 im heutigen Dorfkern von West erbaut. Obwohl der quadratische, gut 45 m hohe Turm nicht als architektonische Glanzleistung zu bezeichnen ist, haben ihn Volksdichter in zahlreichen Liedern und Geschichten verewigt. Bevor 1907 elektrisches Kunstlicht die ölbetriebenen Lampen ersetzte, hatte der Turm eine Glocke und eine Uhr, die aus Platzmangel nach Domburg verkauft wurden. Man kann den Leuchtturm nicht besichtigen, weil er zu einer der modernsten »Verkehrszentralen« am Wattenmeer ausgebaut wurde und über den Kanal 2 laufend informiert. Seine Lichtfinger zeigen bis 53 Kilometer weit über die Umgebung.

■ **'t Behouden Huys,** Commandeurstraat 32. Apr-Okt Mo-Fr 9-17 Uhr, in der Hochsaison zudem Sa 9-17 Uhr, im Winter nur während der Ferienzeit; Zutritt um f 5.

Interessant ist der Besuch dieser zwei aneinandergebauten Kommandeurshäuser von 1688 schon, obwohl aus den holländischen Erklärungen leider nicht jedermann schlau wird. Benannt ist das 1954 gegründete kulturhistorische Museum nach dem »erhaltenden Haus« auf Nova Zembla, in dem der berühmte Seefahrer *Willem Barendsz* und seine Mannschaft überwinterten. Wie so ein Kapitän lebte, wenn er in der Heimat war, sieht man im Wohnzimmer mit der Schlafkoje aus der Jahrhundertwende. Auch allerlei Volkskunst gibt es zu bestaunen. Im oberen Stock werden Fotos von den ersten Badegästen in Strandkarren gezeigt, und über den verwinkelten Hof kommt man ins Gebäude, das sich auf zwei Etagen der Seefahrt widmet.

■ **Natuurmuseum en Zeeaquarium,** Burg. Reedekerstraat 11, Apr-Okt Mo-Fr 9-17 Uhr, Sa-So ab 14 Uhr; f 6, Kinder bis 11 Jahre f 4.50.

Das Zentrum für Natur und Landschaft ist in der ehemaligen Dorfschule untergebracht und dokumentiert im ersten Saal die Entstehungsgeschichte Terschellings leider nur in holländischer Sprache. Spannender gestaltet ist die Fauna-Ausstellung, wo man auf Knopfdruck lernen kann, wie welcher Vogel singt oder woran seine Silhouette am Himmel zu erkennen ist. Ausgestopfte Seehunde und Kaninchen sind aus der Nähe zu betrachten, und die Muschelkollektion verrät den Namen gefundener Prunkstücke. Zudem erfährt man, was alles auf Terschelling gedeiht und blüht. Das 40.000 Liter Wasser fassende Aquarium vermittelt einen Eindruck, wie es in der Nordsee aussehen könnte.

Unterkunft

Hotels/Pensionen:

Haustiere sind fast in jedem Hotel willkommen. Und zum Hallenbad »de Dôbe« offerieren viele gratis Zutritt.
■ **Nap,** Torenstraat 55, 8881 BH, Tel. 3210, Fax 3315.

Hinter der weiß gestrichenen Fassade mitten im Dorf verbergen sich kom-

---

Der Jachthafen von Terschellimg ist ein beliebter Ankerplatz während einer Tingeltour durchs Wattenmeer.
Als die Insulaner im 17. Jahrhundert durch den Walfang reich wurden, entstanden die Kommandeurshäuser in West-Terschelling ▶

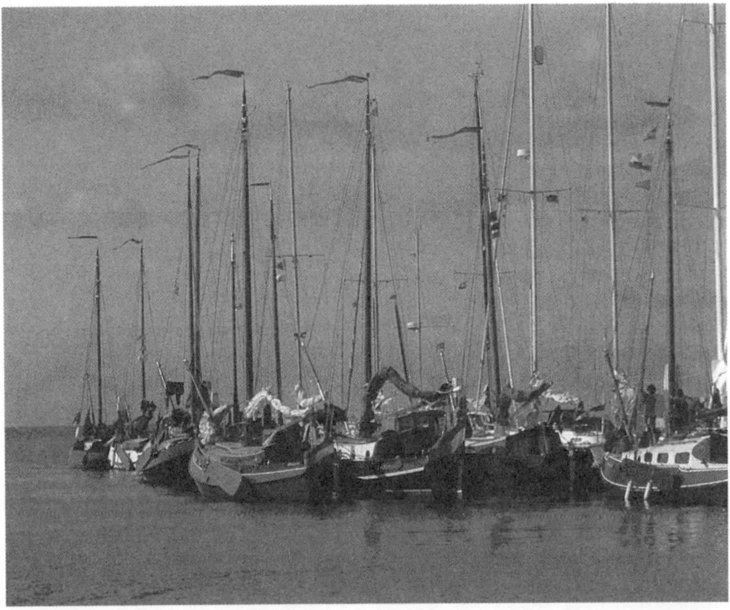

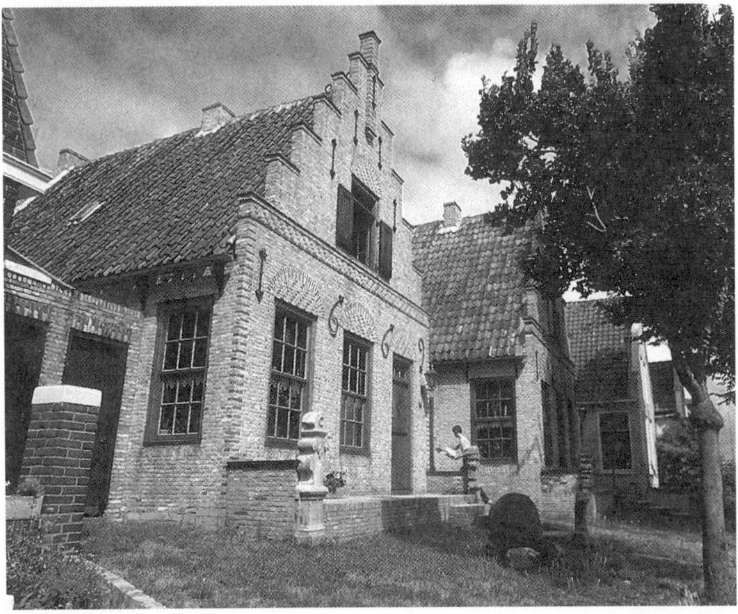

fortable, praktische Zimmer, die meisten mit Bad, TV/Telefon für f 65-85 pro Nase und Nacht. Ganz exklusiv ist die Brandarissuite, mit Sprudelbad und Ausblick auf den Leuchtturm. Verpflegung gibt es in den beiden Restaurants.

■ **Lutine,** Boomstraat 1, 8881 BS, Tel. 2194.

Schräg gegenüber dem Platz verfügt dieses konventionelle Hotel über 20 Doppelzimmer mit und ohne Bad für preiswerte f 40-50, HP für f 60-70. In der Café-Bar gibt es auch kleine Snacks.

■ **Buren,** Burg. Mentzstraat 20, 8881 AL, Tel. 2226.

An einer ruhigen Dorfstraße; einfache und bequeme Zimmer mit Bad für 2-3 Personen. Die Einzel- und Mehrbettzimmer haben die Dusche auf dem Flur. Hinter dem Haus kann man im Garten sitzen. Preise pro Nacht f 40-65.

■ **De Wadden,** Burg. Reedekerstraaty 13, 8881 BZ, Tel. 2685.

Das Hotel-Garni im hübschen, grünweißen Haus liegt nahe dem Naturzentrum und kostet im Doppelzimmer ohne eigenes Bad f 30-35.

■ **De Holland,** Molenstraat 5-7, 8881 BR, Tel. 2302.

Ein stimmungsvolles kleines Haus nahe dem Hafen; Zimmer ohne und mit Bad, zum Teil im Parterre für f 35-55; HP für f 55-75 wird nebenan im Eßhäuschen *Messroom* serviert.

■ **Europa,** Europalaan 35, 8881 EJ, Tel. 2241, Fax 3125.

Hinter dem Dorf im Wald überzeugt das größte Hotel nicht gerade durch seine Architektur. Zum Teil sind die 84 Zimmer aber für Rollstühle eingerichtet, und auf Wunsch wird vegetarisch gekocht. Die Lage zwischen Dorf und Strand ist an sich gut. Die Preise schwanken zwischen f 35-75. Längerbleibende erhalten Vergünstigung.

■ **Dellewal,** Burg. van Heusdenweg 42, 8881 EE, Tel. 2305.

Die Pension liegt, ideal für Surfer, 100 Meter von der Bucht und eineinhalb Kilometer vom Hafen entfernt. Vor dem Haus gibt es eine Bushaltestelle, in der Nähe Tennisplätze und das Schwimmbad. Man kann sich im Garten sonnen oder an der Bar einen Drink nehmen. Einige Zimmer liegen ebenerdig, und zum Teil haben sie ein Badezimmer. Die Übernachtung kostet f 40-55.

■ **Hotel Paal 8,** Badweg 4, 8881 HB West-aan-Zee, Tel. 9090.

Auch nicht im Dorf, sondern attraktiv hinter den Dünen im kleinen Satelliten-Badeort liegt dieser schmucklose Bau. Der Ausblick von der Lounge über den Nordseestrand ist fantastisch. Die Zimmer sind einfach mit Dusche/WC bis luxuriös mit eigenem Balkon und kosten f 50-80. Man kann Halb- oder Vollpension für f 70-105 buchen. Ende Oktober geht das Hotel in Winterschlaf.

■ **Bornholm,** Hoofdweg 6, 8881 HA, Tel. 2266, Fax 2277.

Eineinhalb Kilometer außerhalb des Hauptortes, am Waldrand Richtung Midsland, sind die Zimmer in einem länglichen Bau aneinandergereiht und haben einen Gartensitzplatz, wobei man schnell mit den Nachbarn in Kontakt kommt. Die meisten Zimmer sind mit TV/Telefon und Bad ausgerüstet. Kosten f 40-60, auch HP.

Für Gruppen:

■ **NJHC-Herberge,** Burg. van Heusdenweg 39, 8881 EE, Tel. 2338, Fax 3312.

Einzigartig direkt am Watt und am Rande des Jachthafens; man kann verschiedenste Zimmer für 1-16 Personen für f 20-25 pro Nacht mieten, auf Wunsch mit Verpflegung. Gesellig sind die immense Sonnenterrasse und die Bar der 1991 restaurierten Jugendherberge. Auch für Rollstühle zugänglich.

■ **Dellewal,** Burg. van Heusdenweg 10, 8881 EB, Tel. 2602, Fax 3384.

Wo der gleichnamige Campingplatz liegt, finden im freundlich eingerichteten Kampierhof von März bis Oktober 80 Personen in Räumen zu 12-26 Betten Platz. Bettwäsche muß man mitbringen. Dafür ist die Küche voll ausgerüstet. Grundtarif ab 45 Personen f 10 pro Nacht, bei VP knapp f 30.

■ **West End,** Hee Nr. 3, 8882 HC, Tel. 2714.

Nahe dem Dünenweiher zwischen West und Midsland können in diesem prächtig umgebauten Hof bis zu 70 Personen übernachten. Pro Saal schlafen 8-12 Leute, dazu gibt es 3 Doppelzimmer. Pro Person mit Frühstück kostet die Nacht knapp f 20, mit VP um f 30.

Camping:

■ **Dellewal,** Burg. van Heusdenweg 10, Tel. 8881 EB, Tel. 2602, Fax 3384.

Angenehm nahe beim Dorf, am Rande des Jachthafens, kann man von März bis Oktober im Zelt (f 4-6) für rund f 5 pro Kopf (Kinder f 2.50) übernachten, Camper f 6. Zum Einkaufen muß man einen Kilometer ins Dorf fahren. Es gibt auch keine Kantine.

■ **Cnossen,** Hoofdweg 8, 8881 HA, Tel. 2321.

Zwei Kilometer vom Dorf entfernt im Landesinneren liegt, in mehrere Partien aufgeteilt, dieser Platz für Zelte und Caravans. Es gibt einen Laden, eine Cafeteria und eine Minigolfbahn. Für Gruppen besteht die Möglichkeit zu kochen. Grundtarif f 5, Zelt f 4-6, Caravan f 6 pro Nacht; Elektrizität inbegriffen.

■ **Landzicht,** Hoofdweg 10, 8881 HA, Tel. 2023.

Nicht weit vom Cnossen zahlt man die gleichen Preise wie beim Nachbarn. Allerdings gibt es weder einen Laden noch eine Kantine. Geöffnet von März bis Oktober.

Etwa drei Kilometer von West-Terschelling entfernt, im Weiler Hee, liegen mehrere Campingplätze. In der Nähe findet man eine Pizzeria und eine Pferdevermietung. An besonders schöner Lage, rund 500 m vom Watt und 3 km vom Strand entfernt, liegt das Duinmeertje, ein Weiher, in dem man baden und fischen kann.

■ **Schittrum Eldorado,** Hoofdweg 18, 8881 HA, Tel. 2632.

An der Hauptstraße nicht besonders attraktiv gelegen und vorwiegend von Campern besetzt. Preis pro Wohnwagen f 3 und pro Person um f 4. Es hat einen Laden und ein Waschsalon.

■ **Cupido,** Hee Nr. 8, 8882 HC, Tel. 2219.

Direkt am Weiher; Zelte und Camper sind getrennt am Rande der Hecken plaziert, so daß in der Mitte der Felder Platz zum Spielen bleibt. Ein Laden ist vor Ort. Grundgebühr pro Gast, Camper oder Zelt je f 4.

■ **De Riesen,** Hee Nr. 7 a, 8882 HC, Tel. 2948, Fax 8981.

Ebenfalls am Rande des Weihers; man zahlt pro f 5.50, wobei Kinder bis 2 Jahre gratis sind. Das Zelt kostet f 4-7, Camper f 7 und Elektrizität happige f 4. Ist dafür das ganze Jahr geöffnet und bietet außerhalb der Schulferien 20 % Ermäßigung. Es gibt auch luxuriöse finnische Holzbungalows mit Wohn- und Badezimmer, 2-3 Schlafzimmern, Gartensitzplatz, Zentralheizung und Küche zu mieten (f 300-1100 pro Woche). Zur Infrastruktur gehören Waschsalon und Cafeteria.

Verpflegung

■ **Zeezicht,** Willem Barentszkade 20.

Unübersehbar und andererseits bester Aussichtspunkt auf das Treiben am Fährhafen ist die großzügige Terrasse vor dem ziemlich edlen Grand-Café. Das Interieur ist in sanften Farben gehalten und lockt bei Schlechtwetter zu Kaffee und Kuchen. Die Speisekarte bietet vorwiegend Fischspezialitäten.

■ **Windows,** Raadhuisstraat 3.

Spaziert man neben der Zeezicht durch die Gasse ins Dorf, fallen an der Ecke die großen Fenster dieses von tropischen Gewächsen überwucherten Lokales auf. *Windows* möchte denn auch seiner Kundschaft einen Blick auf die Inselkultur erlauben, in dem Ausstellungen von lokalen Künstlern gezeigt werden. Die abwechslungsreiche Karte bietet Fleisch- und Fischgerichte um f 30.

■ **Moustache,** Boomstraat 37.

Ein recht gemütliches Lokal mit soliden Holztischen und ausgezeichneten Sparribs um f 25. Wer gerne Aal ißt, hat hier Gelegenheit, ihn gebraten oder in Weinsauce geschmort für knapp f 30 zu bestellen.

■ **Pickwick's,** Torenstraat 19.

Auf die preiswerten Grillspezialitäten in diesem kleinen Steakhouse an der Hauptmeile schwören die Insulaner. Auch die Feriengäste stürmen das Lokal, so daß man zur Hauptessenszeit im Sommer Mühe hat, einen Tisch zu ergattern.

■ **Chinese Muur,** Voorstraat 22, täglich 11-22.30 Uhr.

Gegenüber der Hema werden in typischer Umgebung Spezialitäten aller vier chinesischen Küchen sowie indische Rezepte so ab f 25 geboten.

■ **De Heksenketel,** Willem Barentszstraat 1.

Mit Pofferties (süßes, kleines Pfannkuchengebäck) und natürlich Pfannkuchen in allen Varianten sowie Pizzen kann man sich für wenig Geld den Bauch füllen.

■ **Pizzeria Isola Bella,** Hoofdweg 17, ab 13 Uhr.

Zwischen West-Terschelling und Hee, in Halfweg, bietet der nicht ganz lupenreine Italiener die gleiche Karte wie in der *Grotta* in Midsland, mit vorwiegend schmackhaften Pizzen ab f 15. Allerdings kann man hier unter den Bäumen im lauschigen Garten sitzen oder sich bei Wind ins gemütliche Restaurant verziehen.

Nachtleben

Ob nun West-Terschelling oder Midsland das bessere Nachtleben bietet, wird wohl immer eine nicht sehr ernsthafte Streitfrage bleiben. Jedenfalls kann man sich in beiden Dörfern bis in die frühen Morgenstunden amüsieren. Wird es Zeit, ins Bett zu kriechen, kann man sich vom Nachtbus heimbringen lassen (siehe »Inselverkehr«).

■ **De Walvis,** Groene Strand.

Am Rande des Hafens, wo der Radweg zur Sandplatte Noordvaarder führt, liegt eines der schönsten Lokale der Watteninseln. Tagsüber kann man an der Fensterfront sitzen und sich bei

Kaffee und Kuchen am Blick aufs Meer erfreuen. Abends kommt man an der stimmungsvollen Bar schnell ins Gespräch, oder man sitzt gemütlich mit einem Cocktail (um f 10) im Korbstuhl unter den herrlich kitschig designten Lampen. Weil »der Walfisch« ein Strandpavillon ist, muß er von November bis März vorübergehend abgebaut werden.
■ **Lieman,** Westerbuurtstraat 27.

Auf dem Weg vom »Walfisch« ins Dorfzentrum kann man, nahe dem Heimatmuseum, in diesem kleinen, echt holländischen Café die Billard-Kugeln rollen lassen.
■ **De Braskoer,** Torenstraat 32, täglich 10-2 Uhr, Dancing ab 21 Uhr.

An der Hauptmeile im Dorf; vorne, im Pub, sitzt ein stark durchmischtes Publikum, hinten, in der modernen Disco, haben die Nachtschwärmer offiziell erst ab 16 Jahren Zutritt – doch die unschuldig tänzelnden und offensichtlich noch etwas unsicheren Jungs und Girls zählen maximal so viele Lenze. Immerhin üben die einen schon ganz gekonnt die Coolness der Erwachsenen an der Bar vor dem schreiend altmodischen Buffet.
■ **O.K.A. 18,** Molenstraat 17, täglich 14-2 Uhr.

Jene, die schon ein paar Jahre mehr auf dem Buckel tragen, gehen lieber in die Parallelstraße und träumen in diesem Schuppen zu Stones' *I can get no satisfaction* von der »guten alten Zeit«. Motorradfreaks und behäbige Typen hängen an der Bar herum.
■ **Dellewal,** Burg. van Heusdenweg 10.

Nicht direkt im Dorf, sondern am Jachthafen, nahe der Jugendherberge, tanzt und amüsiert sich das Volk an der Bar und im Dancing.

Midsland

Auf dem Weg von West-Terschelling nach Midsland rattert der Bus an zwei Ortstafeln vorbei: *Hee* besteht aus ein paar Campingplätzen, *Kaart* ist eine Ansiedlung von Häuschen, die teilweise Feriengäste aufnehmen.

In Midsland kann es durchaus vorkommen, daß nach Mitternacht mehr los ist als während des Tages. An der Hauptmeile Oosterburen, die von der 1880 erbauten Kirche durchs niedliche Dorf führt, reihen sich vorwiegend Cafés, Restaurants, Bars und Diskotheken in den historischen Giebelhäusern aneinander. Bei der Jungmannschaft ist der zweitgrößte Inselort entsprechend beliebt.

Genau betrachtet, liegt Midsland nicht mehr in der Inselmitte, seit der Boschplaat an Terschelling angewachsen ist. Als der Regierungssitz noch hier war, trug das Dorf den Namen »Schellinger Haagje«. Inzwischen hat sich auch Midsland eine Dependence am Nordseestrand zugelegt: *Midsland-aan-Zee* besteht aus einem Strandpavillon und Ferienhäuschen zwischen den Strandmarkierungen 10 bis 11.

Sehenswertes

■ **Stryper Totenacker**: Im silbernen Licht heller Vollmondnächte beeindruckt die Magie der schief stehenden *stoeppalen* auf dem Totenhügel am Hauptweg, etwas außerhalb Midslands, besonders. Die Grabsteine der Walfänger auf dem Totenhügel sind uralt und wunderschön. Der antikste trägt die Jahreszahl 1594, und der aufrechtstehende Grabstein im Renaissancestil stammt von 1676.

Ausgegrabene Scherben haben gezeigt, daß hier bereits um 900 nach Christus ein Grabfeld gelegen hatte. Es muß auch einst ein Gotteshaus von vier auf vier Metern dagestanden haben. Um das Jahr 1100 wurde der Totenhügel aufgestockt und eine Kirche aus Tuffstein darauf gestellt, die bis etwa 1600 mehrmals erweitert wurde. Die Kirche verschwand irgendwann von der Bildfläche, doch der Friedhof wurde noch im letzten Jahrhundert benutzt.

Von Frühjahr bis Herbst gibt es jeden Dienstag von 10.30-12 Uhr eine holländische Führung auf dem alten Friedhof.

Unterkunft

Hotels/Pensionen:

■ **Het Wapen,** Oosterburen 25, 8891 GA, Tel. 8801.

Ein unkompliziertes Dorfhotel mitten im Getümmel der Hauptmeile mit preiswerten Zimmern für f 35-40. Das Frühstück kostet zusätzlich f 6.

■ **De Haerdsteê,** Midslanderhoofdweg 11, 8891 GG, Tel. 8715.

Sauna, Sonnenbank und geheiztes Schwimmbad locken an den Rand der Hauptstraße, wo die ruhigen Zimmer für f 40-50 zum Teil ein eigenes Bad haben.

■ **Thalassa,** Heereweg 5, 8891 HS, Tel. 8850.

In Midsland-Noord, also auf dem Weg zum Strand, liegen die langgezogenen Bauten dieses Hotels mit komfortablen Zimmern, Dusche/WC für f 45-50, HP ab f 65. Das Haus strahlt keinen besonderen Charme aus, verfügt dafür über Restaurant, Bar, Disco, Sauna/Solarium, gewärmtem Freibad im Garten mit Spielwiese, Tischtennis und Indoor-Minigolf.

■ **Claes Compaen,** Heereweg 36, 8891 HT, Tel. 9073, Fax 8731.

Ein Kilometer vom Strand entfernt haben in dieser Pension alle 7 Zimmer ein Bad und einen Gartensitzplatz, der ein bißchen vor den Blicken der Nachbarn geschützt ist. Neben den Doppelzimmern gibt es Suiten für 4 Personen mit TV, Kühlschrank und Kaffeemaschine. Das Frühstück wird vor die Zimmertür gelegt. Kosten pro Nacht f 40-55.

■ **De Westerkeijn,** Landerum Nr. 5, 8893 HZ, Tel. 8808.

Ein klein bißchen die Atmosphäre eines Sanatoriums strahlt dieses weiß gestrichene Hotel aus, total im Grünen zwischen Midsland und Midsland-Noord. Die Zimmer ohne eigenes Bad kosten um f 40, HP ab f 55. Hotelterrasse und Garten sind enorm.

■ **De Witte Pauw,** Striep Nr. 6, 8892 HK, Tel. 8599.

Im kleinen Weiler auf der Höhe von Midsland, aber direkt am Wattenmeer, stolziert im Garten des Bauernhofes tatsächlich ein weißer Pfau herum. Gesellschaft leisten ihm Rehe, Schafe und Hühner. Schön ruhig gelegen, kosten die einfachen 9 Zimmer f 30 pro Gast und Nacht.

Am Rande von Midsland liegen drei Pensionen, die in familiärer Atmosphäre Zimmer mit Dusche auf dem Flur um f 35 vermieten. Alle drei haben einen Garten:

■ **Midsland,** Westerburen 30, 8891 GP, Tel. 9101.

Praktische Familienpension.

■ **De Berg,** Zuidmidslandweg 6, 8891 GH, Tel. 8896.

Stimmungsvoll mit Spielraum für Kinder. Haustiere sind nur hier willkommen.

■ **In de Witte Handt,** Westerdam 10, 8891 GM, Tel. 8937.

Romantisch anmutendes Haus, zum Teil mit Zimmern im Erdgeschoß. Auf Wunsch HP (auch Diät) ab f 45.

Camping:

■ **Irene Hoeve,** Oosterburen 79, 8891 GB, Tel. 9091.

Am Dorfrand gelegen und beliebt bei jungen Leuten mit Zelten und Gruppen, die auch Zelte mieten können. In der Kantine werden Snacks und Getränke angeboten. Bushaltestelle. Von Mai bis Mitte Oktober geöffnet. Man kann Hunde mitbringen. Kosten f 6, Auto f 2.50, Zelt f 2-5.

■ **Schuttersbos,** Dorreveldweg 12, 8891 NH, Tel. 8999.

Hinter den Dünen, am Waldrand von Midsland-Noord, gibt es großzügig Platz für Zelte und Camper. Es werden auch Trekkerhütten vermietet. Für bis zu 250 Urlauber hat es aber nur vier Duschen, um 22.30 Uhr muß bereits Ruhe sein, und die nächste Einkaufsmöglichkeit liegt fast einen Kilometer entfernt.

Verpflegung

■ **'t Witte Huuske,** Oosterburen 1.

Die Leute sitzen zwar gerne vor dem Lokal gegenüber der Kirche, aber eigentlich ist das Interieur mit den schönen alten Kacheln viel stimmungsvoller. Serviert werden kleine Gerichte wie üppig belegte Brote zu kleinen Preisen.

■ **Hans en Grietje,** Westerburen 4.

Pfannkuchen, Pfannkuchen und nochmals Pfannkuchen, in allen Geschmacksrichtungen, mit allen erdenklichen Zutaten und zu entsprechend unterschiedlichen Preisen verschlingt die Kundschaft; um die Ecke des Witte Huuske.

■ **Oud Hollands,** Oosterburen.

Traditionell holländisch ist die Einrichtung mit viel Holz, ebenso wie die Küche. Neben den üblichen Fleischgerichten gibt es eine gute Auswahl an Pfannkuchen um f 12.

■ **Pizzeria La Grotta,** Oosterburen 30.

In der Mitte der Dorfstraße gibt's im langgezogenen, weiß getünchten Kellerlokal mit altrosa Tischdekor gut 20 Pizzen zur Auswahl ab f 15 bis zu stolzen f 25. Gut schmecken auch die Spaghetti. Das Geschäft mit den italienischen Mahlzeiten rentiert offensichtlich; jedenfalls hat der Inhaber ein zweites Lokal in Hee.

Nachtleben

Weil in Midsland alles so schön beieinander liegt, kann man einfach von Haus zu Haus gehen. Gegen zwei Uhr früh leeren sich allmählich die Lokale:

■ **Kroeg de Stoep,** Oosterburen 5.

Der Besitzer, Joop Mulder, ist ein sehr aktiver Mensch, der in seiner geselligen Bar immer mal wieder etwas Spezielles organisiert, sei es eine *Caribian Night* oder auch bloß eine Band die spielt. Der Wirt ist übrigens Hauptinitiator des Oerol-Festivals – ein Spektakel, das jedes Jahr von neuem begeistert (siehe »Inselkalender«).

■ **'t Spyntje,** Oosterburen 12.

Schräg gegenüber ist die Stimmung locker sympathisch an der dominanten Bar, die fast das ganze Lokal ausfüllt und sowohl junge wie ältere Gäste anzieht. Der kleine Raum ist über und über mit Gemälden behangen, die Terschelling auf unterschiedliche Weise interpretieren.

- **De Dammesaan,** Oosterburen, ab 10 Uhr.
Man kommt, um Billard zu spielen oder eine der 30 Biersorten zu probieren.
- **Wyb,** Oosterburen 11.
Den größten Andrang gibt es in dieser Disco, obwohl (oder vielleicht gerade weil) sie als einzige Zutrittsgeld verlangt. Dem Türsteher fehlt es total an Charme, doch im schwitzenden Lokal steigt das Discofieber nichtsdestotrotz zum Siedepunkt. Die Disco ist das ganze Jahr geöffnet.
- **Het Wapen,** Oosterburen 25.
In der Disco des gleichnamigen Hotels ist selten viel los. Man hängt ein bißchen herum, nippt am Drink und geht zum nächsten Haus weiter.
- **Onder de Pannen,** Heereweg 22.
Auf dem Weg vom Dorf zum Dancing beim Hotel Thalassa lädt die gesellige Café-Bar zum Zwischenhalt ein. Am Tresen tauschen auch die Einheimischen neueste Neuigkeiten aus.

Formerum

Zum Ende des Mittelalters, gerade rechtzeitig, um bedeutender Seefahrer und Kartograph zu werden, kam Terschellings weltberühmter Sohn Willem Barentsz in Formerum zur Welt. Nach ihm benannt ist jener Teil des Polarmeeres, den er 1594 auf seiner vergeblichen Suche nach einer Nordostpassage durch die Arktis nach Asien passiert hatte. Immerhin entdeckte Barentsz. auf dieser ersten Reise Nova Zembla für Europa. Die strategisch so ersehnte Passage nach Indien blieb hingegen auch bei der zweiten Expedition 1595 unauffindbar. Unbeirrt brach der Seefahrer zu einer dritten Expedition auf, die ihn zur Bereninsel und zu den Spitzbergen führte, doch einen Durchgang zum anderen Kontinent war offensichtlich schon damals inexistent. Vielleicht führte diese Enttäuschung nach einer Notüberwinterung auf Nova Zembla den geschwächten Entdecker auf der Rückreise 1597 in den Tod.

Der Name Formerum bedeutet »vor dem Meer« und viele der Höfe an der Südseite des Dorfes sind fast so alt, wie Willem Barentsz. Geschichte. Die gelben Backsteingebäude haben ein hohes, zweiflügeliges Scheunentor, das von einem Vordach (skûntsje) gedeckt wird. So kann der Heuwagen zum Entladen in die Scheune fahren, was bei diesem ständigen Wind einige Vorteile hat.

Es wird Sie kaum überraschen, daß am Nordseestrand bei Pfahl 11 und 12 die künstlich geschaffene Siedlung *Formerum-aan-Zee* mit Strandpavillon, Apartment-Hotel und Hotel-Café liegt.

Sehenswertes

- **Cranberry-Cultuur Skylge,** Formerum 13.

Die Cranberry-Verarbeitungsfabrik kann man von Mai bis Oktober werktags um 13.30 Uhr, im Juli/August zudem um 15 Uhr besichtigen. Ein Film stellt die Beere in niederländischer Sprache vor und zeigt, wie die gepflückten Früchte nach Größe sortiert, die schönsten eingekocht und andere getrocknet werden. Der Rest landet in der Saftpresse. Bevor der Großeinkauf im Souvenirladen beginnt, hat man Gelegenheit, die Produkte zu goutieren. Den Wegweiser zur Fabrik übersieht man gerne. In der Kurve am Ostende Formerums muß man entlang dem Campingplatz auf den Naturpfad abzweigen.

Terschelling/Formerum

■ **De Koffiemolen**: Wo man heute Kaffee trinkt, wurde bis 1950 Korn gemahlen. Erstellt wurde die Minifabrik im 16. Jahrhundert in West-Terschelling, doch 1876 wurde sie an ihren heutigen Standort in Formerum versetzt.

Unterkunft

Hotels/Pensionen:

■ **Noordzeestrand,** Formerum aan Zee, 8894 KA, Tel. 8629.

Einmalig direkt am Strand, mit Ausblick auf die Nordsee, kann man in einfachen Zimmern (Bad auf dem Flur) für f 40-45 übernachten, HP ab f 50. Im Süden liegt die Sonnenterrasse.

■ **Willem Barendse-Hoeve,** Zuid 9, 8894 KH, Tel. 8767.

Das Landleben hautnah kennenlernen kann man auf dem Bauernhof der Familie Vis-Meijer, die Mitglied im Bêd & Brochje-Verband ist. Bett und Frühstück kosten knapp f 30, sei es im Einzel-, Doppel- oder Mehrbettzimmer. Haustiere sind willkommen. Im Winter geschlossen.

■ **Zonnehoek,** Formerum Nr. 65, Tel. 9868.

Die Zimmer, teilweise mit Bad und eigenem Eingang, kosten f 35-40. Um das hübsche Haus liegt ein Garten. Hunde sind willkommen.

Für Gruppen:

Die Kampierhöfe liegen etwa zwei Kilometer vom Nordseestrand sowie einen vom Wattenmeer entfernt. Sie sind, mit einer Ausnahme, das ganze Jahr geöffnet und verfügen über eine voll ausgerüstete Küche. Bettwäsche muß man selbst mitbringen. Haustiere sind, wieder mit einer Ausnahme, nicht willkommen. Pro Nacht und Person wird rund f 10 verlangt.

■ **Heit,** Landerum Nr. 30-32, 8893 GZ, Tel. 8477.

Einfaches Backsteinhaus für maximal 28 Personen in Zimmern zu 4-10 Betten. Auch mit Frühstück f 17 oder VP f 28.

■ **Jonge Jan,** Formerum Nr. 79, 8894KC, Tel. 8461.

Unter dem Schwanenpaar am Giebel nächtigen bis 60 Personen in einem Saal für 22 Leute sowie mehreren kleineren Zimmern. Kamin im Speisesaal. Tarife etwas höher als die anderen, mit Frühstück knapp f 20, VP f 26.

■ **Jort van Gossen,** Formerum Nr. 4, 8894 KE, Tel. 8562.

Romantischer Hof hinter der Mühle für 56 Gäste, die sich in Zimmern mit 6, 20 und 30 Betten aufteilen. Nur Selbstversorgung. Hunde sind hier willkommen.

■ **Vesta,** Oosterburen 61, 8891 GB Midsland, Tel. 8587, 17-18 Uhr.

Im Gegensatz zur Kontaktadresse liegt das Haus in Formerum Nr. 77. 34 Personen verteilen sich auf 5 Zimmer, darunter ein Doppelzimmer. Im Januar/Februar geschlossen.

Camping:

■ **Appelhof,** Zuid Nr. 12 a, 8894 HK, Tel. 8699.

Wer jung ist und endlich mal ohne Eltern verreisen darf, zeltet nach Möglichkeit auf diesem populären Campingplatz am Südrand von Formerum. Natürlich gibt es auf dem reichlich mit Bäumen bepflanzten Terrain oft Bombenstimmung. Zelte werden auch vermietet. In der Cafeteria herrscht immer Betrieb. Kosten f 6, Zelt f 3-6, Mofa/Auto f 1-3.

Dicht beieinander in Formerum-Noord, zwischen Dorf und Strand, liegen gleich mehrere Campingplätze beieinander. Keiner von ihnen hat einen Einkaufsladen (rund 1 km entfernt), dafür ein Spielfeld. Hunde sind, mit einer Ausnahme, bei allen willkommen. Erwachsene zahlen pro Nacht um f 5, Kinder f 4. Zelte kosten je nach Größe f 2-5, Elektroanschlüsse um f 3.50.

■ **Haantjes,** Koksbosweg 4, 8894 KK, Tel. 8883.

Kleiner Familienplatz, 2 Kilometer vom Strand entfernt, für Zelte und Camper. Auch Holzchalets zu mieten.

■ **Hekkeland,** Formerum Nr. 57, 8894 KC, Tel. 8606.

Etwas knapp bemessen sind die vier Duschen für bis zu 250 Urlauber, die von April bis Mitte Oktober mit Zelt oder Wohnwagen anreisen.

■ **De Landerumer Hei,** Formerum Nr. 33, 8894 KB, Tel. 8882.

Nur ein Feld, vorwiegend für Zelte. Bis zu 75 Personen teilen sich zwei Duschen. Die Anlage soll sich für Rollstühle eignen.

■ **Nieuw Formerum,** Formerum Nr. 13, 8894 KA, Tel. 8977.

Riesig für bis zu 1000 Leute, vorwiegend in Wohnwagen. In der Saison gibt es ein Unterhaltungsteam. Rollstuhlfahrer können hier ihren Akku aufladen. Geöffnet von April bis September. Etwas teurer als die übrigen.

■ **Noorderlicht,** Molkenbosweg 1 a, 8894 KJ, Tel. 8046.

Neben vorwiegend Zeltplätzen werden das ganze Jahr auch luxuriöse Chalets vermietet. Ausreichend sanitäre Anlagen. Kinder bis 2 Jahre gratis.

■ **Mast,** Formerum Nr. 33, 8894 KB, Tel. 8882.

Etwas abseits von den übrigen Plätzen, näher beim Dorf gelegen. Vorwiegend junge Leute kommen mit Zelt oder Wohnwagen. Ein Supermarkt liegt in der Nähe, eine Cafeteria hat es auf dem Platz. Zelte oder Camper sind zu mieten. In der Nebensaison versorgen sich auch Gruppen in der eingerichteten Küche. Tarif f 6, Kinder bis 6 Jahre die Hälfte.

Verpflegung/Nachtleben

■ **De Rustende Jager,** Formerum 23.

Der Pub liegt nahe beim Nest von Campingplätzen, verdient seine große Gästeschar aber auch durch die gemütliche Einrichtung, die preiswerten Tagesgerichte (dagschotel) um f 15 und à-la-carte-Gerichte wie Sparribs für gut f 20. An den Wänden gedenken Fotos berühmter Jazz- und Bluesmusiker, deren Klänge den Raum erfüllen. Oft spielt gar eine Liveband, so daß hier abends immer was los ist.

■ **De Boerderij,** Zuid Nr. 12.

Die Bezeichnung »Strandjuttermuseum« ist nicht übertrieben für dieses urige Café beim Jugendcamping Appelhof, denn es ist über und über beladen mit aller erdenklichen Ware, die es am Strand zu finden gibt. Wohlweislich wird kein Alkohol ausgeschenkt. Dennoch wimmelt es hier von jungen Leuten, die gegen Mittag wärmenden Kaffee gegen den Kater bestellen. Zudem kleine Snacks.

■ **De Koffiemolen.**

Unübersehbar und gleichzeitig ein Wahrzeichen ist die Mühle, die 1968, nicht sehr gelungen, in ein Café umgewandelt wurde. Gemütlicher ist der schöne Garten mit Blick auf das Monument, wo neben Kuchen riesige

Eisbecher serviert werden. Gleich nebenan riecht es von der Imbißbude nach Pommes.

Hoorn

Seit den umfangreichen Restaurationsarbeiten 1969 hat Hoorn wieder eine backsteinrote Kirche. Nicht alle Bürger fanden Gefallen daran, daß der 1903 angebrachte Zementverputz abgespachtelt wurde, denn die weiße Farbe war zwar nicht stilecht, stand der Kirche, wie alte Bilder zeigen, aber sehr gut. So oder so ist das Johannes dem Täufer gewidmete Haus das älteste Monument auf Terschelling. Klosterbrüder hatten Mitte des 13. Jahrhunderts an ihrem Standort eine erste romanische Kapelle errichtet. Als einziges wichtiges Gebäude im typischen Reihendorf Hoorn steht die Kirche übrigens nicht direkt an der Straße.

Der Kirchturm war während der Seefahrerzeit die höchste Erhebung der Insel und diente als Leuchtturm. Doch 1848 mußte seine Höhe wegen Baufälligkeit auf etwa die Hälfte gekürzt werden. Die markante Holzspitze kam 1875 dazu.

Auf dem Friedhof streichen Katzen herum, und bei manchem Grab stehen frische Blumen. Auch *Ernst Christian Kross,* Kapitän der *Wilhelmsburg,* fand hier die letzte Ruhe. Er war mit 283 Auswanderern an Bord von Hamburg nach Australien unterwegs, als sein Schiff in der Nacht vom 27. November 1863 am Boschplaat zerschellte. Nur 25 Personen überlebten die Katastrophe.

Um in Not geratenen Seeleuten erfolgreich Hilfe zu leisten, mußte die Bevölkerung schon vor der Erfindung moderner Kommunikationsmittel so schnell als möglich über die Entdeckung gestrandeter Schiffe informiert werden. Auch bei Sturmflutgefahr wurde deshalb ein geflochtener Ball zur Spitze eines langen Pfahles hochgezogen, der weit übers Land zu sehen war. Neben dem Hoorner Friedhof steht noch ein letztes Exemplar eines solchen *sjouw.* Der Bastball verriet zudem den Feldarbeitern, wann es Zeit für eine Pause oder zum Melken der Kühe war.

Wider Erwarten existiert kein Hoornaan-Zee, doch der Weiler *Lies* ist über die Jahre nahtlos mit Hoorn zusammengewachsen.

Sehenswertes

■ **Waddenwegwijswinkel,** Dorpsstraat 18, Juli/August und während Ferienzeiten Mo-Sa 10-17 Uhr.

Direkt im Dorf liegt dieses Informationszentrum für das Wattenmeer, wo man Meeresgetier und Insekten unter dem Mikroskop begutachten kann und von den Volontären der *Waddenvereniging tot Behoud van de Waddenzee* - Wissenswertes über den aktuellen Naturschutz erfährt.

Dreimal wöchentlich kann man eine Wattwanderung mitmachen, zu der man sich in der Saison jedoch frühzeitig anmelden muß. Für Kinder gibt es Spezialprogramme; im Laden sind sie mit Buntstiften und Malbogen beschäftigt.

■ **Pieter Peit's Hoeve,** Lies 24, werktags 10 Uhr.

Der Käsebauer *Pieter Peit* lädt Interessierte ein, für ein paar Gulden seinen Hof zu besichtigen. Die Kühe im Stall käuen zufrieden wieder, während die frisch gemolkene Milch vor Ort zu Käse verarbeitet wird. Auch Ziegen- und Schafskäse in verschiedenen Reifegraden sind natürlich am Ende des Rundganges im Souvenirladen erhältlich. Von der Hauptstraße zweigt man gegenüber dem Hotel Walvisvaarder zum Hof ab.

■ **Hoorner Eendenkooi:** Beim *VVV* gibt es Karten für die Teilnahme an einem einstündigen Rundgang, jeden Dienstag und Donnerstag, am ehemaligen Entenfangplatz, südöstlich des Dorfes. Einst gab es sieben solche Einrichtungen auf Terschelling, aber damals schnatterten auch noch ausreichend wilde Enten, so daß man einige davon ohne schlechtes Gewissen verspeisen konnte.

■ **Groenhof,** Hoofdweg, Betriebsbesichtigungen bei schönem Wetter jeden Freitag um 16 und 17 Uhr.

An der Hauptstraße zwischen Hoorn und Oosterend produziert diese Öko-Gärtnerei biologisch angebautes Gemüse, dessen Qualität einige Hotelköche und Supermarkt-Inhaber überzeugen konnte. In den Läden erkennt man die Ware an den braunen Kisten mit EKO-Etikette. Die klimatischen Verhältnisse mit den stetig wehenden Winden sorgen dafür, daß die Gewächse weniger anfällig für Krankheiten sind. Sollen Eisbergsalat, Spinat, Karotten, Erdbeeren, Knoblauch, Kräuter und Kartoffeln aber ganz ohne die Anwendung von Kunstdünger und chemischen Mitteln gedeihen, muß einiges mehr an Handarbeit geleistet werden. Die Überzeugung, der Natur so wenig Schaden wie möglich zuzufügen, motiviert die Angestellten jedoch. Zutritt ein paar Gulden.

Unterkunft

Hotels/Pensionen:

■ **Barrage,** Dorpsstraat 102, 8896 JH, Tel. 8311.

Die Pension liegt mitten im Polder und lockt vorwiegend Pferdefreunde an, denn zur Anlage gehört eine überdachte Manege. Zudem liegen Tennisplätze nur 100 Meter entfernt. Alle Zimmer haben Dusche/WC, TV/Radio/Telefon und kosten um f 50, HP ab f 70.

■ **Koegelwieck,** Dorpsstraat 35, 8896 JA, Tel. 8256.

Das reizvolle Haus steht da, als hätte der Bauherr vergessen, ein Schrägdach aufzusetzen. Die Betten in den 6 Doppelzimmern sind angenehm breit. Mit eigenem Bad kostet die Übernachtung f 50-65, HP ab f 70. Nicht weit vom Garten beginnt der Hoornser Wald. Hunde sind erlaubt.

■ **Boszicht,** Dorpsstraat 2, 8896 JE, Tel. 8845.

Die 7 Zimmer in der kleinen, familiären Pension haben das Bad auf dem Flur und kosten um f 35. Man kann sich im Garten sonnen, und für Kinder gibt es Spielzeug. Auch HP und VP (auf Wunsch Diät) für f 50-55. Haustiere sind willkommen.

■ **De Walvisvaarder,** Lies Nr. 23, 8895 KP, Tel. 8577.

Ein stimmungsvoller, renovierter Bauernhof mit Zimmern ohne Bad ebenso wie mit luxuriösen für f 45 bis happige f 80; HP ab f 70. In der Lounge brennt manchmal Feuer im Kamin. Für Kinder gibt es Spielmöglichkeiten, zudem Sauna und Solarium.

■ **De Vaerderij,** Lies Nr. 40, 8895 KT, Tel. 9089.

Umgebauter Hof, mit 9 angenehmen Doppelzimmern samt Dusche/WC um f 45 genau die richtige Absteige für Aktivferien. Organisiert wird für Sportliche Kanufahren, Segeln, Reiten oder Mountainbiking. Es werden auch Weekend- und Wochenarrangements angeboten.

Für Gruppen:

■ **Folkshegeskoalle Schylgeralân,** Dorpsstraat 71, 8896 JB, Tel. 8954.

Im modernen Gebäude am Badweg finden 95 Personen Unterkunft. Einmalige Ausstattung mit Dia- und Filmprojektor, Video, Kopiergerät, Bibliothek und Piano. Es gibt 6 Schlafsäle und 11 Doppelzimmer. Vermietet wird nur mit VP (auch Diät und Vegetarisch) für f 28 (Schulkinder) bis f 45 (Erwachsene) pro Nacht und Person. Die Volkshochschule organisiert auf Wunsch Kreativitäts- und Werkwochen.

Camping:

■ **Dennedune,** Dorpsstraat 89, 8896 JD, Tel. 8196.

Am Rand von Dorf und Dünen liegt dieses kleine Familiencamping für etwa 70 Leute bei einem Bauernhof. Familiäre Umgebung mit Spielmöglichkeiten für die Kinder. Pro Person f 5, Kinder f 3, Zelt und Caravan bis f 4 pro Nacht.

Verpflegung/Nachtleben

■ **Boerderij De Millem,** Dorpsstraat 58, Küche 12-21.30 Uhr.

Eine rustikale Atmosphäre prägt das Interieur der umgebauten Bauernscheune, in der vorwiegend Fleischgerichte um f 30 auf dem Grill brutzeln (auch Fischspeisen). Kindermenüs um f 10. Die langen Tische bieten sich für Gruppendiners an. Der idyllische Garten hinter dem Haus ist immer einen Besuch wert. Der duftende Kaffee wird mit einem Portiönchen Schlagsahne serviert.

■ **Zonneweelde,** Dorpsstraat 40.

Das einfache, sehr holländische Lokal bietet ebenso holländische Gerichte und Snacks – ideal für einen Zwischenhalt, etwa mit einem Eisbecher auf der Sonnenterrasse.

■ **De Groene Weide,** Dorpsstraat 81.

Obwohl die gemütliche Kneipe auch tagsüber gut besucht wird, ist der Hauptanziehungspunkt abends, so ab 22.30 Uhr, Hessels Auftritt, wenn die Band so richtig ins Feuer kommt und die Stimmung fetzt.

Oosterend

Seit der Wende vom 17. ins 18. Jahrhundert hat sich das idyllische Dorfbild von Oosterend kaum verändert. Bloß lag es einst, wie der Name besagt, tatsächlich am östlichsten Zipfel der Insel. Denn De Boschplaat, das riesige Naturschutzgebiet, war damals noch eine unfruchtbare Sandinsel, die durch den Koogediep, ein Seegatt, von Terschelling getrennt war. Als in den dreißiger Jahren unseres Jahrhunderts ab Strandmarkierung 20 ein 9 km langer Deich angelegt wurde, wuchsen die beiden Inseln jedoch zusammen. Inzwischen trennen das Dorf gut zehn Kilometer von der Ostspitze.

Traditionsgemäß leben die Menschen in Oosterend zurückgezogener als jene in West-Terschelling, wo die Fähre laufend neue Menschen bringt und wieder abholt. Ganz daneben ist das Gefühl deshalb nicht, wenn Sie sich hier am Ende der Welt fühlen.

Unterkunft

Hotels/Pensionen:

■ **Zeewinde,** Oosterend Nr. 61 a, 8897 HX, Tel. 9108.

Die ehemalige Scheune wurde so umgebaut, daß die 2-Personen Studios mit Bad, Sitzecke, TV und Küche auch einen eigenen Gartensitzplatz haben. Zudem normale Doppelzimmer mit Bad. Kosten f 30-55 pro Gast.

Für Gruppen:

■ **Het Anker,** Oosterend Nr. 49, 8897 HX, Tel. 8784.

Der umgebaute Hof bietet Platz für 78 Leute in Sälen von 4-18 Betten. Bis zu 22 Leute können einen Stock für sich buchen. Vor der Tür liegen mehrere Spielfelder. Haustiere sind willkommen. Bettwäsche kann man mieten. Die Küche ist voll ausgerüstet. Zudem gibt es ein Solarium. Preis pro Kopf f 11.

■ **De Wierschuur,** Oosterend Nr. 28, 8897 HX, Tel. 8802.

Direkt am Wattenmeer haben bis zu 70 Personen in 3 Sälen und 4 Schlafzimmern den absoluten Frieden auf diesem umgebauten Hof. Zweifellos ist er der günstigste mit f 7 pro Nacht und Person; dafür gibt es auch keine Duschen, und die Küche liegt separat.

Camping:

■ **De Duinkant,** Oosterend Nr. 65, 8897 HX, Tel. 8917.

Nahe Wattenmeer und Naturschutzgebieten, aber zwei Kilometer vom nächsten Laden im Dorf, liegt dieser Campingplatz mit ausreichenden sanitären Anlagen. Die Übernachtung kostet um f 4.50 und f 5 für Wohnwagen und Zelte.

■ **Tjermelân,** Oosterend Nr. 2, 8897 HZ, Tel. 8981.

Das ganze Jahr werden auch Caravans und Chalets vermietet. Die sanitären Anlagen wurden unlängst erneuert. Man ist auf Familien eingestellt, Kinder bis zwei Jahre übernachten gratis; ansonsten gelten ziemlich hohe Tarife mit f 5.50 für Erwachsene und Kinder, f 6 für Wohnwagen, f 3-6 für das Zelt und f 3 für den elektrischen Anschluß. Dafür gibt es einen Tennisplatz.

■ **'t Wantij,** Oosterend Nr. 41, 8897 HX, Tel. 8522.

Ein sehr kleiner Platz, vorwiegend für Zelte (bis f 6). Gute sanitäre Anlagen mit Babybad. Kein Laden, aber wie beim Camping Duinkant kommt viermal wöchentlich ein Lebensmittelwagen vorbei. Pro Nacht um f 5.

Verpflegung

■ **Café de Boschplaat,** Oosterend Nr. 4, Montag geschlossen.

Alte Email-Werbeschilder an den Wänden unterstreichen die freundliche Atmosphäre. Die zarten Lammkoteletts mit viel Drum und Dran werden für preiswerte f 23 mit hausgemachter Kräuterbutter serviert. Oder versuchen Sie zum Lunch das Stockbrot mit geräucherten Lammschinken (knapp f 10). Zudem verschiedene Joghurts, natürlich auch mit Cranberries.

■ **De Grië,** Hoofdstraat 23, ab 11 Uhr, Dienstag geschlossen.

Küchenchef *Ton van Scheppingen* kocht, bisher ungeschlagen, die besten Inselgerichte. Das Ambiente im alten Farmhaus, mit herrlichen Blumensträussen auf den Tischen, paßt bestens zu den gepflegten Hauptmahlzeiten um f 40. An kalten Tagen brennt das Feuer im Kamin. Im Sommer sitzt man gerne im Garten. Lunchkarte bis 17 Uhr.

Naturschutzgebiete

■ **De Boschplaat:** Das gesamte östlich von Oosterend liegende Gebiet von 4.400 ha genießt als einzige Region der Niederlande den Status eines Europäischen Naturdenkmals – ein Titel, der vom Europäischen Rat in Straßburg verliehen wird. Dadurch können sich Dünen und Täler, Weideland, Sandflächen und Salzwiesen weitgehend ohne menschlichen Einfluß entwickeln.

Folgt man vom Wattendeich dem Radweg, fällt im Sommer das Häuschen der Forstaufsicht auf der *Jan Thijsens Düne* auf. Zwischen dieser nach ihrem Erbauer benannten Düne und dem Wattenmeer ist nach 1920 der einzige natürlich gewachsene Wald der Insel entstanden, der wegen seinen vielen Birken als »Berkenvallei« bezeichnet wird. Östlich davon liegt *De Groede,* ein Quellergebiet, auf dem in den Sommermonaten das Jungvieh der Bauern grast, was den Charakter der Salzwiese verändert.

Entstanden ist De Boschplaat durch das Anlegen von zwei Sanddeichen zwischen 1929 und 1936, wobei vom *Oude Scherm* nicht viel übrig geblieben ist. Der zweite Deich, der *Derk-Hoekstrastuifdijk,* zwischen den Pfählen 20 bis 29, wuchs dagegen von ursprünglich 1,40 Meter auf bis zu 13 Meter über dem Meer, weshalb die Nordsee keinen Einfluß mehr auf das Gebiet ausübt. Dennoch gingen zwischen 1975 und 1985 an der Ostspitze etwa eineinhalb Kilometer Strand verloren, und die Ameländer Dünen sind fast gänzlich von der Bildfläche verschwunden. Untersuchungen der Bodenbeschaffenheit unter Wasser lassen aber die Vermutung zu, daß der Strand in den nächsten Jahren wieder wachsen wird.

An der Südküste unterbrechen fünf Wattenmeerarme, sogenannte *Slenks,* die Dünengruppen, die von eins bis vier durchnumeriert sind. Bis zu siebzig Vogelarten nutzen die Gegend zum Ausbrüten ihrer Eier. Vor allem Möwen besetzen den Boschplaat zu Tausenden. Aber auch Eiderenten, Löffler und Rotgänse kann man beobachten. Weite Teile des Naturschutzgebietes sind während der Brutzeit von März bis August nicht frei zugänglich, können aber mit einer geführten Exkursion besichtigt werden.

■ **Koegelwiek und Landerumer Heide:** Diese beiden Naturschutzgebiete liegen zwischen dem Hoornse Bos, dem Formerumer Wald und Midsland-Noord und faszinieren durch ihre typische Heidelandschaft.

■ **De Noordvaarder:** Nicht die gleichnamige Sandplatte am Westzipfel, die teilweise zu militärischen Zwecken genutzt wird, sondern das Sumpfgebiet zwischen Kroonpolder und Strandmarkierung 6 steht unter Naturschutz – und im Winter manchmal unter Wasser. Zahlreiche Vögel ernähren sich in dieser Gegend von den wildwachsenden Beeren.

Ameland

Lang und schmal streckt sich Ameland im Wattenmeer. Aus der Ferne leuchten die massiven, roten Dächer der alten Gehöfte wie Pyramiden aus der Landschaft. Die Silhouetten der Dörfer werden geprägt vom jeweiligen Kirchturm. Auf alten Karten erscheint *De Ouwe Pôlle,* wie Ameländer ihre Heimat nennen, viel größer, denn Jahr für Jahr verliert sie Dutzende Meter Sand an die See. Statt Beton- und Asphalt-Befestigungen zu bauen, hat die Gemeinde nach den verheerenden Stürmen von 1980 erstmals versucht, den Strand aufzuschütten.

Etwa 15 Kilometer vor der Küste fördern drei Hopperbagger pro Stunde 5.000 Kubikmeter Sand aus dem Meer, der vor der Küste in einer sogenannten Klappgrube gesammelt wird. Ein Saugbagger pumpt den Sand von dort durch eine Rohrleitung zur Insel, wo er auf einen Strandabschnitt von gut acht Kilometern durch die Rohre gespritzt wird, bis der Strand ein bis zwei Meter an Höhe gewonnen hat.

Wie schnell der künstlich herbeigetragene Sand abgetragen wird, ist schwer kalkulierbar. So wurde vermutet, daß die 1980 beigefügte Menge binnen acht Jahren verschwinden würde. 1988 war davon aber noch 40 % vorhanden. Mit den Stürmen 1989/90 verschwanden dagegen nicht nur der Ergänzungssand, sondern auch bis zu dreißig Meter des alten Strandes. Deshalb wurden im Herbst 1990 für zehn Millionen Gulden eine Million Kubikmeter Sand in das Dünengebiet zwischen dem Camping Duinoord und dem Jan Sietsepad gespritzt. 1992 folgte eine zusätzliche Aufschüttung auf der Höhe von Buren. Der Ameländer Strand ist besonders breit und gepflegt. Der helle feine Sand eignet sich herrlich, um vergängliche Skulpturen am Strand zu bauen, die den zahlreichen Marienkäfern als Landebahn dienen.

Erste Versuche, die Insel als Ferienziel bekanntzumachen, wurden um 1850 unternommen. Allerdings mußte man damals noch mit dem Segelschiff anreisen. Auch als 1901 die Fähre zwischen Holwerd und Ameland ihren Betrieb aufnahm, blieb der Tourismus schwach. Nach dem Ersten Weltkrieg, noch im Jahre 1918, brachte Pastor *Edmund Janssen* erstmals deutsche Kinder zur Erholung nach Ameland. Seither kommen jedes Jahr massenweise Kinder und Jugendliche für Ferien in die zahlreichen umfunktionierten Bauernhöfe der Insel. In der Hochsaison machen sie etwa die Hälfte der Besucherschar aus. Daß Ameland ein Kinderparadies ist, zeigen auch die vorwiegend jungen Familien, die sich auf den Campingplätzen und in den Bungalows einmieten. Wer den Sommer auf Ameland genießt, braucht nicht in Panik zu geraten, wenn der Kleine ausgerechnet im Restaurant lautstark brüllt. Das nächste Mal wird der Nachwuchs einer anderen Familie Aufsehen erregen. Um die Saison zu verlängern, ersetzen nun kostspielige Umbauten einige Massenunterkünfte, denn in der Nebensaison wirkt Ameland auch auf Gäste ohne Kinder angenehm ruhig.

Ameland

Nordsee

Wattenmeer

- Hollumerduinen 1, 7
- 2 6 Hollum 5
- Ballumerduinen
- Ballum
- Jachthafen
- Zwanenwaterduinen 1
- Nes
- Fähre
- De Vleyen
- 2 3 Buren
- Kooiduinen
- Nieuwlandsreid 4
- 1 Het Oerd
- De Horn

— Radtour

1 Naturzentrum
2 Mühlen
3 Landbau - Juttermuseum
4 Entenpferch
5 Heimatmuseum
6 Rettungsmuseum
7 Leuchtturm

158 Ameland

Die ersten Menschen hausten vermutlich um das achte Jahrhundert auf Ameland. Jedenfalls stammt aus jener Zeit ein Dokument, das im hessischen Fulda gefunden wurde und das festhält, die Benediktinerabtei habe in der Nähe von Dokkum Grundbesitz erworben. Die Rede ist auch von einer *Insula qua dictur Ambla,* wobei Sprachforscher überzeugt sind, daß damit Ameland gemeint war. Jahrhundertelang herrschten die *Camminghas* nach eigenem Gutdünken auf der Insel. Der achtzigjährige Krieg zwischen den europäischen Glaubensgemeinschaften blieb jedoch nicht ohne Einfluß auf die Lokalpolitik. Während in Friesland die römisch-katholische Kirche 1580 verboten wurde, gewährten die Camminghas ihren Untertanen die Religionsfreiheit. Dadurch konnte Ameland beim katholischen Spanien eine Unabhängigkeitserklärung erheischen, die zu einem Wirtschaftsaufschwung verhalf. Während die Ostseite der Insel der katholischen Kirche die Treue hielt, ließen sich die Bewohner der Westseite von den neuen Ideen der Wiedertäufer überzeugen. Heute noch erscheinen die beiden Inselhälften *Nes/Buren* und *Ballum/Hollum* wie zwei kleine Welten für sich. Bis im 19. Jahrhundert gab es immer wieder Streit zwischen den Glaubensgemeinschaften, und »Mischehen« waren mehr als verpönt. Möglicherweise erklärt dieser Zwist, weshalb erst 1808 begonnen wurde, mit Deichbauten gegen die Zweiteilung der Insel anzukämpfen.

Seit mehr als hundert Jahren leben keine Fischer mehr auf Ameland. Bis zur Blüte des Tourismus lebte die Bevölkerung mehr schlecht als recht von der Landwirtschaft. Bis 1896 wurden die Ländereien gemeinschaftlich genutzt, und die Bauern waren voneinander abhängig. Um die Landwirtschaftszone auszudehnen, gab es 1846 Pläne, Ameland durch zwei Dämme mit dem Festland zu verbinden und das Wattenmeer einzupoldern. Realisiert wurde hingegen, erst 1872, ein Anschlammungsdamm, der, heute noch ersichtlich, von der Mole in Holwerd über die Untiefen Richtung Buren verlief. Während neun Jahren hoffte man auf den Landgewinn im Wattenmeer. Doch eine einzige Sturmnacht im Oktober 1881 zerstörte alle Erwartungen. Noch bevor die Reparaturen fertig waren, sorgte 1882 ein zweiter Sturm für die weitgehende Vernichtung des Dammes.

Auf Ameland selbst wurde der Platz immer knapper, weil die über Generationen vererbten Grundstücke immer kleiner wurden. Schließlich entschloß man sich 1916 zur ersten freiwilligen Flurbereinigung in Holland. 1924 wurden in Hollum knapp 5000 Grundstücke von insgesamt nur 335 ha auf 500 Grundstücke reduziert. Die Anzahl Bauern schwand von 120 auf 12.

Mit dem wachsenden Tourismus kam 1961 erneut die Idee eines Dammes auf. Es wurde argumentiert, daß die Strände Amelands für den Touristen möglichst einfach erreichbar sein sollten. Der Vorschlag, wie die Projektierung neuer Einpolderungen, wurde in Leeuwarden mit 42:8 Stimmen angenommen. Allerdings lösten diese Pläne harten Widerstand aus, was glücklicherweise 1974 endgültig die Beerdigung der Projekte brachte.

Die Camminghas

Kaum war der achtzigjährige Krieg mit Spanien vorüber, legten sich Holländer und Engländer in einem Seekrieg miteinander an. Damals regierte auf Ameland *Watse Frans Cammingha,* ein Edelmann, der die Gesetze nach seinem Gutdünken festlegte und im Schloß zu Ballum wie ein unabhängiger König regierte. Diese Selbstherrlichkeit führte dazu, daß der Graf zwei Gesandte nach England schickte, die in London ein Dokument übergaben, das die Unabhängigkeit Amelands von Seiten der Spanier beurkundete. In Tat und Wahrheit gehörte das Eiland zur Republik der Vereinigten Niederlande, doch der damals mächtigste Brite, *Oliver Cromwell,* bestätigte die Neutralität des Eilandes und versicherte in einem Dokument, das im Reichsarchiv von Den Haag lagert, die Handelsschiffe der Ameländer Flotte ungestört passieren zu lassen.

Ameland erlebte in der Folge einen nie zuvor dagewesenen Aufschwung und Reichtum. Dennoch fiel die Tyrannei des Geschlechts Cammingha den Ameländer auf den Wecker, weshalb sie sich, Hilfe erbittend, an die Generalstaaten wandten. Die Niederlande arbeitete 1620 ein eigenes Gesetzbuch für Ameland aus. Aber nicht nur zwischen Verwaltern und Bauern gab es immer wieder Ärger; auch die Camminghas unter sich waren seit ihrer Machtübernahme im 15. Jahrhundert dauernd mit Erbstreiterei und Machtkämpfen beschäftigt. So kam 1674 der Graf von Königseck auf den Geschmack und plazierte seine Flotte zum Angriff auf der Nachbarinsel Schiermonnikoog. Die rechtmäßige Herrscherin, *Rixt van Donia Cammingha,* hatte gerade noch rechtzeitig die Provinzstaaten von Friesland um Hilfe gebeten. Als 1681 ihr Sohn und einziger Stammhalter starb, verlor das Geschlecht Cammingha dennoch seine Macht auf Ameland. Im Laufe der folgenden Jahrhunderte wechselte der Schloßherr in Ballum viele Male, bis der Kaufmann *Jan Scheltema* das Herrschaftsgebäude 1827 kaufte und ein Jahr später abreißen ließ.

Ein seltener Immigrant

Es war einmal ein Rehbock, der hatte die Nase voll vom Festland. So machte er sich auf die Suche nach einer neuen Heimat und durchstreifte das Wattenmeer, bis er auf Ameland unberührte Wälder, Weiden und Dünen fand. Was sich wie ein Märchen anhört, ist während des Zweiten Weltkrieges tatsächlich geschehen. Die Insulaner sammelten Geld, um ein Rehpaar nach Ameland zu importieren, das dem einsamen Rehbock Gesellschaft leisten sollte. Der aggressive, eingeführte Bock mußte kurz darauf erschossen werden. Die Rehdame streifte, ihrem Instinkt folgend, durch die Wälder und traf irgendwann den eingewanderten Rehbock. Die beiden lebten glücklich bis zum Tode und hinterließen eine gesunde Kinderschar. Inzwischen residieren etwa hundert Rehe auf Ameland, die nicht gejagt werden. Keine der anderen Watteninseln kann sich eines Rotwildbestandes rühmen. Allerdings sieht man die scheuen Tiere nur selten im Spätherbst oder Winter – am ehesten noch als unangenehme Überraschung auf den Autostraßen. Also Vorsicht bitte! 1992 ist übrigens auch erstmals ein Reh auf der Nachbarinsel Terschelling gestrandet.

Die Milch-Pipeline

Als die Landwirtschaft noch wichtigste Einnahmequelle auf Ameland war, hatte jedes der Dörfer eine eigene Molkerei.

Die letzte Inselmolkerei wurde 1977 geschlossen. Die Milch mußte fortan in Tankern zur Verarbeitung auf das Festland gebracht werden, was sich nachteilig auf den Milchpreis auswirkte.

Deshalb legten die Bauern dem niederländischen Institut für Molkereiforschung ein Gesuch vor, für den Transport ihrer Milch eine Rohrleitung anzulegen. Der schwierige Untergrund des Wattenmeeres bot an sich schon genügend Schwierigkeiten für das Auslegen einer Pipeline. Kopfzerbrechen bereitete zudem die Frage, wie die Milch durch die Leitung zu transportieren war: Flösse sie zu schnell, würde sie bis zur Ankunft Butter, und flösse sie zu langsam, wären durch die Abkühlung Qualitätsverluste hinzunehmen. Das Ei des Kolumbus erwies sich als Gummiballen mit Metallkern, zwischen denen die Milch quasi paketweise unter geringem Druck vorankommt und binnen viereinhalb Stunden das Festland erreicht. Bei Rohrverstopfungen können die Metallkugeln mit einem Dedektor aufgespürt werden. In der Milchzentrale am Neser Umfahrungsweg stehen Tanks mit 30.000 Litern Inhalt für den Transport nach Friesland bereit. Die Totalkosten für die 15 km lange Rohrleitung betrug 4.5 Millionen Gulden.

Govi Visser und die Rettungsmannschaft

Eine aufgeregte Menschenmenge strömt zum Strand von Hollum, wo die »AMELAND« mit Passagieren an Bord im Sturm liegt. Aberhunderte von Schaulustigen drängen sich am Strand und auf der äußeren Düne, um auch ja nichts zu verpassen. Auf dem schmalen Weg vom Dorf zur See rasseln und rattern die panzerartigen Raupen des Vehikels, auf dem das Rettungsboot von zehn Pferden an die Küste gezogen wird. Der unermeßlich laute, rhythmische Klang der rotierenden Ketten scheint wie Peitschenhiebe auf das Gespann zu wirken, das sich durch nichts von seiner Mission abhalten läßt.

Sobald die Rettungsmannschaft den Strand erreicht hat, setzen die Pferde zum Bad im kühlen Meer an, bis das Rettungsboot so weit im Wasser steht, daß es losgebunden zu schwimmen vermag. Die Rettungsmannschaft ist schnell an Bord und schießt los, um an die »Ameland« heranzufahren. Allerdings steigt keiner der Passagiere in die rettende Nußschale auf der Backbordseite, denn die ganze Aktion ist nur eine Art »Feuerwehrübung«, ohne daß es brennt.

Bis zum 14. August 1979 waren solche Rettungsaktionen jedoch voller Ernst. An jenem verhängnisvollen Abend wurde gegen neun Uhr Alarm geschlagen, weil eine deutsche Jacht im Watt steckengeblieben war. Als die Pferde ins Meer stiegen, um das Boot flott zu machen, konnten die Sicherheitshaken, mit denen sie an den Zugstangen festgebunden waren, nicht gelöst werden. Acht Tiere ertranken unter dem Gewicht des zehn Tonnen schweren Rettungsbootes. Govi Visser erinnert sich nur ungern an jenen schwarzen Tag. An der Wohnzimmerwand hinter dem 74jährigen Hollumer hängt eine Ehrung für 40 Jahre Mitgliedschaft in der Rettungsmannschaft. »Das Wetter damals war so mies, daß man die Rettungsaktion hätte aufschieben sollen.« Für einen Moment liegen die Hände des rüstigen Mannes apa-

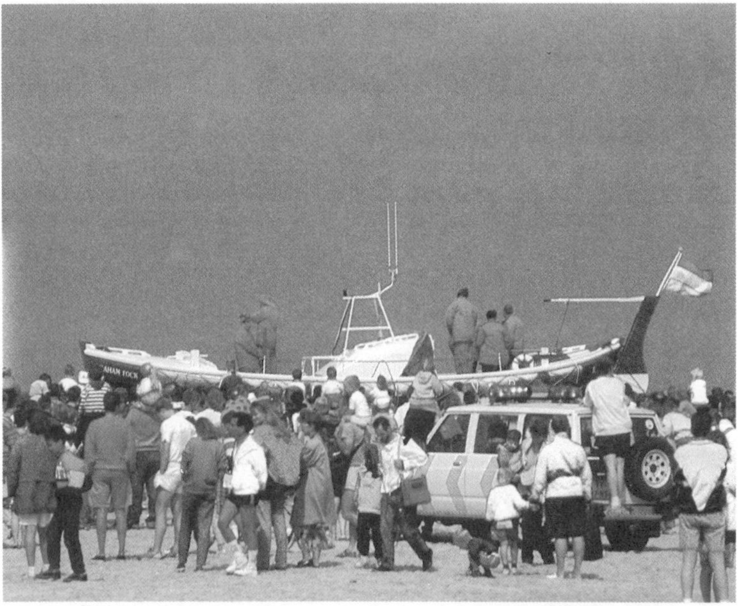

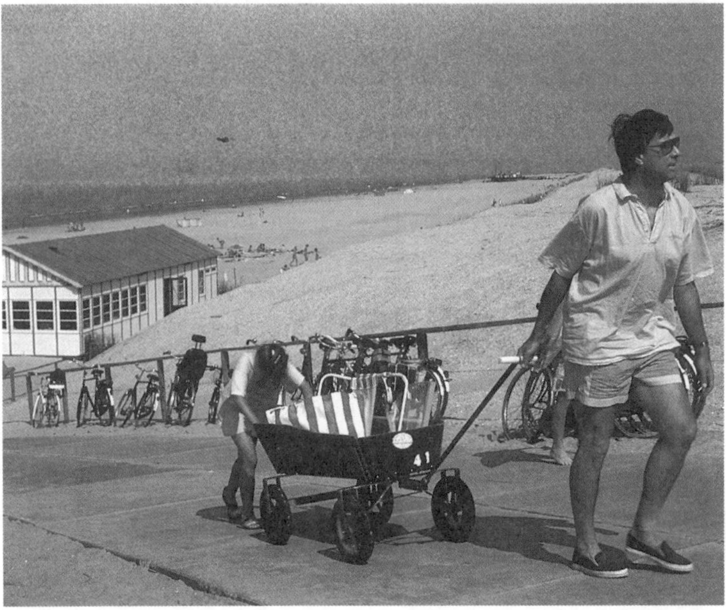
41

thisch auf dem unvermeidlichen, beigen Tischteppich. Doch dann kommt Leben in seine schalkhaften Augen, und er berichtet, immer wieder schmunzelnd, von seinem schönsten Erlebnis als Lebensretter.

An einem Sonntag meldete ein Ausflugsboot, sie hätten zwischen Insel und Festland eine gestrandete Jacht gesichtet. Das Rettungsteam rückte aus, doch an Bord war keine Menschenseele zu entdecken. Deshalb wurde eine Suchmeldung bei der Polizei gemacht, denn die Leute konnten ja ertrunken sein. Es stellte sich heraus, daß die Jacht vermietet war, doch von den Mietern fehlte nach wie vor jede Spur. Einige Tage später kam die Meldung, daß sich ein schon etwas reiferer Herr und eine junge Frau bei der Polizei gemeldet hätten. Das heimliche Liebespaar hatte sich vier Tage auf dem festgefahrenen Schiff amüsiert, bis die geschwundenen Nahrungsvorräte es zwang, per Schlauchboot sein Liebesnest zu verlassen.

Auf der Kommode hinter Govi Visser steht ein computergesteuertes Funkabhörgerät. Früher wurde die Nachricht eines in Seenot geratenen Schiffes noch wie ein Lauffeuer von Hof zu Hof getragen. Dann ging die Dampfpfeife der damaligen Molkerei los. Obwohl die Technik der heutigen Schiffahrt viel mehr Sicherheit bietet, tritt die Rettungsmannschaft mit ihrem inzwischen supermodernen, sich selbstaufrichtenden Aluminiumboot »JOHANNES FREDERIK« doch noch regelmäßig in Aktion – vorwiegend um Touristen zu bergen, die in den schwierigen Gewässern der Wattensee überfordert sind. Die Mitgliedschaft in der Rettungsmannschaft ist Ehrensache, die nur mit einem Gläschen Branntwein nach der Aktion belohnt wird. »Aber längst nicht jeder, der prahlend mitmachen möchte, erweist sich dann auf dem Schiff als geeignet dafür«, spöttelt der erfahrene Herr Visser.

Während seine Frau Kaffee serviert, sinniert der fröhliche Mann über vergangene Zeiten. Mit seinem Kahn transportierte er zwischen dem Festland und der Insel Baumaterial, Kunstdünger für die Bauern und Lebensmittel für die Geschäfte. Inzwischen ist dieser Erwerbszweig ausgestorben, da die Ware nun direkt auf dem Lastwagen mit der Fähre herangebracht wird. Der Wechsel von Armut zu relativem Reichtum dank dem Tourismus empfindet der Altschipper nicht nur als positiv: »Früher gab es keine Zäune auf Ameland, und man konnte gehen, wohin man wollte.« Auch die gegenseitige Unterstützung der Bewohner soll einst ausgeprägter gewesen sein. Dennoch liebt der Pensionär die Gemütlichkeit seiner Heimat.

Seine Generation wuchs noch in gut zehnköpfigen Familien auf, deren Kinder größtenteils gezwungen waren, nach dem Krieg auf der Suche nach Arbeit aufs Festland zu gehen. Nun, da sie den Lebensabend genießen können, sind sehr viele nach Ameland zurückgekehrt. Auch Betagte vom Festland schätzen das Inselleben, weshalb auf Ameland prozentual etwa doppelt so viele Pensionäre wie auf dem Festland leben. Um Govi Visser's Augen spielen die Lachfalten, wenn er sagt, daß die jeden Sommer anreisende Jungmannschaft Labsal für die überalterte Insel ist.

Orientierung

Die drittgrößte Watteninsel Hollands dümpelt mit einer Länge von rund 25 Kilometern zwischen Terschelling und Schiermonnikoog. Der Fährhafen liegt ein paar Kilometer vom Hauptort *Nes* entfernt. Die bis zu 28.000 Feriengäste verteilen sich vorwiegend auf die Campingplätze und Gruppenunterkünfte in der Umgebung des östlichsten Inseldorfes *Buren*. An der Ostspitze liegt die unberührte Natur des *Oerd*. Im Westen, sitzen *Ballum* und *Hollum* in der Landschaft. Etwa 3000 Ameländer sind auf der 9000 ha großen Insel seßhaft.

An- und Rückreise

Ausgangspunkt auf dem Festland ist das Hafenstädtchen Holwerd, das mit öffentlichen Verkehrsmitteln entweder von Groningen oder von Leeuwarden aus zu erreichen ist. Die Busse stoppen mit Direktanschluß bei der Fähre, die in einer Dreiviertelstunde nach Nes auf Ameland tuckert. Für Erwachsene kosten Hin- und Rückfahrt um f 15; Kinder zahlen die Hälfte. Der Transport von Autos ist möglich, muß aber Monate im voraus angemeldet werden. Ein PKW bis zu 4 Metern kostet gut f 70 hin und zurück.

Direkte Schiffsverbindungen von und zu den Nachbarinseln Terschelling und Schiermonnikoog bestehen nur unregelmäßig etwa alle zwei Wochen in der Hochsaison im Rahmen von Tagesausflügen. Der Fremdenverkehrsverein weiß über geplante Fahrten Bescheid.

■ **Information:** *Wagenborg Passagierdiensten,* Postbus 70, 9163 ZM Nes, Tel. 05191-561 11.

■ **Fähre Holwerd-Ameland:** werktags alle zwei Stunden zwischen 7.30 und 19.30 Uhr. Von Juni bis August zusätzliche Abfahrtzeiten freitags um 18.30 und 21.30 Uhr sowie samstags stündlich bis 15.30 Uhr. Am Sonntag geht die Fähre viermal bzw. im Sommer sechsmal täglich.

■ **Fähre Ameland-Holwerd:** von Montag bis Freitag alle zwei Stunden zwischen 6.30 und 18.30 Uhr. Juni bis August freitags zusätzlich um 17.30 und 20.30 Uhr sowie samstags stündlich bis 14.30 Uhr. Sonntags fährt das Schiff viermal und im Sommer sechsmal pro Tag.

■ **Jachthafen:** Frei zugänglich und gratis ist der Aufenthalt im Hafen. Auskunft: Tel. 521 59.

■ **Flughafen:** Man kann mit dem Privatflugzeug nach Ameland jetten, muß aber für die Zollformalitäten eine Zwischenlandung auf dem Festland einlegen, da das Flugfeld kein internationaler Landeplatz ist. Information: Flugplatz Ballum, Tel. 440 30.

■ **Zu Fuß:** Ja, wirklich, Sie können vom Festland über das Wattenmeer nach Ameland wandern. Allerdings strengt der gut viereinhalb Stunden dauernde Marsch auf dem weichen Grund ganz schön an, und fachkundige Führung ist unerläßlich, sofern Sie nicht plötzlich schwimmen wollen! Die Jugendherberge *De kleine Grie* organisiert die Tour zehnmal im Jahr ab Holwerd. Information: Tel. 05191-441 33.

Inselverkehr

■ **Fahrrad:** Am besten nimmt man von der Fähre den Bus in ein Dorf, wo es Fahrräder zu mieten gibt. Auf den knapp 100 Kilometern Radweg wurde in regelmäßigen Abständen ein *Fietspompenservice* installiert, wo für den Notfall eine Pumpe an einem Pfosten bereit hängt. Bitte nach Gebrauch zurück hängen! Beim Fremdenverkehrsverein ist eine Karte mit eingezeichneten Radwegen erhältlich.

■ **Fahrradvermietung:** Ein gewöhnliches Fahrrad kostet pro Tag um f 6, wobei der Tarif für eine Woche günstiger ist. Einige Adressen in *Nes:* Reeweg 10 Richtung Hafen, Marten Janszenweg 6, gegenüber Disco Dug Out und Strandweg 4, auch mit Fahrrad-Ko-carts für bis zu 4 Personen. – *Buren:* Willibrordusstraat 7, Nieuweweg 5. – *Ballum:* Van Camminghastraat 20. – *Hollum:* Corn. Bruinpad.

■ **Bus:** Die Busse verkehren im Stundenrhythmus zwischen Fährhafen/Nes und Hollum/Leuchtturm sowie zwischen Fährhafen/Nes und Buren. An- und Abfahrtzeiten sind auf den Fahrplan der Fähre abgestimmt.

■ **Taxi:** Tel. 520 10. Vom Hafen zu den Hotels in Nes oder Buren kostet das Sammeltaxi f 5 pro Person, nach Hollum und Ballum f 7.50; Kinder zahlen die Hälfte. Gruppenausflüge bis 16 Personen auf Anfrage. Es werden auch Rollstühle transportiert.

■ **Auto:** Nur wenige Urlauber bringen ihr Auto mit auf die Insel, denn für mehr als Warentransport kann man es kaum brauchen. Tankstellen hat es dennoch in Nes, Ballumerweg 6, oder beim Hafen, Reeweg 1. Die Texaco in Hollum ist auch sonntags von 10-18 Uhr geöffnet.

Praktische Hinweise

■ **Telefon-Vorwahl für Ameland:** 05191-...

■ **Auskunft:** *VVV*, Rixt von Doniaweg 2, Postbus 14, 9163 ZL Nes, Tel. 520 20, Mo-Fr 8.30-12.30 und 13.30-18.30 Uhr, Sa 10-15 Uhr. Das Büro liegt im Dorfzentrum von Nes, in Richtung Strandweg.

Eine Filiale des Fremdenverkehrsvereins steht in Hollum: Tel. 441 77, Mo-Fr 9-12 und 14-17.30 Uhr, Sa 10-12 Uhr.

Das in deutscher Sprache erscheinende *Ameland Magazin* wird jeden Monat mit einem aktuellen Veranstaltungskalender ergänzt und ist beim Fremdenverkehrsverein sowie beim Zeitungshandel erhältlich. In holländischer Sprache erscheint der *Kiek-es-in-krant* mit nützlichen Hinweisen wie dem Kinoprogramm.

■ **Notalarm:** Tel. 06-11, Polizei, Feuerwehr und Ambulanz, rund um die Uhr.

■ **Polizei und Fundbüro:** Reeweg 19 a, Nes, Tel. 521 25, Mo-Fr 9-12 Uhr, in der Saison bis 18 Uhr.

■ **Ärzte:** *Nes:* R. Maters, Ballumerweg 22, Tel. 520 18. – *Ballum:* J. Jacobs, Nesserweg 4, Tel. 441 75. – Medikamente sind an beiden Adressen von 15.30-16.30 Uhr erhältlich.

■ **Zahnarzt:** D. Walstra, Douwe Klipweg 14, Ballum, Tel. 441 04.

■ **Tierarzt:** H. Schols, Vermaningspad 4, Nes, Tel. 521 58, Mo-Fr 13.30-14 Uhr.

■ **Küstenwache:** Tel. 441 45.

■ **Postbüros:** *Nes:* Schon die historischen Kachelwände lohnen den Besuch der PTT, Kerkstraat 3, Mo-Fr 9.30-12 und 14-18 Uhr, Sa 10-12 Uhr. – *Hollum:* Fabrieksweg 6, Mo-Fr 10-12 und 15-17 Uhr, Sa 10-12 Uhr.

■ **Banken:** Die Rabobank hat eine Filiale in Nes und eine in Hollum. Beide haben einen Geldautomaten und sind Mo-Fr 9-12 und 14-16 Uhr geöffnet.
■ **Bibliotheken:** *Ballum:* Camminghastraat, Mo und Fr 17-18 Uhr. – *Hollum:* in der ehemaligen Kirche am Hereweg, Mo, Mi und Fr 17-18 Uhr.

Inselkalender

■ **Tag des Handwerks:** Ballum vermittelt jedes Jahr, am letzten Donnerstag im Juli, ein Bild von vergangener Lebensart. Nostalgie ist Trumpf bei der Demonstration von altem Handwerk. Auf dem bunten Markt werden Volkskunst und lokale Produkte verkauft. Dazu gibt es Diavorstellungen, Ausstellungen und Spiele.
■ **Roggenfest:** In alten Zeiten stießen die Bauern nach dem Einbringen der Roggen mit einigen Gläschen Branntwein auf die Ernte an. Seit 1987 nimmt Nes den verblaßten Brauch zum Anlaß, am ersten oder zweiten Freitag im August ein Straßenfest mit Musik und Tanz, mit Clowns, Akrobaten und Zauberkünstlern zu organisieren. Am Abend steigt die Stimmung in den Kneipen.
■ **Viehmarkt:** Hollum ist seit jeher Anziehungspunkt für den Viehmarkt jedes Jahr im August. Der Kauf einer Kuh wird nach alter Väter Sitte mit Handschlag getätigt. Zum Viehmarkt gehört ein Straßenmarkt mit Fackeln, Lampions und musikalischer Unterhaltung von Amelander Popgruppen.
■ **Mittsommerfest:** Am Strand von Buren gibt's im August ein Pferderennen mit Jockey und Sulky um die Meisterschaft von Ameland. Vorführung des von Pferden gezogenen Rettungsbootes. Abschluß in einem großen Festzelt mit Musik.
■ **Sunterklaas:** Der Ursprung dieses Männerfestes wird in heidnischen Bräuchen vermutet. An langen Herbsttagen entstehen Kostüme, die mit weißen Papierstreifen bestückt sind. Damit geistern die Männer am Abend des 5. Dezembers durch die Dörfer und produzieren melancholische Laute mit Büffelhörnern. Den Frauen ist es verboten, sich an diesem Abend auf der Straße blicken zu lassen. Wenn sich die Männer später in der Kneipe demaskieren, ist die Weiblichkeit dann aber doch zum Tanz willkommen.

Kulturelles

■ **Volkstänze:** Die folkloristische Gruppe *De Amelanders* tanzt seit 1962 in Sonntagstrachten aus der Mitte des letzten Jahrhunderts zum Spiel des Akkordeons. Das Repertoire besteht aus gut 20 traditionellen Reigen, die im Sommer, bei schönem Wetter, mehrmals wöchentlich in den Dörfern gezeigt werden. Die Daten sind beim Fremdenverkehrsverein ausgehängt.
■ **Ons Hol,** Oranjeweg 30, Hollum, und De Toel, Kardinal de Jongweg 31, Nes.
Beide Treffpunkte zeigen im Sommer Spielfilme. Die Stiftung »Sozial-Kulturelle Arbeit Ameland« organisiert zudem Kinderspielstunden und verschiedene Kurse. Das Programm findet man in der gratis ausliegenden Zeitung »Kiek-es-in-krant«.
■ **Natuurcentrum,** Strandweg 38, Nes.
In der Hochsaison wird jeden Diens-

tag und Donnerstag um 20.30 Uhr eine Diashow über Amelands Natur gezeigt; Kartenvorverkauf beim *VVV*.

■ **Ausstellungen:** Das Atelier *De Mispel*, Oranjeweg 4 in Hollum, zeigt Ameländer Volkskunst und altes Spielzeug. Lokale Künstler zeigen ihre Werke in der *Oude School* am Rixt van Doniaweg, nahe dem Turm im Nes. Der dazugehörige Laden verkauft Töpferwaren, Schmuck und Halbedelsteine. Öffnungszeiten Mo-Fr 10.30-12.30 und 13.30-17 Uhr, Sa 14-16 Uhr.

Sport und Spiel

Wassersport

■ **Surfen:** Das Wattenmeer eignet sich in der Ballumer Bucht und westlich des Fährhafenpiers besonders gut zum Surfen. Wer kein eigenes Brett hat, fährt zum Badestrand von Hollum, am Westende der Insel, wo das *Windsurfcentrum* die Ausrüstung für f 20 pro Stunde vermietet. Eine Probierlektion kostet inklusive Material f 15. Zudem kann man Kurse von drei bis fünf Tagen belegen und sein eigenes Brett einstellen. Im Sommer organisiert der Club jeden Dienstag und Freitag ab 21 Uhr seine Beachparty. Information: Tel. 446 56.

■ **Angeln:** Mehrmals wöchentlich fährt die *M.S. Bruinvis* aufs Wattenmeer zum Fischen. Während fünf bis neun Stunden besteht durchaus die Chance, daß eine Scholle, ein Aal oder ein Wittling ins Netz geht. Erwachsene zahlen f 30, Kinder die Hälfte. Buchung beim Fremdenverkehrsverein.

In den Weihern des *Vleyen-Parks* wird mit Roggenbrotködern nach Karpfen gefischt, die der glückliche Angler aber ins Wasser zurückwerfen muß.

Angelzubehör in *Nes:* Foto Veenstra, Bolomeyweg 1. Klaassen, Strandweg 1. De Platvis, Kard. de Jongweg 16. – In *Hollum:* Warenhaus Engels, Zwaneplein 1.

■ **Badestrände:** Der feine Nordseestrand ist 27 km lang und wird bei Nes und Buren von Juni bis Mitte September täglich von 9-18 Uhr bewacht. Hängt die grüne Flagge, kommt die Flut. Die rote Flagge bedeutet Ebbe. Nacktbaden ist auf Ameland nicht erlaubt! Strandpavillons liegen am Meer bei jeder Ortschaft.

Schwimmbäder/Sauna/Solarium

■ **Tropica Ambla,** Molenweg 18, Nes, Mo-Sa 10-19 Uhr, So 12-19 Uhr.

Nicht zu übersehen ist am Dorfrand von Nes das Tropenbad mit seinem durchsichtigen Turm, von dem man auf der Wasserrutsche 120 Meter in die Tiefe sausen kann. Allerlei Attraktionen, wie die Wildwasserrinne, Whirlpools, Dampfbäder, ein Freiluftbecken, Sauna, Sonnenbänke und ein Restaurant, garantieren ein familienfreundliches Schlechtwetterprogramm. Die Eintrittspreise sind gestaffelt für ein, zwei oder drei Stunden f 7, f 10 und f 12, Kinder f 5 bis f 7.50. Wer drei Stunden oder länger bleibt, kann beim *VVV* Rabattgutscheine kriegen.

■ **De Schalken,** Strandweg 20, Ballum, Mo-Sa 9-20.30 Uhr, So 10.30-20 Uhr.

Hinter dem Campingplatz Roosdunen, zwischen Ballum und Strand, vergnügen sich im Sommer vor allem Kinder im 25 m langen Freibad, im

Lehrschwimmbecken oder im Kleinkinderbad. Das Wasser ist angenehm warm. Es gibt eine Liegewiese und für kühlere Tage Sauna und Sonnenbank. Eine Attraktion für die Jungmannschaft sind die Trampoline beim Eingang. Eintritt rund f 5, Kinder f 4.

■ **Hotel de Klok,** Hoofdweg 11, Buren.

Man braucht kein Hotelgast zu sein, um die Sauna für f 15 pro zwei Stunden, die Sonnenbank für f 8 oder den Fitneßraum für f 5 zu benutzen.

■ **Kiekduun,** Strandweg 65, Buren, Tel. 523 89.

Beim gleichnamigen Campingplatz; Sauna für f 15 pro Stunde.

■ **De Berkenhof,** Strandweg 35, Nes, Tel. 526 93.

Eine wohltuende Sauna, siehe auch »Tennis«.

Reiten

Die Reitställe auf Ameland vermieten ihre Pferde für etwa f 18 pro Stunde. Ein Pony kostet f 2-3 weniger.

■ **Rijstal De Postduif,** Ballumerweg 12 a, Nes, Tel. 521 61.

An der Hauptstraße Richtung Ballum.

■ **D. Kuperus,** Torenstraat 14, Nes, Tel. 520 67.

In der Nähe des Restaurants Azië.

■ **De Blinkert,** Baron Rengersweg 10, Ballum, Tel. 440 59.

Gegenüber dem Flugfeld.

■ **Seelon,** Smitteweg 11, Ballum, Tel. 445 56.

Auf dem Weg zur Ballumer Bucht.

■ **Nella Dorian,** Oranjeweg 20, Hollum, Tel. 443 39.

Neben dem Pferderettungsboot Museum.

Tennis

■ **De Berkenhof,** Strandweg 35, Nes, Tel. 526 93.

Von März bis November kann man für f 15 auf dem Außenplatz spielen.

■ **St. Recreatie Centra Ameland,** Strandweg 20, Ballum, Tel. 441 34.

Die beiden Plätze an der frischen Luft kosten f 15 pro Stunde.

■ **Klein Vaarwater,** Klein Vaarwaterweg 114, Buren, Tel. 521 56.

Wenn es draußen stürmt, kann man in der Halle für f 50 spielen. Die beiden Außenplätze kosten f 12.50 pro Stunde.

■ **De Schalken,** Strandweg 20, Ballum.

Zum Schwimmbad gehören auch einige Tennisplätze.

■ **Hotel Hofker,** Joh. Hofkerweg 1, Nes, Tel. 520 02.

Verschiedenes

■ **Wandern:** Beim Fremdenverkehrsverein ist eine Broschüre mit Wandervorschlägen und Radtouren erhältlich. Die Wanderwege sind gut ausgeschildert und führen oft in Gebiete, die mit dem Fahrrad nicht erreichbar sind – etwa ins Naturschutzgebiet Oerd.

■ **Massage:** J.A. Verbiest, Fabriekspad 12, Buren, Tel. 527 14. Klassische Massage oder Sportmassage nach telefonischer Vereinbarung. Es hat auch eine Sonnenbank.

■ **Fallschirmspringen:** Wie wär's mit einem Wochenkurs, der jeden Samstag beginnt und neben den Instruktionen acht Sprünge beinhaltet? Kostenpunkt um f 900. Wer in professioneller Begleitung einen Tandemsprung wagen will, zahlt knapp f 300 für das einmalige Erlebnis.

■ **Schlittschuhlaufen/Langlauf:**
Der Blumenladen in Nes vermietet im Winter Langlaufskier. Schlittschuh läuft man auf den Eisfeldern südlich von Ballum und Hollum sowie nördlich von Buren.

Spiele

■ **Amüsementshalle Kooistra,** Verdekspad 3, Nes.
Um die Ecke des *VVV* flimmern, ächzen und hornen seit mehr als 25 Jahren alle Maschinen, die in einen Spielsalon gehören.

■ **Klein Vaarwater,** Klein Vaarwaterweg 114, Buren, Tel. 521 56.
Das Freizeitzentrum beim großen Campingplatz ist für Bowling, Kegeln und Minigolf eingerichtet.

■ **Pool/Billard:** Gegenüber der Disco Lichtboei, Neser Strandweg, wird im *Café Vleyen* für ein bis zwei Gulden pro Spiel die Kugel geschoben. Im Dorfzentrum von Nes, in *De Herberg* am Reeweg 28, spielt man das ganze Jahr Pool und Darts.

■ **Minigolf:** Für rund f 5 pro Person in Hollum beim Campingplatz *Boomhiemke*, Jan Roepespad 4, während der Hochsaison von 9-21 Uhr. In Nes zwischen der Mühle und dem tropischen Bad bei *De Paasduin*, Molenweg 12. In Ballum beim *St. Recreatie Centra*, Strandweg 20, und in Buren beim *Klein Vaarwater*.

Ausflüge

Die Fremdenverkehrsvereine in Nes und Hollum informieren über Zeitpunkt und Treffpunkt der Exkursionen und verkaufen die Teilnahmekarten; Kinder bis 12 Jahre zahlen grundsätzlich die Hälfte für:

■ **Kutterfahrten zur Robbeninsel und Muschelbank:** In der Saison tuckern die *M.S. Watergeus, Ameland* und *Bruinvis* bei Ebbe fast täglich vom Fährhafen durch die Wattenmeer-Fahrrinne Richtung Westen. Man genießt den Ausflug auf der Schiffsterrasse, während der Skipper allerhand Wissenswertes über die Seehunde erzählt. Auch für das leibliche Wohl wird gesorgt. Nach einer guten Stunde steigt die Spannung, es wird um Ruhe gebeten, und dann sieht man die liebenswerten Kolosse auf der Sandbank faulenzen. Mit dem Bordfeldstecher, der die Runde macht, rücken die Tiere hautnah heran. Zum Teil wird der Ausflug um einen Stopp bei der Muschelbank erweitert – nehmen Sie dafür gutes Schuhwerk mit! Je nach Programm und Kutter kostet es für Erwachsene ab f 16; Fahrkarten auch direkt am Pier beim Fährhafen.

■ **Tagesausflug nach Terschelling oder Schiermonnikoog:** In der Sommersaison ist es etwa alle zwei Wochen möglich, eine der beiden Nachbarinseln zu besuchen. Die Abfahrtzeiten sind von den Gezeiten abhängig. Das Fahrrad fährt gratis mit, so daß man während der rund sechs Stunden Inselaufenthalt viel entdecken kann. Erwachsene f 35.

■ **Molenaar's Strandritten:** Der Weg zur imposanten Sandbank *De Hon* ist mit dem Fahrrad und dann zu Fuß wunderschön, aber auch anstrengend. Für kleine Kinder bequemer ist die Fahrt entlang dem Nordseestrand. Der Traktor zieht zweimal wöchentlich einen umgebauten Passagierwagen hinter sich her, in dem auch Platz für Rollstühle ist. Erwachsene f 10.

■ **Planwagen- und Kutschenfahrten:** Einmal wöchentlich kann man sich in die vergangene Zeit schaukeln lassen, als die Insulaner noch mit Pferd und Kutsche durch die Landschaft fuhren. Die Fahrten starten in Buren und Hollum. Spaßig ist der Ausflug für Gruppen von 5 bis 20 Personen. Erwachsene f 10.
■ **Inselrundfahrt:** Ein antiker Autobus fährt mehrmals wöchentlich ab *VVV*-Büro in Nes zu verschiedenen Sehenswürdigkeiten wie Museen und Kirchen. Je nach Programm ab f 10 für Erwachsene.
■ **Geführte Rundgänge:** Informativ und oft auch amüsant sind die fachkundig geleiteten Wanderungen durch das Naturschutzgebiet Het Oerd, durch die Hollumer Dünen, zum Entenpferch oder bei Ebbe im Wattenmeer. Zudem werden naturkundliche Radtouren geboten. Die Teilnahme kostet maximal f 5. Auf deutschsprachige Teilnehmer wird Rücksicht genommen.
■ **Rundflüge:** Beim Flughafen in Ballum, Tel. 440 30, können 3-4 Personen eine Propellermaschine mieten und sich in die Lüfte tragen lassen. Eine Viertelstunde aus der Vogelperspektive kostet um die f 40 pro Person.

Fahrradtour

Ameland ist von einer Größe, die den Besucher tagelang Neues entdecken läßt. Eine Radrundfahrt vermag durchaus einen guten ersten Überblick der Insel zu verschaffen. Die kürzeste Verbindungsstrecke zwischen den Dörfern im Osten und im Westen ist die langweiligste. Vermeiden Sie die Hauptstraße soweit wie möglich auf Ihren Radtouren. Wo immer Sie in den Ausflug einsteigen, die Beschreibung beginnt beim Fährhafen, wo die Neuankömmlinge aus dem Bauch der Fähre drängen, während die Abschiednehmenden nochmals einen Blick zurückwerfen.

Frisch und voller Tatendrang setzt man sich besser am Anfang der Tour dem Gegenwind aus und radelt direkt der Wattenmeerküste entlang, während die Schafe auf dem Damm grasen. Richtung **Ballumerbucht** fallen auf der Kuppe des Dammes die beiden bronzenen Männer der Küstenwache auf, die trotz strahlend blauem Himmel, als tobte ein Sturm, mit der Laterne Ausschau halten. Früher fuhren von dieser geschützten Bucht die Binnenschiffer nach Harlingen und Leeuwarden, doch inzwischen wiegen sich hier die Surfer im Wind. In der Garage der Rettungsmannschaft steht seit 1988 die Aluminiumkonstruktion »Johannes Frederik« für Notfälle bereit. Das Rettungsboot hat einen Tiefgang von nur 75 Zentimetern. Die beiden Dieselmotoren mit je 580 PS erreichen eine Geschwindigkeit von 27 Knoten oder 50 km pro Stunde.

Beim **Langen Sloot** paddeln Enten über die glitzernde Wasseroberfläche. Der **Lombokweg** hält von hier durch die Polder direkt auf **Hollum** zu. Bei der evangelischen Kirche an der Zuiderlaan biegt man in die besterhaltene Dorfstraße, die Oosterlaan, mit ihren Kommandeurshäusern. Im Garten des Heimatmuseums steht eine Walfischkiefer, wie sie die Jäger einst zur Abgrenzung ihrer Grundstücke in die Erde steckten. Über die **Tjettepad** rollt ab und an noch das historische, von Pferden gezogene Rettungsboot zum Strand, der am Ostzipfel der Insel auch die Wattenseeseite umgarnt. Das Pferdegrab erinnert an jenes Unglück 1979, als acht von zehn Pferden im Sturm ertranken. Durch landesweite Spenden konnten die Tiere ersetzt werden. An der Kreuzung **Badweg** fällt der Blick auf den Borndiep zwischen der Nachbarinsel Terschelling. Unter dem Meeresboden liegen die Reste des Dorfes **Sier,** das um 1300 von der See verschluckt wurde. Es muß einst über einen ansehnlichen Hafen verfügt haben. Auch mehr als 200 Brunnen haben die Taucher unter dem Wasser entdeckt.

Über den Muschelweg gelangt man durch den **Hollumer Wald** zum **Leuchtturm,** wo die Aussicht allemal den Aufstieg lohnt. Im Gebiet der **Hollumer Dünen** liegen 16 Brunnen, von denen maximal 14 aus einer Tiefe bis zu 30 Metern Grundwasser schöpfen. Später passiert man die mit 20 Metern höchste Amelander **Engelsmanduun,** unter der, seit einem Schiffbruch im 18. Jahrhundert, englische Seeleute begraben liegen. In den landschaftlich besonders reizvollen **Langen Dünen** brüten viele Vogelarten zwischen den Schilfbeständen im Moor, wo im Mai und Juni gelbe Schwertlilien und Narzissen blühen. Anfang Juli bezaubern die fleischfarbigen, wilden Orchideen ebenso wie die hellrosa Hundsrose. Die schmalen Wanderpfade in dieser Gegend locken in eine Natur, die man per Fahrrad nur am Rande beobachten kann. Im Frühling blühen bei Pfahl 7, auf der Höhe von **Ballum,** die Dünenveilchen im kalkreichen Sandboden. Am Ballumer **Strandweg** starten die Propellermaschinen auf dem Flugfeld, und bei guter Witterung gleiten Fallschirmspringer vom Himmel. Das stimmungsvolle Dorf lädt zu einer Verschnaufpause ein.

Der **Smitteweg** führt vom südlichen Dorfrand direkt auf die Ballumerbucht zu und zweigt dann bei der Kläranlage in die Hauptstraße, die über dem **Mochdeich** ansteigt. Er verhindert, daß Ameland in der Inselmitte getrennt wird. Der Kampf gegen den Wind endet, sobald man in den **Westerpad** links einbiegt und im Schutze des Waldes wieder auf die Nordseeseite am Camping Duinoord vorbei radelt. Am Ende des **Neser Strandweges** standen einst zwei Badehotels, die jedoch in den Jahren 1953 und 1976 von der Nordsee weggespült wurden. Um die Insel vor weiterem Landverlust zu schützen, wurde der Strand bei **Nes** aufgeschüttet. Vor dem Dorf führt linker Hand der **Molenweg** über kleine Brücken durch das Erholungsgebiet **De Vleyen** nach **Buren.** Der **Kooiweg** dehnt sich von der Dorfmitte nach Osten zum **Kooiplaats** aus. Auch östlich von Buren lagen in früheren Zeiten noch zwei Dörfer, Swartholde und Oerd, von denen nach einem Sturm 1825 wieder Hausreste zum Vorschein kamen. Der Boden, auf dem heute der **Entenpferch** steht, wurde 1704 vom Prinz von Oranje gekauft und in seinem Auftrag als Entenfangplatz eingerichtet. In den sechziger Jahren gingen die Fangerfolge massiv zurück, und der Fangplatz wurde immer mehr vernachlässigt, bis 1976 *Willem Kiewied* die Initiative ergriff, um den historischen Platz in seinen alten Zustand zurückzubringen. Zurück zum Deich am Wattenmeer ist es ein Katzensprung. Beim **Reeweg** kann man wieder landeinwärts durch die Polder zurück nach Nes radeln.

Nes

Ein paar hundert Meter muß sich der Neuankömmling gedulden, bevor er nach Ankunft der Fähre einen ersten Blick auf den Inselhauptort werfen kann, denn Nes liegt nicht direkt am Wattenmeer. Um so erfreulicher erscheint dann das mit mehr als 1000 Einwohnern wichtigste Inseldorf, dem die zahlreichen Geschäfte, Restaurants und Nachtlokale schon fast kleinstädtischen Charakter verleihen. Glücklicherweise stören aber kaum Autos das gemütliche Treiben auf den Terrassen und Plätzen. Höchstens die Radfahrer können im sommerlichen Großandrang auf den beiden Hauptmeilen für eine Verstopfung sorgen.

Die alten »Tante-Emma-Läden« wurden längst zu Boutiquen und Supermärkten umfunktioniert, doch dazwischen dösen die Kommandeurshäuser mit ihren geschwungenen Giebeln noch wie in vergangenen Zeiten. Das älteste Haus am Rixt van Doniaweg 8 trägt die Jahreszahl 1625. Historisch aufgepäppelt wurde die Hervormde Kirche am Kerkplein mit den umliegenden Häusern, die nun zeitweise als Kulisse für folkloristische Tänze dienen. Der einsam dastehende Turm wurde 1664 erbaut und 1732 als Seezeichen auf die heutige Höhe aufgestockt.

Die nächste Verbindung zur Nordsee führt am Büro des Fremdenverkehrsvereins vorbei zum Strandweg, an dem das Erholungsgebiet *De Vleyen* liegt. Die Amelander sind zwar überzeugt, das vom alten Zwist zwischen den östlichen Dörfern Nes und Buren und den westlichen Ballum und Hollum nichts mehr zu spüren ist. Dennoch versteht es sich, daß nach der Eröffnung des Vleyen-Parks auch Hollum Pläne für ein Erholungsgebiet mit Golfplatz und Wasserspielen einreichte. Das Gesuch wurde abgelehnt, weil die Belastung für den Grundwasserspiegel zu hoch wäre.

An der Dorfausfahrt Richtung Ballum erinnern vor der Schule die beiden riesigen, zu einem Tor plazierten Walfischzähne an abenteuerliche Ameländer Zeiten, als die Männer mit dem Fang von Walen ihre Familien unterhielten.

Wer Nes in Richtung Buren verläßt, kommt auf den Kardinal de Jongweg. Er wurde nach einem der berühmtesten Söhne Amelands benannt. Der 1885 geborene *Jan de Jong* war ein vorbildlicher Schüler und ließ sich dazu bewegen, Priester zu werden. Der junge Mann fuhr nach Rom, promovierte in Theologie und Philosophie, wurde Professor der Kirchengeschichte und 1936 Erzbischof zu Utrecht. In Hirtenbriefen rief er zwischen 1940 und 1945 seine Glaubensgemeinde zum Widerstand gegen die Besatzung auf. Die Wahl zum Kardinal 1946 und die Verleihung des Ehrendoktors sollen der Gutmütigkeit des 1955 verstorbenen Jan de Jong keinen Abstrich gebracht haben.

Sehenswertes

■ **Natuurcentrum,** Strandweg 38, Mo-Fr 10-12 und 13-17 Uhr, Sa-So 13-17 Uhr, im Juli/August auch 19-21 Uhr.

Am Rande des Freizeitparks »De Vleyen« stellt das Museum seit 1989 die verschiedenen Landschaftstypen mit zweisprachigen Informationsschildern in logischer Reihenfolge vor: vom Watt an der Südseite der Insel über Queller, Polder, Wald und Dünen zu Strand und Meer an der Nordseite.

Ameland/Nes

Quicklebendig sind die Ameisen im Schaukasten. Die ausgestopften Vögel piepsen und singen dagegen nur auf Knopfdruck. Lebhaft zu und her geht es hinter den Scheiben des 14 m langen Aquariums, in dem heimisches Getier, wie kleine Haie, Kabeljaue, Aale und Plattfische, badet. Besonders reizvoll anzusehen sind die Polypen und Seeanemonen. Vorsicht beim Studieren der Krabben im offenen Behälter – die Viecher können mit ihren Zangen zwicken.

Wechselausstellungen behandeln aktuelle Themen des Naturschutzes. Ein Computer analysiert Wasserstand und -qualität. In der Wetterstation zeigt das Satellitenbild auf dem Monitor die aktuellen Wetterprognosen, die sich oft von jenen des Festlandes unterscheiden.

■ **Erholungsgebiet De Vleyen:** Die Parkanlage dehnt sich zwischen dem westlichen Dorfrand und dem Strandweg aus. Im Sommer fahren Pedaloboote auf den kleinen Seen. Am Ufer hoffen Angler, daß ein Karpfen anbeißt. Holzbrücken führen über die Kanäle zu den Wiesen. Auf der Spielinsel turnen Kinder auf Holztürmen und Hängebrücken herum. Eine rund einstündige Wanderung führt vom Schwimmbad *Ambla,* immer den Pfählen mit dem Abdruck einer Hasenpfote folgend, in den *Neser-Wald* am *Willibrordus-Weiher* und, am Friedhof vorbei, zum Ausgangspunkt zurück. Unterwegs informieren Schrifttafeln über den Wasserhaushalt der Insel.

■ **Kornmühle De Phenix:** *Pieter Tiemens Boelens* konnte die Silvesternacht von 1833 nie vergessen, denn zu jenem Jahreswechsel blies der stürmische Wind kurzerhand seine Kornmühle um, die er 33 Jahre zuvor ersteigert hatte. Immerhin hatte das Gebäude seit 1629 am Dorfrand von Nes am Molenweg gestanden. Der Müller baute eine neue Mühle, doch diese brannte am 20. Juni 1880 ab, nachdem sich ein Blitz in ihrem Windrad entladen hatte. Der gute Boelens ließ sich nicht unterkriegen und erstellte die heutige *Phenix.* Die Gemeinde Ameland kaufte und renovierte die Mühle 1980, und seither mahlt sie wieder das Korn für die Amelander Bäcker. Von innen kann man sie nur auf Anfrage über den Fremdenverkehrsverein besichtigen.

■ **Katholische Kirche:** Daß ein so berühmter Architekt wie *P.J.H.Cuypers* für ein so unbedeutendes Dorf, wie Nes es damals war eine Kirche entwarf, mußte seinen besonderen Grund haben. Immerhin zeichnete der erfolgreiche Baumeister verantwortlich für *Rijksmuseum* und *Centraal Station* in Amsterdam. Der Ameländer Pastor *Scholten* rief 1873 im katholischen Blatt *De Tijd* zu milden Gaben auf, damit auch die katholische Gemeinde auf dem armen Ameland ein eigenes Gotteshaus bekommen könnte. Cuypers zeigte sich als überzeugter Katholik gerührt und einverstanden, den Bau am Kardinal de Jongweg für f 17.000 zu leiten, sofern die Insulaner das Baumaterial gratis herbrächten. Was die Ameländer damals kaum wußten: Die Kirche ist eine Kopie der 1859 erbauten Kapelle im Dominikanerkloster von Huijssen. Inzwischen ist die Kirche allerdings mehrmals erweitert worden.

■ **Willibrorddobbe:** Nördlich des Friedhofes soll dieser Teich einst ein heiliger Brunnen gewesen sein, der im 8. Jahrhundert zum Reich des friesischen Königs *Radboud* gehörte. Der erste Erzbischof der Friesen, *Willibrord,* wollte damals die Ameländer bekehren und taufte einige mit Wasser aus dem Teich. Zur Strafe ließ Radboud den Missionar von der Insel verbannen.

Unterkunft

Hotels/Pensionen:

■ **Hofker,** J. Hofkerweg 1, 9163 GW, Tel. 520 02.

Mitten im Dorf, an der Ecke Reeweg, gibt es für Sportliche EZ mit Dusche/WC für f 80, DZ um f 145. Die kühl eingerichteten Apartments mit überdachtem Balkon und Kochnische kosten f 70-170 für 1-4 Personen, plus Endreinigung. Hallenbad, Sauna und Tennisplätze sind frei benutzbar. Ab 3 Übernachtungen gibt's Rabatt.

■ **Molenzicht,** Noorderweg 3, 9163 HR Nes, Tel. 521 65.

Ruhig gelegen am Rand von Nes, nahe der Mühle, liegt dieses kleine Haus mit Gartenterrasse und modern eingerichteten Zimmern für f 40-50.

■ **Bêd & Brochje:** Bett und Frühstück bieten für knapp f 30 pro Person die Familien: Beijaard, Ballumerweg 16, 9163 GB, Tel. 526 73. Boelens, Molenweg 8, 9163 HP, Tel. 524 81. Van Jijum, Groenland 1, 9163 HM, Tel. 520 07. Kienstra, v.d. Stratenweg 8, 9163 HT, Tel. 526 44. Schambach, Commandeurstraat 12, 9163 JZ, Tel. 523 02. Twickler, Kard. de Jongweg 21, 9163 HZ, Tel. 522 78. Frühzeitig reservieren!

Ideal zwischen Dorf und Strand, nahe dem tropischen Schwimmbad, liegen eine ganze Reihe von Familienhotels, die sich in ihrer gemütlich konservativen Art ähneln. Den Speisesaal mit viel Holz zieren ausgestopfte Vögel oder Muscheln. Es gibt einen Aufenthaltsraum mit TV, konventionell eingerichtete Zimmer ohne oder mit Dusche/WC, einen Garten und die Möglichkeit für HP (f 60-80 je nach Zimmer). Auch preislich gibt es kaum Unterschiede: Zimmer mit WC/Dusche kosten um f 55, ohne Bad um f 45 pro Person und Nacht.

■ **Töben,** Strandweg 11, 9163 GK, Tel. 521 63.

Offener Kamin im Saal. Einige Zimmer mit Telefon und Terrasse. Keine HP.

■ **Bos en Duinzicht,** Strandweg 27, 9163 Gl, Tel. 523 68.

Auch vierbeinige Gäste. Kleines Freiluftbecken.

■ **Nes,** Strandweg 39, 9163 GL, Tel. 521 83.

Zimmer mit Telefon für bis zu 4 Personen.

■ **Noordzee,** Strandweg 42, 9163 GN Nes, Tel. 522 28.

Hunde sind willkommen. Kleines Freischwimmbecken.

■ **Ameland,** Strandweg 48, 9163 GN, Tel. 521 50.

Auch Pferdevermietung.

■ **Excelsior,** Kievitsweg 11, Tel. 520 12.

Etwas abgelegen hinter den Dünen liegt dieses romantische Haus mit altmodischen Zimmern für f 60.

Für Gruppen:

■ **Beijaard,** Reeweg 16, 9163 GV, Tel. 527 36.

Am Dorfrand Richtung Fähre finden von April bis November bis zu 60 Personen in 8 Zimmern Unterkunft. Es gibt TV/Radio und Telefon. Die Räume können nur teilweise geheizt werden. Zum Strand sind es eineinhalb Kilometer. Kosten auf der Basis von Selbstverpflegung f 8-10 pro Person und Nacht.

■ **Mosterman,** Polderweg 10, 9163 JM, Tel. 522 50.

Ein schöner Hof nahe dem Dorf und zwei Kilometer vom Strand entfernt, mit 2 Sälen für maximal 80 Leute. Die Räume sind nur von April bis November geöffnet, da sie nicht voll heizbar sind. Das ganze Jahr wird zudem eine Ferienwohnung für bis zu 14 Personen vermietet. Die Küche ist eingerichtet. Kosten f 10-13 pro Person und Nacht.

■ **Kiewietshoeve,** Ballumerweg 25, 9163 GA, Tel. 521 38.

Zwischen Nes und Ballum liegt dieser Hof mit den markanten rot-weißen Fensterläden. Dank Zentralheizung können das ganze Jahr 25-80 Personen in 5 Räumen übernachten. Auf Wunsch wird Vollpension geboten. Grundpreis pro Person und Nacht f 10.

Camping:

■ **Duinoord,** Jan van Eyckweg 4, 9163 PB, Tel. 520 70.

Experten bezeichnen es als reinen Zufall, daß im Sommer 1992 ein Wirbelsturm zum zweiten Mal über den mit 700 Plätzen ausgerüsteten Campingplatz fegte. Im Vergleich zum Desaster von 1972 verlief die Sturmnacht gerade noch glimpflich. Von April bis Oktober kostet die Übernachtung pro Person f 5 und f 4 für ein kleines Zelt, Caravans kosten um f 7. Der Platz ist mit Kantine, kleinem Laden und Unterhaltungsräumen ausgerüstet.

Verpflegung

■ **Nescafé,** van Heeckerenstraat 10.

Ein »Evergreen« im Dorfzentrum, mit Pub-Atmosphäre, wie es die Holländer lieben. Ganz untypisch liest sich die Speisekarte mit überraschend abwechslungsreichen Gerichten zu fairen Preisen. Die Riesenportion Miesmuscheln nach französischer Art für keine f 30 schmeckt vorzüglich. Zudem eine nette Auswahl an Weinen, Kaffee mit Brandwasser und natürlich verschiedene Biersorten.

■ **De Drie Balken,** M. Janszenweg 2, täglich 10-24 Uhr.

Ein gepflegtes Restaurant mit aufmerksamer Bedienung, am Ende der Einkaufsmeile. Der Koch bemüht sich, traditionell holländischen Gerichten einen modernen Pfiff zu verleihen. Die typische Amelander Sier Scholle für knapp f 25 schmeckt gut und kommt mit verschiedenen Beilagen daher. Natürlich auch Fleisch- und vegetarische Gerichte. Zudem asiatisch angehauchte Eigenkreationen wie das *Marasal Josh,* ein exotisches Lammgericht für gut f 20. Im Sommer sitzt man auch auf der Terrasse.

■ **'t van Heeckeren Huys,** Kerkplein 6, täglich ab 10 Uhr.

Pizzen und Pastagerichte (unter f 20), Fisch- und Fleischmenüs gibt's im Dorfzentrum, schräg gegenüber dem Nescafé, in dieser »trendig« eingerichteten Brasserie. Auch für einen guten Espresso zu empfehlen. Gelegentlich dient das freundliche Lokal als Galerie oder Konzerthalle. Im Sommer sitzen die Gäste auf der großen Terrasse.

■ **Azië,** Torenstraat 13.

Das Dekor ist so kitschig, wie sich das für einen europäischen Chinesen gehört. Die Karte bietet einen Mix aus indischen, indonesischen und chinesischen Spezialitäten. Die Portionen sind so großzügig, daß man zu viert nach der Vorspeise nur drei Hauptgerichte (ab f 20) bestellen sollte. Auch Take-away an der Ausfahrt Richtung Ballum.

■ **De Klimop,** Joh. Hofkerweg 2.

Die Lunchkarte bietet unter anderem verschiedene Pfannkuchen; am Abend ißt man à la carte Fisch- und Grillspezialitäten um f 30. Auch für Gruppen bis 80 Personen.

■ **Het Witte Paard,** Torenhoogte 5, ab 17 Uhr.

Zwischen dem Postbüro und dem Turm etwas versteckt liegt das »Weiße Pferd«. Pferdefleisch steht zwar nicht auf dem Menüplan, dafür gibt's verschiedene Steaks und Grillspezialitäten für knapp f 30, die man entweder im Garten oder im urig, gemütlich dekorierten Lokal genießt. Weil das Steakhouse intim klein ist, herrscht im Sommer Platzmangel. Für mehr als 4 Personen muß man reservieren.

■ **Pizzeria San Remo,** Ballumerweg 3.

Klar, daß *Giovanni Di Santo* mit seiner Frau *Saskia* ein italienisches Restaurant betreibt. Das Restaurant ist zwar eine altholländische Scheune, doch die 75 verschiedenen Pizzen (ab f 10) und diversen Spaghetti schmecken südländisch. Für die Bambini gibt's spezielle Gerichte; bis die Eltern fertig gespiesen haben, können sie sich auf dem Spielplatz im Garten amüsieren.

Nachtleben

Nes ist nicht nur tagsüber das lebhafteste Dorf der Insel. Auch das Nachtleben spielt sich in erster Linie hier ab. Abgesehen von den Bars, kann man sich in drei Diskotheken amüsieren, wo der Zutritt frei ist. An der Bar wird mit Jetons bezahlt, die man an der Kasse gelöst hat. Vor 24 Uhr ist nicht viel los. Feierabend gibt es um zwei Uhr früh; allerdings Vorsicht: Nach 1.30 Uhr werden keine neuen Gäste mehr zugelassen! Es gibt Pläne, eine große Disco für gut 1000 Leute einzurichten – bloß wo der Standort sein soll, das ist zur Zeit noch unklar. Vielleicht klappt es bis zur nächsten Saison.

■ **Nescafé,** van Heeckerenstraat 10.

Populärer Treff ist das Nescafé im Dorfzentrum, auch nach dem Essen. Wer Kontakt sucht, setzt sich an die Bar; ruhiger ist es im »Separée« mit den großen Tischen.

■ **De Kelder,** Joh. Hofkerweg 2, Dienstag geschlossen.

Die Einheimischen steigen gerne in den »Keller« hinter dem Restaurant *De Klimop* hinunter, der mit seinem fantasievollen Wandbild so ab elf in der Saison bis, wohlgemerkt, vier Uhr morgens Betrieb hat.

■ **Dug out,** M. Janszenweg 3, Nes, täglich ab 21 Uhr, im Winter nur am Wochenende.

Im Dorfzentrum nahe der Kirche scharen sich die Nachtschwärmer schon vor der Disco. Die kleine Tanzfläche ist schnell gerangelt voll. Die Lasershow hat fast städtische Maßstäbe, die Soundmischung ist abwechslungsreich. Wer's etwas ruhiger mag, kann sich ins Café nebenan verziehen.

■ **Swinging Mill,** Molenweg 12, Nes.

Zwischen der Mühle und dem tropischen Schwimmbad gelegen, macht das Jungvolk hier Zwischenhalt auf dem Weg vom *Dug out* zur *Lichtboei*. Als ich an der Bar vor den Spiegelwänden mit Lämpchen saß, versicherte gerade ein süßer Fratz seiner Angebeteten, daß die Stimmung auf Ameland viel besser als auf Mallorca sei...

■ **Lichtboei,** Strandweg 41, Nes, täglich geöffnet.

Am Eingang gegenüber dem Hotel Ameland hat sich ein Mondrian-Kopist vertan. Das Interieur mit der langen roten Theke besitzt schon eher Skihütten-Ambiente. Der DJ bietet neben neuesten Hits auch eine Auswahl bester Songs aus den vergangenen 20 Jahren. Kein Wunder, daß das Publikum hier gut durchmischt ist.

Buren

Irgendetwas fehlt Buren. Es führt zwar so etwas wie eine Hauptstraße durch das Dorf, und daran liegen auch einige Geschäfte und Imbißlokale. Aber die Atmosphäre eines Dorfes fehlt trotzdem. Vor hundert Jahren lagen in der Umgebung von Buren bloß ein paar Bauernhöfe. Doch mit wachsendem Tourismus hat sich die östlichste Siedlung zu einem Ort mit rund 700 Einwohnern entwickelt. Im Vergleich zu den langsam gewachsenen Inselgemeinden strahlt Buren wenig Reiz aus und steht, im Gegensatz zu den drei übrigen Dörfern, nicht unter Denkmalschutz.

Dafür kann man sich beim Kaffee auf einer der Terrassen über die vorbeiziehenden Kinderscharen amüsieren, die in den Gruppenunterkünften auf den umfunktionierten Höfen ihre Ferien verbringen. Die einen haben offensichtlich gerade »Indianer« zum Tagesthema ihres Lagers gewählt. Andere fachsimpeln vor der Imbißbude über die beste Eissorte. Weil mit erwachsenen Kunden mehr Geld zu verdienen ist, werden in den nächsten Jahren einige Massenabsteigen in Apartments umgewandelt.

Buren hat zwar keinen Bäcker und kein Postbüro, aber immerhin mitten im Dorf ein Denkmal. Es ist die Statue der *Rixt van het Oerd,* die mit ihrer Hakennase und der Sturmlaterne den Verdacht auf eine Hexe weckt. Die Alte soll einsam in der Wildnis des Oerd gehaust haben. In stürmischen Nächten band sie ihrer einzigen Kuh eine Laterne zwischen die Hörner und trieb sie die Küste entlang. Manchmal folgte ein Kapitän dem Irrlicht in der Hoffnung, ein anderes Segelschiff im Sturm entdeckt zu haben. Rixt bereicherte sich dann an der Ladung des gestrandeten Schiffes. Doch eines Nachts entdeckte sie unter den Toten ihren einzigen Sohn, der zur See gefahren war. Von Leid gepeinigt soll die arme Rixt in hellen Nebelnächten noch immer wehklagend durch die Dünen geistern.

Sehenswertes

■ **Landbouw-Juttersmuseum Swartwoude,** Hoofdweg 1, Di-Fr 9.30-12.30 und 14-16.30 Uhr, Sa-Mo 14-16.30 Uhr.

Der Heuwagen und die weidende Kuh im Vorgarten des 1992 eröffneten Bauernmuseums im Dorfzentrum fallen sofort auf. Der charakteristische Hof aus dem 18. Jahrhundert wurde sorgfältig restauriert und lebhaft eingerichtet. Da meckert die Ziege im Stall, das Pferd läßt sich hinter den Ohren kraulen, während die beiden Schweine genüßlich pennen. Auch Hühner und Hasen fehlen nicht. Der Hofkatze stinkt es bestimmt, daß sie an einer Leine in der Scheune sitzen muß. Vom Stall kommt man direkt in die Wohnung, die im Stil der Jahrhundertwende eingerichtet wurde.

Im neuen Gebäude stellt ein Video die Insel vor und es wird gezeigt, was die Bauern alles nebenberuflich machten, um ihr armseliges Einkommen zu sichern – sei es als Fischer, Jutter oder

Jäger. Die Erklärungen werden auch in Deutsch gegeben.

■ **Entenpferch:** Bei den östlichsten Gehöften der Insel, beim Kooiplaats, kann man freitags von 10-12 Uhr den Ententeich besichtigen, der einst zum Auffangen wilder Enten genutzt wurde. Früher kamen gar Mitglieder der königlichen Familie zur Entenjagd nach Ameland. Aus jener Zeit stammt der Name Nassaukooi.

Unterkunft

Hotels/Pensionen:

■ **De Klok,** Hoofdweg 11, 9164 KL, Tel. 521 81, Fax 524 97.

Das einzige Hotel im Dorf liegt am nächsten beim Naturschutzgebiet Het Oerd; es bietet weiß getünchte Zimmer mit Dusche/WC und TV für f 55, ohne Bad für f 45 pro Person. Zur Ausstattung gehören Sauna, Sonnenbank und Fitneßraum sowie ein Restaurant für HP. Vierbeiner sind willkommen. Auch für Rollstühle geeignet.

■ **Bêd & Brochje:** Bett und Frühstück für f 25-30 gibt es an folgenden Adressen: Brouwer, Paasduinweg 9, 9164 KD, Tel. 526 34. Kiewiet, Het Middelhiem 8, 9164 KZ, Tel. 527 46. Metz, Esthermeindertsweg 8, 9164 KS, Tel. 525 34. Van der Mey, Fabriekspad 7, 9164 KR, Tel. 527 87. Molenaar, Meester Oudweg 29, 9164 LB, Tel. 526 42. Mosterman, Hazeweg 12, 9164 KG, Tel. 522 48. Nobel, Hazeweg 7, 9164 KE, Tel. 526 51.

Für Gruppen:

In Buren sind die Unterkünfte für Gruppen so zahlreich, daß sich Interessenten, je nach Bedarf ihrer Clique, am besten direkt bei den Vermietern erkundigen, denn die Preise für Übernachtungen schwanken massiv nach Teilnehmerzahl und Saison. Alle Kampierhöfe liegen in und um Buren und somit rund eineinhalb Kilometer vom Strand entfernt. Sofern nicht anders erwähnt, sind sie das ganze Jahr geöffnet. Hier einige Adressen:

■ **Brouwershoeve,** Willibrordusstraat 11 a, 9164 KT, Tel. 525 30.

12 Zimmer für 25-80 Personen.

■ **Edelweis,** T. Boelensweg 8, 9164 KP, Tel. 523 77.

Bis 80 Leute in 7 Sälen.

■ **Etzenhoeve,** Willibrordusstraat 2, 9164 KV, Tel. 527 21.

Von April bis September für 20-50 Leute.

■ **Licht der Zee,** Kloosterpad 3, 9164 KX, Tel. 521 39.

Mit Platz für 50 Leute einer der größten.

■ **Molenaar,** Willibrordusstraat 7, 9164 KT, Tel. 525 41.

Maximal 40 Personen finden in 9 Zimmern Platz.

■ **Molenwiek,** Kooiweg 28, 9164 KM, Tel. 521 42.

Bis zu 76 Leute schlafen in 9 Kammern.

■ **Ons Kasteel,** T. Boelensweg 9, 9164 KP, Tel. 521 89.

Maximal 70 Leute in 20 Zimmern.

■ **Peanca,** T. Boelensweg 16, 9164 KP, Tel. 520 33.

2 Schlafsäle für bis zu 70 Personen, von April bis Oktober.

■ **Ritske Moei,** Kooiweg 3, 9164 KM, Tel. 521 96.

Bis 90 Gäste in 6 Sälen, von Juni bis September. An Gruppen bis zu 17 Mitgliedern wird das ganze Jahr zudem eine Ferienwohnung vermietet.

178 Ameland/Buren

- **Sturmia,** Willibrordusstraat 9, 9164 KT, Tel. 524 58.
Auf 6 Räume verteilen sich 15-60 Personen.
- **De Westhoek,** Pastoor Scholtenweg 9, 9164 KK, Tel. 521 97.
10 Räume für 10-60 Leute.
- **Zonnebloem,** Willibrordusstraat 18, 9164 KV, Tel. 522 02.
Für 20-90 Gäste stehen bis zu 10 Säle bereit.

Camping:

- **De Kiekduun,** Strandweg 65, 9164 KA, Tel. 523 89.
Nahe dem Strand kostet die Übernachtung das ganze Jahr pro Person und kleines Zelt rund f 5, Caravans f 6. Es hat auch Luxuswohnwagen für 6 Personen, mit eigenem Bad und 2 Schlafzimmern, sowie Studios für 2 Personen mit Küchenecke und Gemeinschaftsduschen. Zur Anlage gehören eine Sauna und ein Restaurant.
- **Klein Vaarwater,** Klein Vaarwaterweg 114, 9164 ME, Tel. 521 56, Fax 526 55.
Der größte Campingplatz der Insel, mit bis zu 1000 Feriengästen, liegt zwischen dem Dorf in Richtung Naturschutzgebiet Oerd und ist das ganze Jahr geöffnet. Eine Person zahlt um f 5 pro Nacht, das kleine Zelt f 3, Caravans etwa f 7. Zudem werden Wohnwagen und Bungalows mit 2-3 Schlafzimmern vermietet. Zum Camping gehört ein Freizeitzentrum mit verschiedenen Aktivitätsmöglichkeiten, wie Bowling und Tennis.

Verpflegung/Nachtleben

So wie es kaum Geschäfte in Buren gibt, so hat es auch nur wenige Wirtshäuser. Am Hoofdweg liegt neben der Imbißbude das Restaurant des Hotels **De Klok**. Am Weg zum Strand sitzen die Gäste auch bei stürmischem Wetter gerne auf der überdachten Terrasse des **De Viool** und schmatzen einen Pfannkuchen. Die üblichen holländischen Gerichte zu durchschnittlichen Preisen bietet, direkt hinter den Dünen, das **Land en Zeezicht** mit seiner Terrasse. Selbstverständlich gehört zum Camping **Kiekduun** ein gleichnamiges Café und zum Camping Klein Vaarwater das Restaurant **De Boeg**. Das Nachtleben spielt sich weitgehend auf den Campingplätzen und den vermieteten Höfen ab. Natürlich haben auch die Bars der genannten Speiselokale Zulauf, doch zum Ausgang radelt man eher nach Nes.

Ballum

Ein rüstiger Mann gießt die Sonnenblumen im üppigen Garten vor seinem historischen Haus. Seine Füße stecken in Holzschuhen, und über dem freundlich gefurchten Gesicht trägt er eine Baskenmütze, wie sie bei der älteren Ameländer Generation schon immer Mode war. Die Zeit und viele Häuser aus dem 17. Jahrhundert sind im schönsten und kleinsten Inseldorf stehengeblieben. Läßt man sich vom Wind durch die Alleen über das Kopfsteinpflaster rollen, erscheint der Ort friedvoll wie eine Märchenwelt, obwohl dort, wo bis zum Abbruch 1829 ein romantisches Schlößchen die Fantasie der Dichter beflügelt hätte, seit den sechziger Jahren das Gemeindehaus steht.

Die Hauptrolle im Märchen würden die Herren von Cammingha spielen, die vom 15. Jahrhundert bis 1704 über das Eiland herrschten. Unter ihrem Regime wurde das heute 350 Einwohner zählende Ballum zum wichtigsten Dorf auf der Insel. Doch einziges Überbleibsel der selbstherrlichen Camminghas ist die Grabplatte des 1552 verstorbenen, als lebensgroßer Ritter abgebildeten *Wysto van Cammingha*. Sie ziert den Boden im Totenhäuschen des Ballumer Friedhofes und kann mit einem Schlüssel vom Gemeindeamt besichtigt werden.

Adliges Blut fließt nach wie vor in einigen Ameländer Pferden. Denn bis 1849 wurden Jahr für Jahr die prächtigsten Hengste aus dem königlichen Gestüt zur Stuterei nach Ballum gebracht. Wie ein tapferer Ritter mag sich auch heute noch manches Greenhorn fühlen, das bei einem der Ställe ein Pferd für einen Ausritt mietet. Der kleine Flughafen auf dem Weg zum Strand vergegenwärtigt, daß trotz allem auch Ballum im 20. Jahrhundert lebt.

Sehenswertes

■ **Ned. Hervormde Kerk:** Das Prunktsück der Kirche, während der Sommermonate zu besichtigen, ist die 1604 geschaffene Kanzel als gelungenes Beispiel hervorragender Holzschnitzkunst. Die Ballumer hatten das gute Stück als günstige Gelegenheit im Jahre 1700 für 33 Gulden von der Kirche zu Harlingen gekauft. Als die stolzen neuen Besitzer ihre Kanzel in die Kirche schleppen wollten, mußten sie allerdings feststellen, daß das Kirchenportal zu eng war. Es blieb nichts anderes übrig, als ein Stück Mauer aus dem Gotteshaus zu schlagen.

Unterkunft

Hotels/Pensionen:

■ **Hotel Nobel,** Gerrit Kosterweg 16, 9162 EN, Tel. 441 57, Fax 445 15.

Mitten im Dorf, etwa eineinhalb Kilometer vom Strand entfernt, strahlt dieses traditionsreiche Haus wirklich eine gewisse Noblesse aus. Die geräumigen Zimmer sind modern mit TV/Telefon und eigenem Bad eingerichtet und kosten pro Person um f 65. Jene im Erdgeschoß haben eine eigene Terrasse. Zudem stilvoller Speisesaal und eine Bar.

■ **Bêd & Brochje:** Zimmer, Frühstück für rund f 25 bieten die Familien: Blokker, Baron Rengersweg 3 a, 9162 ER, Tel. 442 03. Brouwer, Baron Rengersweg 2, 9162 ER, Tel. 444 68. Robijn, Baron Rengersweg 14, 9162 EP, Tel. 444 94. Visser, Gerrit Kosterweg 6 a, 9162 EN, Tel. 443 46. Nobel, Baron Rengersweg 4, 9162 ER, Tel. 443 26.

Für Gruppen:

■ **De Nachtegaal,** Zuidergrieweg 4, 9162 EE, Tel. 441 51.

Den totalen Frieden haben von Mitte Mai bis Ende September, zwei Kilometer vom Dorf am Wattenmeer, 40-80 Personen, die für rund f 9 in 5 Zimmern untergebracht werden.

■ **Engels,** Zuidergrieweg 2, 9162 EE, Tel. 446 07.

Der Nachbar der »Nachtigall« beherbergt 20-65 Personen in 2 Sälen. Es gibt kein Telefon, aber eine eingerichtete Küche zur Selbstversorgung. Wer mindestens eine Woche bleibt, zahlt f 7 pro Nacht; nur für ein Wochenende kostet die Übernachtung f 10 pro Person.

Camping:

■ **Roosdunen,** Strandweg 20, 9162 EV, Ballum, Tel. 442 72.

Hinter den Dünen liegt dieser Familienplatz beim Schwimmbad »Schalken«, nahe dem kleinen Flugfeld. Haustiere sind willkommen. Es hat 200 Plätze für f 5 pro Person (Kinder bis 9 Jahre f 3.50) und f 5 pro Zelt bzw. f 6 pro Wohnwagen; Elektrizität f 3.50. Zudem gibt es einen Laden, eine Imbißbude sowie Minigolfbahnen, Tennisplätze und Trampoline.

Verpflegung

■ **Nobel,** Gerrit Kosterweg 16, Tel. 441 57.

Recht gediegen wirkt der Speisesaal in diesem Hotel. Die Küche bietet Gaumenfreuden auch für den kleinen Hunger. Da gibt es etwa herrliche Salate (für knapp f 15) mit Rohschinken und Schafskäse oder Muscheln mit raffinierter Kräutersauce. Fleisch- und Fischgerichte kosten f 30-40. Gepflegter Service und auch ein paar Tische an der Dorfstraße.

■ **De Dissel,** Camminghastraat 22, Küche bis 23 Uhr.

Ein echt holländisches Lokal mit Ziegelsteinwänden, Kamin und holländischen Gerichten zu angenehmen Preisen. Versuchen Sie doch einmal das Ameländer Apfelgebäck.

Nachtleben

Meistens bleiben die Gäste des Hotels Nobel gleich an der Hausbar, denn Alternativen bietet dieses hübsche Nest nun mal nicht. Einige Kilometer außerhalb des Dorfes kann man aber einen Abstecher zur Disco wagen:

■ **De Kronkel,** Ballumerbocht.

Die Ameländer leben nicht hinter dem Mond. Zumindest der Ausdruck *House Party* ist längst bekannt. Auch das originelle Grafitti-Dekor darf sich durchaus sehen lassen. Nur eines fehlt trotz gratis Taxi-Zubringerdienst – das Publikum. Eigentlich ideale Voraussetzung, um mit einer Gruppe von Leuten der Disco einzuheizen. Eintritt f 5.

Hollum

Seit das Hafenstädtchen Sier am Inselzipfel im Meer versank, ist das mit 1200 Einwohnern größte Dorf auch das westlichste. Seine mit Ziegelsteinen ausgelegten Gassen und Sträßchen wirken quirlig lebendig, und bei schönem Wetter sind die zahlreichen Terrassen populäre Treffpunkte.

Das älteste Haus auf Ameland steht in Hollum in der Johan Bakkerstraat 6 und datiert aus dem Jahre 1516. Auch die beiden Hauptmeilen Oosterlaan und Burenlaan werden von schönen Kommandeurshäusern geschmückt.

Bekanntester Bürger war *Hidde Dirks Kat* – in seinen besten Zeiten ein 150 kg schweres Prachtstück von einem Kommandeur –, der den Winter 1777/78 nur dank der Eskimos überlebte. In seinem Tagebuch beschrieb er, wie damals Dutzende von Schiffen im Nordpoleis festsaßen und sanken. Hidde Dirks Mannschaft versuchte, mit drei Rettungsbooten und wenig Proviant über das Eismeer nach Grönland vorzudringen. Immer mehr Leute blieben zwischen sich öffnenden und wieder schließenden Eisschollen zurück. Von den 50 Mann erreichten 18 eine rettende Eskimo-Siedlung. Als Hidde Dirk nach eineinhalb Jahren Abwesenheit nach Ameland zurückkehrte, verging den Insulanern die Lust am Walfischfang. Zudem wurden im Seekrieg zwischen England und Frankreich immer mehr Schiffe beschlagnahmt.

Der bescheidene Grabstein des Seefahrers liegt auf dem Friedhof, wo Oosterlaan und Burenlaan aufeinandertreffen, vor der Nederlandse Hervormde Kirche. Der Turm mit dem Satteldach stammt aus dem späten Mittelalter, aber schon vorher waren an dieser Stelle drei verschiedene Kirchen gebaut worden. Die älteste davon war aus Holz gewesen und hatte elf auf sieben Meter gemessen.

Sehenswertes

■ **Sorgdrager-Museum,** Heerenweg/Ecke Oosterlaan, Di-Fr 9.30-12.30 und 14-16.30 Uhr, Sa-Mo 14-16.30 Uhr.

Wie die Kapitäne und ihre Angehörigen während der Seefahrerblüte wohnten, kann man im 1751 erbauten und zum Heimatmuseum umfunktionierten Haus der Familie Sorgdrager nachempfinden. Im authentisch eingerichteten Wohnzimmer zieren Kacheln mit biblischen Motiven die Wand. Besonderen Stolz genießt der Ameländer Kasten aus dem 18. Jahrhundert. Auch Kleider, Schmuck, Gebrauchsgegenstände und Fundstücke, die aus dem verschwundenen Sier stammen, sind zu bestaunen. Nach der Renovierung kam 1982 ein 200jähriger Bauernhof dazu, mit der Landwirtschaft, Schiffahrt und Rettungswesen die Ausstellungsthemen sind. Seit 1991 besitzt die Stiftung *De Ouwe Pôlle* auch noch einen Videosaal und eine ausführliche Sammlung historischer Photoapparate.

■ **Reddingmuseum Abraham Fock,** Di-Fr 9.30-12.30 und 14-16.30 Uhr, Sa-Mo 14-16.30 Uhr.

In der Garage der ehemaligen Rettungsstation des KNZHRM finden es Kinder und Erwachsene total aufregend, mal über die Leiter ins 15 Tonnen schwere Rettungsboot zu steigen. Stellen Sie sich vor, wie es mit der imposanten, aber doch kleinen Nußschale bei Sturm auf der Nordsee wäre – brrr. Bei Alarm zogen zehn Pferde das 1947 in Holland erbaute Boot zum Strand. Doch seit der Pensionierung 1988 kommt dieses Rettungsboot nur noch achtmal im Jahr als Touristenattraktion zum Einsatz (die Daten hängen auf Plakaten aus). Die Fotoausstellung dokumentiert das Ameländer Rettungswesen seit der Gründung 1824. Auch ein Video wird gezeigt.

■ **Mühle De Verwachting:** Als 1834 *Hendrik-Willems de Boer* das Gesuch stellte, am westlichen Dorfrand eine Kornmühle zu bauen, standen in Hollum bereits drei Mühlen, von denen eine als Sägewerk und eine andere zur Herstellung von Grütze diente. Während die übrigen Mühlen abgerissen wurden, mahlte *De Verwachting* von 1840 bis 1949 das Korn und bewegte 1988 einige Insulaner zur Gründung eines Vereins, der sich die Restauration des Industriedenkmals zum Ziel setzte. Seit 1991 hat die Mühle auch wieder ein Mahlwerk. Zur Zeit kann man sie nur von außen betrachten.

■ **Leuchtturm,** Oranjeweg, in der Saison täglich 10-16.30 sowie Mo, Mi und Sa 22-24 Uhr; im Winter nur am Wochenende.

Ein rechtes Stück außerhalb Hollums ragt der gußeiserne, mit vier roten und fünf weißen Bändern geringelte Leuchtturm 58 Meter über die Insel. Über 236 Stufen steigt man zur Aussichtsterrasse des 1880 erbauten Turmes. Vom Wind gepeitscht sieht man bis nach Terschelling. Bis 1980 war der Turm pausenlos bemannt. Inzwischen werden die Lampen automatisch ein- und ausgeschaltet, um mit der enormen Lichtstärke von 2000 Watt im 30-Sekunden-Rhythmus über eine Distanz von 100 Kilometern zu strahlen. Fällt der Strom aus, übernimmt ein Aggregat die Energiezufuhr. Versagt auch dieses, überbrücken Batterien die Panne.

Unterkunft

Hotels/Pensionen:

■ **d' Amelander Kaap,** Oosterhiemweg 1, 9161 CZ, Tel. 446 46, Fax 448 09.

Die Wünsche der Anspruchsvollen werden am ehesten in diesem Vier-Sterne Hotel- und Apartmentkomplex am Fuße der Hollumer Dünen erfüllt. Der eigenwillige Neubau verfügt über ein Hallenbad mit allem Drum und Dran, Fitneßstudio sowie Tennis- und Squashplätze, Kinderspielplatz und Garten, Schönheitssalon, Restaurant und Bar. Die hellen Hotelzimmer ab f 85 pro Person sind mit dem üblichen Komfort eingerichtet. Die Apartments für maximal 4-6 Personen haben 1-2 Zimmer, Küche, Eßnische und Terrasse.

■ **'t Honk,** J.W. Burgerstraat 4, 9161 BH, Tel. 442 56.

Die Zimmer über dem Restaurant haben teilweise Bad, TV und Balkon ab f 55 pro Nacht und Person, HP f 75.

■ **De Jong,** Westerlaan 33 a, 9161 AN, Tel. 445 37.

3 Doppelzimmer mit und 2 ohne Bad werden, zum Teil mit Terrasse, für f 45-50 vermietet; Zuschlag für HP f 20. Nach telefonischer Absprache kann man Hunde mitnehmen.

■ **Vermaning,** Jacob Visserstraat 3, 9161 CS, Tel. 446 52.

3 Doppelzimmer mit Bad auf dem Flur für knapp f 30. Haustiere sind willkommen.

Für Gruppen:

■ **De Kampen,** Baron Rengersweg 3 a, 9162 ER Ballum, Tel. 442 03.

Der Vermieter wohnt in Ballum, doch die Unterkunft liegt bei Hollum. Mitte April bis Ende September übernachten 16-70 Personen in 7 Sälen. Die Grundkosten pro Person sind f 6 pro Nacht. Dazu gehören eine Küche, ein Spielplatz und getrennte Duschen für Knaben und Mädchen.

■ **Suudwester,** Kerkpad 4, 9161 AH Hollum, Tel. 446 32.

Bei der Totalrenovierung des hübsch im Dorf gelegenen Gehöfts wurden Fahrstuhl, sanitäre Anlagen, Alarmsystem, Türen und Böden speziell für den Aufenthalt von Behinderten eingerichtet. Das ganze Jahr können 10-34 Personen in 8 Sälen übernachten. In der Saison wird nur mit VP (auch Diätküche) für f 60 pro Kopf und Nacht vermietet, in der Nebensaison mit Selbstverpflegung für f 30.

■ **Het Hof van Hollum,** Jan Jacobsweg 10, 9161 BW, Tel. 446 26.

Nahe dem Rettungsbootmuseum stehen 23 Zimmer für maximal 50 Gäste zur Verfügung. Auch Einzelpersonen sind willkommen. Dank Zentralheizung das ganze Jahr geöffnet. Küche mit Geschirrspüler und auf Wunsch VP. Gruppen von 20 Personen ziehen das zweite Ferienhaus vor. Grundkosten ab f 10 pro Person.

Ameland/Hollum

■ **De Hollumer Trap,** P. Miedeweg 3, 9161 CK, Tel. 444 51.

Unter dem Dachgiebel mit den beiden Schwänen nächtigen 50-120 Personen in 10 Räumen. Der ganzjährig geöffnete Hof liegt abgeschieden zwischen Hollum und Ballum. Im Garten spielt man Volleyball oder Fußball. In der Hochsaison wird nur mit VP an jeweils eine Gruppe vermietet. Auf Wunsch werden Programme für Exkursionen zusammengestellt. Kosten inklusive Mahlzeiten f 30-45 pro Tag.

■ **De Kleine Grie,** Oranjeweg 59, 9161 CB, Tel. 441 33.

Die weiß getünchte Jugendherberge liegt einmalig hinter den Dünen, nahe Strand und Leuchtturm, eineinhalb Kilometer westlich von Hollum. In mehreren Gebäuden, die aus dem Zweiten Weltkrieg stammen, finden bis zu 153 Personen Unterkunft; Gruppen sind ebenso wie Einzelpersonen willkommen und können mit oder ohne Mahlzeiten buchen. Die NJHC-Herberge ist Mitte April bis Mitte Oktober geöffnet und verfügt über Zentralheizung, Sportplatz, TV/Telefon und Waschmaschinen sowie einige komfortable Apartments für Familien. Für Gruppen werden auf Wunsch Programme zusammengestellt. Eine Nacht mit Frühstück kostet f 25, für Jugendherbergsmitglieder f 20, auch Gruppenrabatte.

■ **De Kuul,** Bosweg 4, 9161 CX, Tel. 440 92.

Am Dorfrand, einen Kilometer vom Strand entfernt, stehen verschiedene zentralgeheizte Unterkünfte bereit: Massenschläge für bis zu 86 Personen für rund f 12 pro Nacht. Oder kleine Zimmer für bis zu 4 Personen, mit eigenem Bad für f 25 pro Kopf. Auf Wunsch Selbstverpflegung oder Frühstück, HP und VP. Die sanitären Anlagen mit 10 Duschen und 11 Toiletten sind erfreulich. Alle Räumlichkeiten sind für Rollstühle zugänglich.

Camping:

■ **Boomhiemke,** Jan Roepespad 4, 9161 CT, Tel. 440 52.

Dieser Platz im Südwesten der Insel ist mit Cafeteria und Snackbars, Fahrradvermietung, Supermarkt, Waschsalon, Minigolfbahn und Spielplatz ausgerüstet. Tennis spielen, reiten und surfen kann man in der Nähe. Kosten pro Nacht und Person um f 5, Zelte und Caravan f 5-8. Zudem heimelige finnische Holzbungalows für 4-6 Personen.

■ **Koudenburg,** Oosterhiemweg 2, 9161 CZ, Tel. 443 67.

Mit nur 50 Stellflächen der kleinste Platz, dafür ohne Waschsalon und Laden. Man kann Hunde mitbringen. Für Gruppenaktivitäten geeignet. Tennisplätze und Fußballfeld. Kosten pro Person und Zelt um f 5.

Verpflegung

■ **De Aanleg,** Ymedunenweg 1.

Soll es etwas vom Meer sein, sind Sie in diesem auf Fische spezialisierten Restaurant genau richtig. Natürlich bietet die Küche auch einige Fleischgerichte – alles um die f 30 für Hauptspeisen. Die sanftgrün gedeckten Tische sind in ihrer Größe vor allem auf Familien und kleine Gesellschaften ausgerichtet. Man kann auch im Garten sitzen.

■ **Hidde Dirks Kat,** Schoolstraat 8.

Im Sommer meldet diese niedliche Pizzeria-Croissanterie im Dorfzentrum

Großansturm an den Marmortischchen. Kommen Sie also frühzeitig oder erst nach der Hauptessenszeit.
- **'t Zeepardje,** Westerlaan 7.

Mit der gemütlichen Sitzgruppe um den Feuerplatz und den Kerzen auf den Tischen strahlt dieses Lokal eine gewisse Romantik aus. Auf dem Menü stehen die üblichen Fisch- und Fleischgerichte um f 30. Zu Mittag werden auch Pfannkuchen serviert.
- **'t Honk,** J.W. Burgerstraat 4.

Die Küche ist in diesem modern eingerichteten Café manchmal schneller als die Bedienung. Die angenehme Auswahl an holländischen Gerichten ist preiswert.
- **De Zwan,** Zwaneplein 6.

Handfest holländische Atmosphäre bietet sich in diesem Wirtshaus, wo sich auch Einheimische ein Pilschen genehmigen. Werfen Sie auf jeden Fall einen Blick in die wunderschöne *Heeren Kamer.*
- **Pannekoekhuis Onder de Vuurtoren,** Oranjeweg 44.

Das angeblich nördlichste Pfannkuchenhaus von Holland steht etwas außerhalb des Dorfes beim Leuchtturm und bietet 250 Sorten von süß bis pikant zu entsprechend unterschiedlichen Preisen.

Nachtleben

Hollum ist auch nach dem Abendessen noch schön belebt. Man sitzt auf den Terrassen oder amüsiert sich an der Bar der Wirtshäuser. Mehrere Nachtlokale liegen allerdings nicht im Dorf selbst.
- **Lucky Luke,** Badweg 36.

Etwa einen halben Kilometer vom Dorf entfernt; die Gäste sitzen um den Kamin, während die Band mit flotter Musik der Kerzenlichtstimmung einheizt.
- **Ambla,** Oosterhiemweg 110, April bis September täglich ab 10 Uhr.

Unregelmäßig werden in diesem Freizeitzentrum, gegenüber dem Zeltplatz Boomhiemke, Disco-Abende veranstaltet. Irgendwas läuft auch sonst immer, sei's nun ein Konzert oder ein Kinofilm, der im großen Saal gezeigt wird. Oder man nimmt den Nachtschoppen im Café, das gemütlich wie ein Wohnzimmer eingerichtet ist.
- **Het West-End,** Badweg 36, Hollum, Montag geschlossen.

Wirklich ganz am Westende der Insel, einsam vor dem Strand liegt diese Disco etwas im Abseits. Dennoch vermag das Lokal bis zu 400 gutgelaunte Nachtschwärmer anzulocken.
- **Beachparty:** Am Badestrand von Hollum organisiert das Windsurfcentrum im Sommer jeden Dienstag und Freitag ab 21 Uhr seine Beachparty. Information: Tel. 446 56.

Naturschutzgebiete

- **Het Oerd:** Vielleicht der schönste, sicher aber der wildeste Flecken auf Ameland liegt am Ostzipfel der Insel und mißt zur Zeit etwa 760 ha. Schon während der Anfahrt von Buren auf dem Muschelweg tummeln sich Kaninchen und Fasane am Wegrand. Vom Unterstand steigen die Stufen 24 Meter auf den höchsten Punkt der Insel an. Die Aussicht vom Blinkert ist fantastisch. Auf dem Rücken der Düne führt ein Pfad hinunter zu Wattenmeer und Salzwiesen. Markierte Wanderwege münden ins 400 Jahre alte Dünengebiet, das extrem vielfältige Landschaftsformen

Ameland/Naturschutz 185

von feucht zu trocken und von süß zu salzhaltig aufweist.

In den östlichen Dünen nisten lautstark bis zu 3300 Paare in der Silbermöwen-Kolonie. Auch die kleinere Sturmmöwe und die britische Mantelmöwe fühlen sich in der Unberührtheit des Oerd sehr wohl. Mit etwas Glück kann man auch Rohr- und Wiesenweihen, Eiderenten, Brachvögel, Säbelschnäbler und Steinmätzer beobachten. Gut fünfzig Vogelarten nutzen Het Oerd zum Ausbrüten ihrer Jungmannschaft. Bei Ebbe ernähren sich die Vögel auf dem Watt und kommen bei Flut zurück zum Verdauen.

Ein ganz spezieller Gast in der pastellfarbenen Gegend ist die Feldmaus, die vermutlich über den Anschwemmungsdamm von 1872 eingewandert war. Jedenfalls lebt sie auf keiner der anderen Inseln. Die Rohr- und Kornweihen wissen den Leckerbissen zu schätzen und sind dank der Feldmäuse so zahlreich auf Ameland zu sichten.

Wenn während der Brutzeit vom 15. März bis zum 15. September Teile des Naturgebietes gesperrt sind, kann man diese Zonen unter Leitung des privaten Naturschutzvereins *It Fryske Gea* durchwandern und dabei viel Wissenswertes über die Natur erfahren.

■ **De Hon:** Wie eine lechzende Zunge streckt sich hinter dem Oerd die Sandplatte Hon aus und wächst von Jahr zu Jahr. Auf einer Karte von 1731 war noch keine Spur dieses Landzuwachses zu sehen. Die Dünen am östlichsten Zipfel wechseln andauernd ihre Form, was der brütenden Sumpfohreule sehr behagt. Gegen Ende des Sommers verwandelt der Strandflieder die Ebene in einen violetten Teppich.

Die Zukunft von De Hon ist ungewiß, denn 3000 Meter darunter liegt der Mittelpunkt eines Gasfeldes, und dementsprechend ist hier die Bodensenkung am stärksten. Nach bisheriger Erfahrung wird sich das Gebiet um etwa zwanzig Zentimeter senken, was im Zusammenspiel mit der steigenden Nordsee nicht ohne Folgen bleibt. Zuallererst werden die raren Salzwiesen von der Bildfläche verschwinden.

Nachdem 1964 Mobil Oil ansehnliche Mengen Erdgas entdeckt hatte, entbrannte ein zehn Jahre dauernder Kampf zwischen Naturschützern und Juristen. Ein Vertreter der »Fryske Gea« meint, daß der Entscheid, die Vorräte zu nutzen, nach demokratischen Grundsätzen gefallen sei. Man müsse akzeptieren, einen Kampf zu verlieren.

Seit 1986 pumpt das drittgrößte Gasfeld der Niederlande täglich 13.5 Millionen Kubikmeter Gas per Rohrleitung nach Groningen. In rund 30 Jahren wird die Quelle bei dieser Nutzung erschöpft sein. Das Gas steigt unter natürlichem Druck aus der harten Sandsteinschicht an die Oberfläche, während sich die Erdschichten tellerförmig senken.

■ **Nieuwlandsreid:** Vom Oerd aus radelt man am Rande dieses von Prielen durchzogenen Weidelandes Richtung Buren auf dem 1893 fertig gebauten Kooioerd-Sanddeich, der das Naturschutzgebiet vor Überflutungen der Nordsee schützt. Unter dem einstigen Einfluß des Wattenmeeres setzte sich eine Schlammschicht ab, und darauf folgte die Vegetation. Im Frühjahr pausieren hier Tausende von Ringelgänsen auf dem Weg zur Antarktis.

Schiermonnikoog

Lytje pole, kleines Eiland, nennen die Insulaner ihre reizvolle Heimat, die auf Landkarten nicht viel größer als ein Mückenschißchen erscheint. Großartig ist dafür seine Natur, die wie auf keiner anderen Insel ihre Ursprünglichkeit bewahrt hat. Im Westen liegen die Häuschen und Höfe der Insulaner, doch auf der gesamten östlichen Hälfte entfaltet sich die Natur, wie es ihr gefällt. Nach jahrelangem, erfolglosem Anlegen immer neuer Dünen haben sich die Bewohner damit abgefunden, daß sich ihr Zuhause auf der Höhe von Strandmarkierung 10 früher oder später teilen wird. Bei Hochwasser füllt sich der breite Priel bereits zu einem Seegatt, das aus Schiermonnikoog zwei noch kleinere Inselchen formt. Zudem ist das Eiland in den letzten hundert Jahren knapp drei Kilometer nach Osten gewandert, das heißt, pro Jahr verkleinert sich die bewohnte westliche Landmasse um etwa dreißig Zentimeter.

Dennoch nehmen die Dünenketten ein verhältnismäßig größeres Gebiet als auf den übrigen Inseln in Anspruch. Sie sind, im Gegensatz zu den anderen, auch nicht durch Zäune und Stacheldraht abgegrenzt, was ein erstaunlich starkes Gefühl der Freiheit vermittelt. Allerdings darf diese Empfindung nicht zu unüberlegtem Herumtollen in den Dünen führen. Denn dadurch würde die Erosion enorm gefördert, was zwangsweise das Anlegen eben dieser Zäune zur Folge hätte. Bitte bleiben Sie also auf den markierten Wegen! Auch der immens breite Strand lädt zu stundenlangen Wanderungen ein.

Den natürlichen Einflüssen von Wind und Wasser ausgesetzt, haben sich die Insulaner immer wieder erfolgreich gegen künstliche, zerstörerische Veränderungen gewehrt. So lehnten sie die Baupläne für einen Damm zum Festland ab, der das Erscheinungsbild des Watts total verändert hätte. Sie verhinderten (im Gegensatz zu Vlieland und Terschelling) auch die Präsenz des Militärs auf ihrer Insel. Obwohl Schiermonnikoog als erste Insel den Tourismus ankurbelte, zeigt er hier bis jetzt am wenigsten Konsequenzen. Für die vorwiegend einen Tag anreisenden Besucher könnten einige Strandpavillons und Unterkünfte mehr gebaut werden, doch »das wollen wir nicht, wir haben genug« lautet die verbreitete Devise.

Von 1580 bis 1638 gehörte Schiermonnikoog zur Provinz Friesland. Weil sie mehr kostete als einbrachte, wurde sie 1640 für 18.151 Goldgulden an *Johan Stachouwer* verkauft und blieb bis 1859 in Familienbesitz. Johan Stachouwer IV baute 1757 die Burg *Rijsbergen,* ein Gehöft, in dem die heutige Jugendherberge untergebracht ist. Die Bevölkerung hatte allerdings wenig Freunde an ihren tyrannischen Herrschern. Als die Nachricht vom Erfolg der Französischen Revolution durch Europa raste, waren die unzufriedenen Insulaner nicht mehr zu halten und gründeten ein *comité révolutionnaire,* das den Machtzerfall der Herrenfamilie zur Folge hatte. Schiermonnikoog hoffte, wieder von Friesland gekauft zu werden, doch die Provinz hatte absolut kein

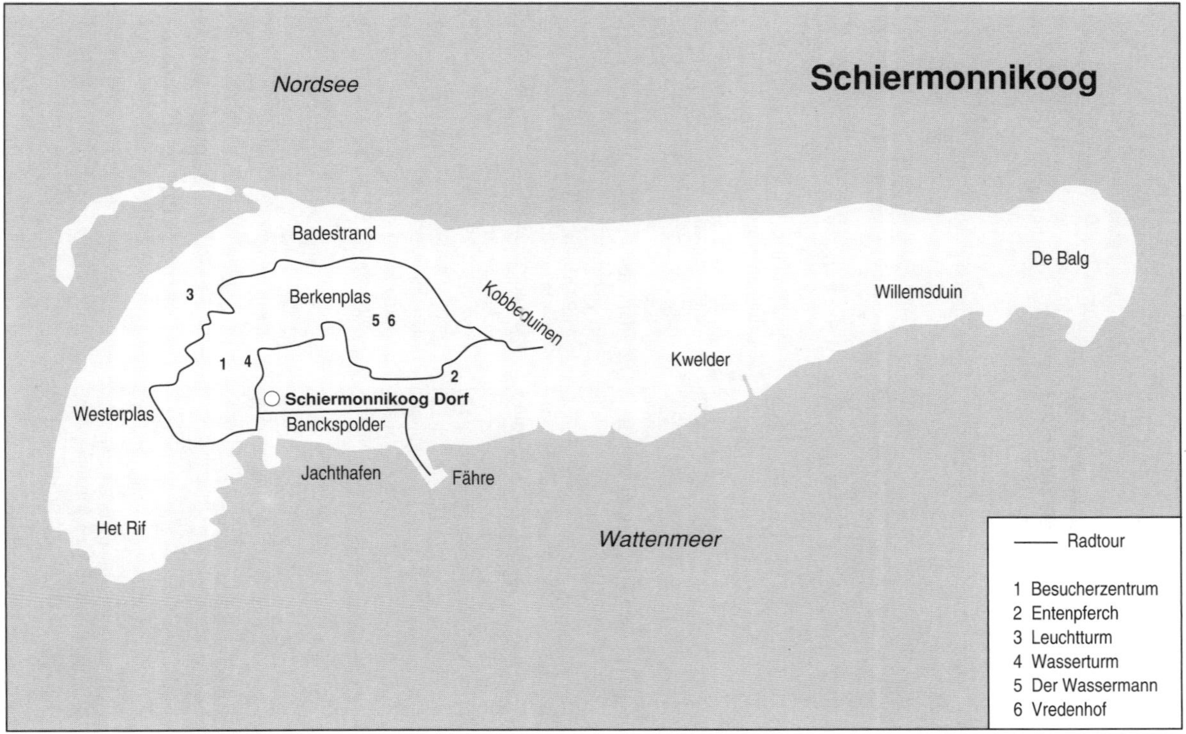
Schiermonnikoog
Nordsee
Badestrand
Berkenplas
3
1 4
5 6
2
Kobbeduinen
Westerplas
Schiermonnikoog Dorf
Banckspolder
Jachthafen
Fähre
Het Rif
Kwelder
Willemsduin
De Balg
Wattenmeer
Radtour
1 Besucherzentrum
2 Entenpferch
3 Leuchtturm
4 Wasserturm
5 Der Wassermann
6 Vredenhof

Interesse daran, was sich schließlich als glückliche Fügung des Schicksals entpuppen sollte.

Wenn sich Männer einen Traum erfüllen

John Eric Banck war Romantiker. Als er 1859 Schiermonnikoog kaufte, realisierte der Den Haager Geschäftsmann einen Traum, der damals – verwahrlost, wie die Insel war – eher Schaum glich. Als erstes setzte der neue Besitzer die verhaßten Herrenrechte ab, dann überlegte er sich Maßnahmen, die das Eiland vor dem vollständigen Untergang retten sollten. Banck ließ um 1860 den Seedeich bauen, wodurch der heutige *Banckspolder* entstand, auf dem Kühe weiden und Kartoffeln gedeihen. Zudem ersann er neue Einkommensquellen für die Bevölkerung und entschied, die Inseln als Ferienziel bekannt zu machen. Ein Fremdenverkehrsverein wurde gegründet, und 1881 besuchten bereits 100 Urlauber den Badeort. Das erste Strandhotel öffnete 1887 seine luxuriösen Pforten. In den ausschweifenden zwanziger Jahren unseres Jahrhunderts war Schiermonnikoog »top in«. Im Strandhotel wurden 1.600 Übernachtungen registriert, und ringsherum entstanden elegante Villen. Das Glück währte allerdings nicht lange. In den Sturmnächten von 1922 fraß die See die schützenden Dünenreihen vor dem Strandhotel auf, so daß das Gebäude direkt am Meer vor einem 10 m tiefen Abgrund zu stehen kam. Die Presse berichtete damals nicht nur vom Zerfall des pompösen Hotels, sondern prophezeite gleich den Untergang der gesamten Insel. Der letzte Gast beglich am 30. August 1923 seine Rechnung, worauf sich im November die unersättlichen Wellen am Mauerwerk des Gebäudes gütlich taten. Dennoch wurde 1927 der erste Fährdamm beim heutigen Jachthafen gebaut.

Der deutsche Graf *Hartwig von Bernstorff* kaufte 1892 Bancks Traum und ließ um die Jahrhundertwende Nadelbäume anpflanzen, weil er sich ein Geschäft mit der Holzproduktion versprach. Allerdings hatte sich der Adlige verrechnet, denn die Transportkosten zum Festland verhinderten jegliche Rendite. Immerhin vergnügt sich die Besucherschar dank dieser Mißkalkulation heutzutage in lauschigen Wäldern. Der letzte Graf von Bernstorff, *Bechthold Eugen,* trat 1939 ein schwieriges Erbe an. Als im Krieg der Befehl kam, sämtliche entbehrbaren Männer zur Arbeit nach Deutschland zu schicken, erklärte der Herrscher kurzerhand alle Insulaner als absolut unabkömmlich. Wurde ein Bewohner wegen illegalem Besitz eines Radios verpfiffen, ließ Eugen die Hausdurchsuchung insgeheim rechtzeitig anmelden. Nach Kriegsende war die Provinz Groningen sehr daran interessiert, Schiermonnikoog zu kaufen. Doch 98 % der Insulaner unterschrieben eine Petition gegen dieses Vorhaben. Demonstrativ flattert denn auch eine Frieslandfahne am Ostzipfel der Insel. Der nach Kriegsende enteignete Graf konnte sich bis zu seinem Tod 1987 nicht mit dem Verlust seiner Insel abfinden. Den Grabplatz im Dorf macht ihm niemand mehr streitig.

Wyb Jan Groendijk und die Ruhenden

Schon in alten Zeiten, als die Handelsschiffe zur Freude der Insulaner noch regelmäßig in Seenot gerieten und die

Schiffsladungen an Strand gespült wurden, fanden die Jutter unter dem Strandgut auch immer wieder angeschwemmte Leichen, oft von Seuchen gezeichnet. Die Schiermonnikooger bestatteten die erbärmlichen Überbleibsel der Seeleute auf den Friedhöfen ihrer Kirchen.

Im Ersten Weltkrieg wurden jedoch dermaßen viele Tote angeschwemmt, daß sich ihr »Duft« über das ganze Dorf ausbreitete. Die Insulaner beschlossen, einen separaten Beerdigungsplatz für die Unglücklichen anzulegen. Sie ebneten die Dünen nahe dem Prins Bernardweg, zwischen Strand und Dorf, und weihten den *Vredenhof* ein. Niemand dachte damals daran, daß es eines Tages Großandrang auf diesem Friedhof geben würde. Der Zweite Weltkrieg sollte dafür sorgen.

Wyb Jan Groendijk führt mich über den Friedhof und stellt die Begrabenen vor, als wären sie alte Bekannte. Während sie im Krieg noch gegeneinander kämpften, liegen nun Kanadier, Deutsche, Polen, Engländer, Franzosen und sogar Neuseeländer friedlich nebeneinander in der stillen Landschaft. Als der Initiant des Friedhofes, der Eigentümer des Hotels *van der Werff*, verstarb, suchte die frisch gegründete Stiftung jemanden, der sich um die Grabstätte kümmerte. Da der gutherzige Jan damals im Hotel arbeitete, erklärte er sich aus einer Laune heraus dazu bereit.

Der aufgeweckte, gut 35jährige Mann verbrachte viele Stunden mit der Pflege der Gräber und fing an, sich über die Menschen zu wundern, von denen einige gar freiwillig in den Krieg gezogen waren. Zum Teil wußte man von Fundsachen wie Uniform und persönliche Gegenstände, um wen es sich handelte, und so sandte Wyb Jan 1988 fünfzig Briefe aus, um nach Angehörigen der Verstorbenen zu suchen. Natürlich war sich der Fahnder bewußt, daß damit alte Wunden aufgerissen werden würden. Andererseits sagte er sich, daß viele Angehörige glücklich wären, zu wissen, wo der Gefallene begraben liegt. Suchte er die Verwandten nicht jetzt, würde es später zu spät dafür sein.

Der Postberg war überwältigend. Der erste Brief, den Jan öffnete, war völlig deprimierend. Doch er blieb in all den Jahren die einzige negative Reaktion. So schreibt Wyb Jan noch heute regelmäßig Briefe. In seiner Wohnung stapeln sich inzwischen sechzig schmale Ordner – für jeden Toten einen. Wo die Identität eines Verstorbenen unklar ist, wendet er sich an Gemeindeverwaltungen und Zeitungen. Ein Artikel in England erschien, rein zufällig, genau an jenem Tag, als ein betagter Mann seinem verstorbenen Bruder gedachte, weil es sein Geburtstag gewesen wäre. Er staunte nicht schlecht, als er im Lokalblatt den Bericht über den Schiermonnikooger Jüngling auf der Suche nach einem britischen Soldaten entdeckte.

Zur alljährlichen Gedenkfeier auf dem Friedhof kommen viele Verwandte, von denen einige auch kleine Erbsachen des Verstorbenen mitbringen. Das Fotoalbum eines britischen Piloten aus der High Society zeigt fast bis zum Schluß Statussymbol-orientierte Bilder mit dem ersten Auto, dem ersten Flugzeug, den lächelnden Kollegen in der Ausbildung und später, weniger fröhlich, im Krieg. Die letzten Seiten sind dagegen nur mit Fotos von Wolken angehäuft. Sie datieren wenige Tage vor dem Absturz des Piloten.

Übrigens, die meisten deutschspra-

190 Schiermonnikoog

chigen Urlauber fahren zum Vredenhof in der Meinung, es handle sich um einen sehenswerten Bauernhof...

Orientierung

Klein, aber fein ist die nördlichste holländische Watteninsel, auf der rund 950 Einwohner ständig im einzigen Dorf Schiermonnikoog leben. Die gleichnamige Insel streckt sich zwischen Ameland und der deutschen Insel Borkum immerhin über sechzehn Kilometer aus und mißt bis zu vier Kilometer in der Breite. Die meisten der rund 300.000 Besucher pro Jahr kommen nur für einen Tagesausflug auf das 13.241 ha große Eiland. Die Übernachtungskapazität wurde durch ein Bauverbot auf 5500 Betten eingefroren.

An- und Rückreise

Auf den weitläufigen Parkplätzen beim friesischen Hafenstädtchen Lauwersoog kann man sein Auto abstellen, denn nach Schiermonnikoog werden keine transportiert. Die Überfahrt dauert eine Dreiviertelstunde und kostet hin und zurück für Erwachsene um f 15 und für Kinder ca. f 8. In der Hochsaison fährt unregelmäßig, etwa alle zwei Wochen, ein Schiff von Ameland direkt nach Schiermonnikoog und zurück. Der Fremdenverkehrsverein kann eine allfällige Mitfahrt organisieren.
■ **Information:** *Wagenborg Passagierdiensten,* Zeedijk 9, 9976 VM Lauwersoog, Tel. 05193-490 79 und 490 50.
■ **Fähre Lauwersoog–Schiermonnikoog:** Der Fahrplan hat kleine Abweichungen, doch grundsätzlich geht die Fähre von Montag bis Samstag um 6.30, 9.30, 13.30 und 17.30 Uhr, in der Saison zudem um 11.30 Uhr. Sonntags fallen das erste Schiff und das um 13.30 Uhr aus; dafür geht eines um 15.30 Uhr.
■ **Fähre Schiermonnikoog–Lauwersoog:** Auch auf dieser Strecke gibt es Abweichungen vom Plan, der von Montag bis Samstag um 7.30, 10.30, 12.30 (in der Saison), 14.30 und 18.30 Uhr Abfahrten vorsieht. Sonntags geht die Fähre statt um 14.30 um 16.30 Uhr.
■ **Jachthafen:** Die 120 Liegeplätze des Gemeindehafens sind nur bei Flut erreichbar. Die Zugangsschleuse ist 1,50 m tief. Es stehen Duschen zur Verfügung. Auskunft: Tel. 315 44.

Inselverkehr

■ **Fahrrad:** Radeln auf Schiermonnikoog ist ein Vergnügen, weil die Distanzen angenehm kurz sind und die Muschelwege vorwiegend durch windgeschützte Dünenlandschaften und Wälder führen.
■ **Fahrradvermietung:** Für rund f 8 bei *Schierfiets,* Noorderstreek 28 a, Tel. 317 00, und bei *Soepboer,* Paaslandweg 1, Tel. 316 36, hinter dem VVV-Büro. Auch Tandems, Strandkarren und TV-Geräte. Tagesausflügler können direkt beim Fährhafen ein Vehikel mieten.
■ **Bus:** Die Busverbindungen sind auf Ankunft und Abfahrt der Fähre abgestimmt. Von dort führen sie rund alle zwei Stunden durch das Dorf zum Strandhotel und, in einer zweiten Linie, durch den Bungalowpark De Monnik.
■ **Taxis:** stehen bei der Fähre bereit und werden gerufen über Tel. 314 00 oder Tel. 310 10; auch Transport im Kleinbus für bis zu 8 Personen.

Der Strand von Schiermonnikoog ist immens breit und selbst im Hochsommer nie überbevölkert
Der künstlich geschaffene Banckspolder am Dorfrand ist idealer Boden für die Landwirtschaft ▶

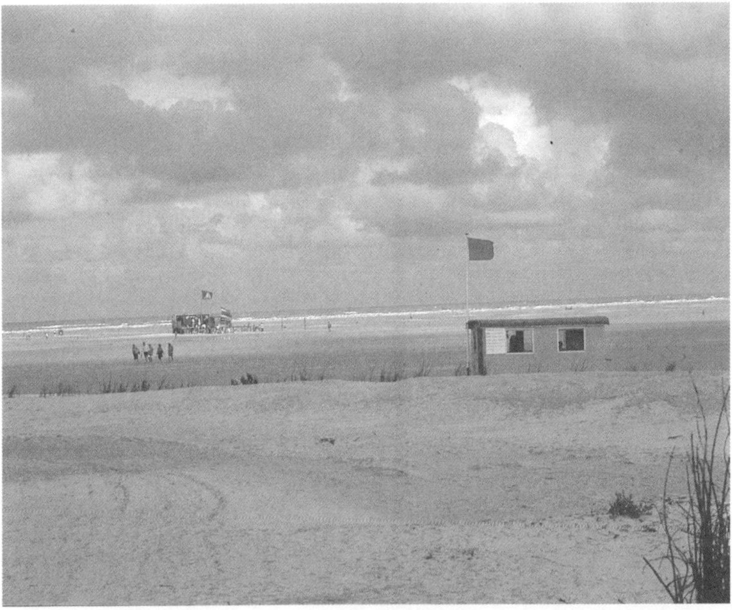

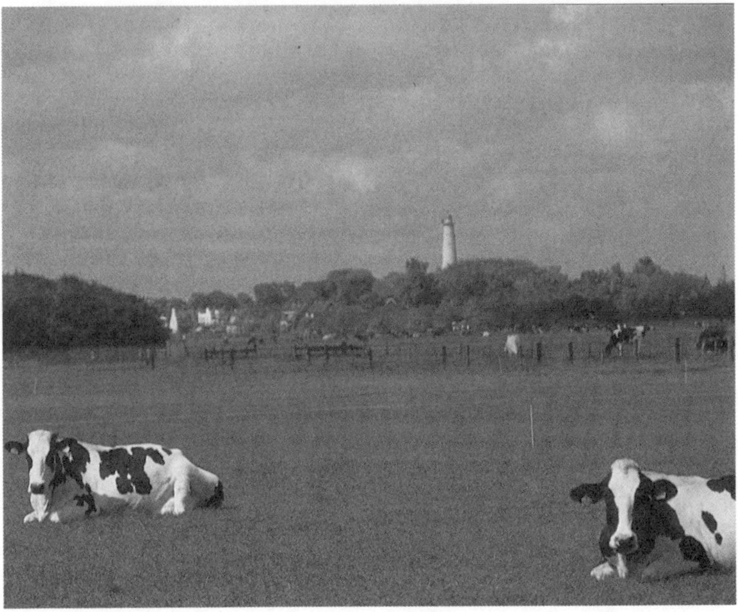

Schiermonnikoog

■ **Auto:** Schiermonnikoog ist fast autofrei. Nur die Inselbewohner dürfen herumfahren. Für den PKW-Transport auf der Fähre braucht es eine Sondergenehmigung.

Praktische Hinweise

■ **Telefonvorwahl für Schiermonnikoog:** 05195-...
■ **Auskunft:** *VVV,* Reeweg 5, Postbus 13, 9166 ZP, Tel. 312 33 und 319 00, Fax 313 25, Mo-Sa 9-13 und 14.30-18.30 Uhr.
Der Fremdenverkehrsverein hat sein Büro am Dorfrand, nahe dem legendären Hotel Van der Werff. Es veröffentlicht in der Saison wöchentlich den *Schierse Zomerkrant* mit aktuellen Veranstaltungen. Auch verschiedene Broschüren sind erhältlich.
■ **Notalarm:** Tel. 06-11, Polizei, Feuerwehr und Ambulanz, rund um die Uhr.
■ **Polizei/Fundbüro:** Voorstreek 28, Tel. 315 55.
■ **Arzt:** G. und M. Floor, Noorderstreek 44, Tel. 311 66; hier auch die Inselapotheke, von 16-17.30 Uhr.
■ **Zahnarzt:** Groene Kruisgebouw, Willemshof 11, Tel. 312 67, 10.30-12 Uhr.
■ **Tierarzt:** Van der Molenpad 11.
■ **Öffnungszeiten:** In der Saison sind die Geschäfte von Montag bis Freitag 8.30-12 und 13.30-18 Uhr geöffnet, am Samstag bis 17 Uhr. Am Mittwoch bleiben die Läden geschlossen, das heißt, im Juli/August öffnen sie kurz, zwischen 16 und 18 Uhr.
■ **Postbüro:** Langestreek 56, Juni-Sep Mo-Fr 9-12 und 14.30-17 Uhr, Sa 9-12 Uhr; ansonsten ab 10.30 und ab 15 Uhr.
■ **Bank:** Rabobank, Nieuwestreek 7, Mo-Fr 9-12 und 14-16 Uhr, Juli/August Mo-Fr 9-15.30 Uhr, Sa 10-12 Uhr.
■ **Bibliothek:** *Dorpshuis,* Noorderstreek 34, Mo-Do 15.30-17.30 Uhr, zudem Fr 19-20 Uhr. Es gibt auch deutschsprachige Bücher.

Inselkalender

■ **Kallemooi:** Während der Pfingsttage bauen die Insulaner einen Maibaum von rund 20 Metern Höhe, an dessen Spitze ein Laubbusch und die holländische Flagge wehen. Um Mitternacht wird, nach altem Brauch, ein gestohlener Hahn in einem Korb an die Spitze des Pfahles hochgezogen, wo er drei Tage bei Wasser und Brot verharren muß. In vergangenen Zeiten war der Hahn ein Symbol für Fruchtbarkeit. Nach dem Kinderumzug am dritten Pfingsttag wird der Gockel heruntergeholt und dem rechtmäßigen Besitzer zurückgegeben. Die Gemeinde feiert bis tief in die Nacht.
■ **Zang- en Muziekconcours:** Mehr als 20 Chöre und Musikkapellen geben am ersten Samstag im Juni auf verschiedenen Plätzen im Dorf ein Ständchen, wobei die besten Interpreten ausgezeichnet werden.
■ **Schiermuziekoog:** Alle Kneipen und Bars sind dabei, wenn am letzten Wochenende im Juli die Stimmung wie eine Bombe abgeht. Die verschiedensten Jazz-, Rock- und Pop-Bands sorgen für Live-Unterhaltung.
■ **Windsurf Happening:** Am ersten oder zweiten Wochenende im Juli, je nach Gezeiten, flitzen international beste Surfer um die Wette und hoffen, den *Slag om Schiermonnikoog* in Windeseile zu gewinnen.

■ **Concours Hippique:** Immer am zweiten Mittwoch im Juli versammeln sich Pferdefreunde beim *Hertenkamp*, um allen Reitsportarten zu frönen. Natürlich gehört eine Schau dazu.

■ **Tennisturnier:** Jedermann kann mitmachen und mitfiebern beim Tennisturnier am letzten Wochenende im Juli.

■ **Tox-Race:** Dieser Wettbewerb für Sportskanonen kombiniert am ersten Wochenende im September Segeln, Surfen, Laufen und Radfahren.

■ **Klozumfeest:** Das Sankt Nikolausfest am 5. Dezember nutzen die Insulaner, um verkleidet über die Ereignisse des vergangenen Jahres Sprüche zu reißen und persönliche Zukunftsvisionen zu verbreiten. Um Mitternacht demaskieren sie sich beim Dorpshuis.

Kulturelles

■ **Hervormde Kerk:** Im Sommer dient die Kirche in der Dorfmitte regelmäßig als Schauplatz für Konzerte mit klassischer Musik. Die Daten stehen im »Zomerkrant«.

■ **Dorpshuis,** Torenstreek 18 a.

Von Juni bis Mitte September zeigt das Gemeindehaus beim Wasserturm jeden Donnerstagabend einen Kinofilm in Originalfassung. An den Dienstagen wird jeweils ein Diaabend organisiert. Man kann auch Säle mieten. Weitere Aktivitäten werden rechtzeitig publiziert.

■ **Kittiwake,** Badweg 12.

Die Werkgruppe organisiert in der Hochsaison allerlei Sport- und Spielereignisse, Orientierungsläufe, Puppentheater, Basteln für Kinder und Kinderdisco. Das Programm erscheint im »Zomerkrant«.

Sport und Spiel

Wassersport

■ **Surfen:** Am Ende des Badweges, auf der Höhe von Strandmarkierung 3, kann man bei schönem Wetter nicht nur Strandstühle und Windschutz, sondern auch Surfbretter für f 20-25 mieten. Eine Stunde Unterricht kostet um f 25. Fragen Sie nach Mark oder Sjoerd.

■ **Badestrände:** Bewacht wird der Strand nur am Ende des Prins Bernhardweges. Nacktbaden ist einzig zwischen den Strandmarkierungen 2 bis 7 nicht erlaubt. Für Kinder zum Planschen eignet sich auch der Weiher Berkenplas.

Schwimmbad/Sauna/ Solarium

■ **De Dûnatter,** Duinpad 10, Tel. 313 16, Mo-Fr 9-10 und 14.30-19.30 Uhr, Sa-So 13-17 Uhr; im Juli/August durchgehend.

Von Mitte Mai bis September wird das Wasser im Schwimmbad geheizt. Für rund f 5 Zutritt vergnügen sich die Badegäste auf der Wasserrutsche, im Jetstream und auf dem Kletterberg. Es gibt zudem einen Spielgarten und eine Cafeteria. Die Sauna ist nach Voranmeldung täglich von 10-22 Uhr für bis zu 4 Personen zugänglich. Maximal zwei Stunden kosten um f 12 pro Nase.

Verschiedenes

■ **Reiten:** *Binnendijken,* van der Molenpad 13, Tel. 316 33.

Zwischen Dorf und Westerplas vermietet der Stall Pferde für knapp f 20 die Stunde.

■ **Tennis:** De Hinneleup, Tel. 313 05.

In der Nähe des Schwimmbades werden die Tennisplätze für rund f 16 die Stunde vermietet. Rackets und Bälle kosten f 2.50.

■ **Wandern:** Der gesamte östliche Inselteil ist nur zu Fuß erreichbar. Der Kwelderpad führt von den Kobbedünen zwischen Dünen und faszinierender Quellerlandschaft bis zur Willemsduin. Der Waterstaatpad verläuft entlang den künstlich angelegten Dünen zwischen den Strandmarkierungen 7-10. Aber auch die Gegend um das Dorf ist reich an speziellen Wanderwegen, die auf der Karte von Schiermonnikoog eingezeichnet sind.

■ **Schlittschuhlaufen/Langlauf:** In der Nähe des Campingplatzes laufen die Insulaner im Winter auf gefrorenem Eis. Der Fahrradhandel *Schierfiets* vermietet im Winter Langlaufskier.

Spiele

In der Saison werden regelmäßig Fußball- und Volleyballturniere organisiert, wobei der Spaß der Mitspieler im Mittelpunkt steht.

■ **Speel-o-theek,** Badweg 12, Jun-Nov Mo und Do 16-17 Uhr.

Kittiwake verleiht Spiele, die Jung und Alt begeistern.

■ **Billard/Pool:** 'T BILJARTHUIS, Langestreek 17. Im Saal hinter der Snackbar hat es genügend Pool- und Billardtische, so daß meistens einer frei ist für ein Spielchen. Weitere Adressen: *Akbar*, Langestreek, und *Zeester*, nahe dem Strand.

■ **Minigolf:** Für rund f 5 hinter der Pizzeria Di Marco, Langestreek 5, oder beim Schwimmbad am Duinpad 10.

Ausflüge

■ **Schiffsfahrt:** In der Saison tuckert das Motorschiff *Silverwind* einmal pro Woche übers Wattenmeer am Westzipfel Het Rif vorbei zum Engelsmanplaat. Buchungen über den Fremdenverkehrsverein für rund f 16 pro Person.

■ **Eilander Balg-Expreß:** Die bequemste Weise, an den östlichsten Punkt der Insel zu gelangen! Man sitzt im umgebauten Bus, der von einem Traktor über den Nordseestrand gezogen wird. Obwohl es bei meinem Ausflug in Strömen regnete, ließen sich die Passagiere nicht davon abhalten, am Ziel die faszinierende Natur des Balg aus der Nähe zu betrachten. Bei schönem Wetter sieht man zur Vogelinsel Rottumeroog und zum deutschen Nachbarn Borkum hinüber. Die Fahrt beginnt am Ende des Badweges. Teilnehmerkarten verkauft exklusiv der *Schiermonnikooger Vishandel* am Noordersstreek für f 10, Kinder die Hälfte.

■ **Geführte Exkursionen:** Das Besucherzentrum veranstaltet für ein paar Gulden verschiedene Ausflüge: zum Beispiel von Mitte Mai bis Mitte Juni täglich zweistündige Führungen zum Vogelbrutgebiet Kobbeduinen. Oder Fahrradtouren mit Besichtigung des Entenpferchs von Juni bis Mitte September. Mitte Juni bis Mitte Juli wird eine Tour zur Willemsduin veranstaltet.

Fahrradtour

Obwohl Schiermonnikoog winzig ist, lohnt es sich, die Entdeckungstour so anzupassen, daß die Strecken gegen den Wind im Schutz der Dünen und Wälder verlaufen. Deshalb beginnt die Fahrt etwa im ersten Drittel des **Badweges,** von wo man nach Osten in den **Corenelis Visserpad** abzweigt. Er windet sich am Sportterrain und am Schwimmbad vorbei durch luftige Waldpartien bis zum **Berkenplas,** wo die Sonnenterrasse des gleichnamigen Cafés zu einer ersten Pause am idyllischen Weiher verlockt. Ist der Tag noch jung, bleibt ausreichend Zeit für eine Runde im Pedaloboot. Es werden auch Strandstühle und Luftkissen vermietet.

Fast automatisch gelangt man vom Seelein auf den breiten **Prins Bernardweg,** wo man nach links abzweigt und an der ersten Kreuzung rechts dem **Wassermann** entgegenfährt. Aus unerklärlichen Gründen strahlt dieser Bunker, der im letzten Krieg als Teil der »Atlantic Wall« auf der höchsten Düne, der *Poemelsdun,* erbaut wurde, eine gewisse Faszination aus. Jedenfalls verweilen zu jeder Tageszeit Besucher auf dem Aussichtspunkt und bleiben meistens länger, als die fantastische Aussicht über die Insel es rechtfertigen würde. Der Zugang ins Innere des Bunkers ist wegen Einsturzgefahr verschlossen. Einige Opfer des Krieges liegen am Fusse des »Wassermannes« auf dem **Vredenhof,** den man in einem kurzen Spaziergang erreicht. Leicht zu übersehen sind auf dem Weg dorthin die Grabmale einiger schwedischer Seeleute, die unter dem frischen Laub des Wäldchens ihre letzte Ruhe gefunden haben.

Zurück am Prins Bernardweg, sollte der Radler vorzugsweise wieder Richtung **Banckspolder** fahren, um in den **Reddingsweg** und dann den **Kooiweg** einzubiegen. Die Freie Universität Amsterdam unterhält hier eine meteorologische Untersuchungsstation, wo täglich die speziellen Wetterverhältnisse der Insel registriert werden. An Pferde- und Kuhweiden vorbei geht es schnurgerade zum Entenpferch am **Kooiplaats,** der zeitweise für Besichtigungen offensteht. Man kommt mit viel Schwung über die **Kooiduinen** und lächelt auf dem **Johannes de Jongpad** insgeheim über die schlecht gelaunten Gesichter, die gegen den Wind strampelnd entgegenkommen. Der Radweg endet bei den **Kobbeduinen,** die Ausgangspunkt für herrliche Wanderungen in der stillen Natur sind, sofern sich der Urlauber ein bißchen weiter als nur auf den Weg zum Aussichtspunkt vorwagt. Auf dem **Kwelderpad** kann man bis zur *Willemsduin* wandern, fast am Ostzipfel **De Balg.**

Mit dem Fahrrad bleibt hingegen nur der Rückweg über den Johannes de Jongpad, diesmal Richtung Badestrand. Erholung von der Strampelei bietet der Strandpavillon **De Grilk,** am Ende des Prins Bernardweges. Der **Scheepstrapad** führt von hier aus in vielen Kurven durch die Dünen, die Nordseeküste entlang zu einem Aussichtspunkt am Waldrand auf dem Fußweg **Jacopspad.**. Über den **Bospad** kommt man zum Strandhotel am Ende des Badweges, von dem Richtung Westen der **Vuurtorenpad** zum **Leuchtturm** abzweigt. Der **Westerdünenpad** durchquert ein Gebiet, das ein gutes Beispiel für gelungene Zusammenarbeit zwischen Mensch und Natur ist, und mündet in den **Westerburenpad,** wo ein letzter Höhepunkt, die liebliche Riedlandschaft um den **Westerplas,** auf die Naturfreunde wartet. Beim Denkmal für Eric Banck, dem **Bank van Banck,** kann man sich für den Rückweg ins Dorf oder die Weiterfahrt am **Jachthafen** vorbei, entlang dem **Seedeich** bis zum **Fährhafen,** entscheiden.

Schiermonnikoog Dorf

Mitten im Dorf, auf dem Willemshof, streckt die mannshohe, graue Statue eines Mönches den Arm gen Himmel. Er steht hinter den Walfischkiefern stellvertretend für die ältesten Einwohner der Insel, die Laienbrüder des Zisterzienserklosters *Clearcamp* in Friesland, die im frühen Mittelalter auf der Sandbank eine agrarische Außenstelle angelegt und erste kleine Deiche gebaut hatten. Ihnen verdankt Schiermonnikoog seinen Namen: *schier* heißt grau und nimmt Bezug auf die Farbe der Kutten, *monnik* steht für Mönch, und *oog* bedeutet Insel. Ein grauer Mönch ziert denn auch das Gemeindewappen über der Eingangspforte des herrschaftlichen Gemeindehauses. Um 1465 muß das Dorf seine erste Kirche erhalten haben, doch im Zuge der Reformation fiel die »Insel der grauen Mönche« 1580 den Staaten von Friesland zu.

Von der Bedächtigkeit eines Klosters ist im lebhaften Dörfchen kaum etwas übrig geblieben. Nach Ankunft der Fähre entläßt der Bus eine fröhliche Besucherschar, die das Dorf überflutet. Da ziehen Eltern ihren Nachwuchs im Strandkarren hinter sich her, während die Jungmannschaft mit gestylter Sonnenbrille vergnügt Fritten knabbert. Auf den Terrassen der Cafés ist kaum ein freier Tisch zu ergattern, doch der größte Andrang herrscht eindeutig vor den Telefonzellen an der Ecke der Hauptmeile.

Der *Langestreek* war, wie der Voorstreek, der Middenstreek und der Achterstreek, um 1760 erbaut worden. Denn die schweren Sturmfluten in der Christnacht 1717 und an Neujahr 1720 hatten die Bürger überzeugt, daß es besser war, ihre bisherige Streusiedlung aufzugeben und näher zueinander zu rücken. Schon damals lebten rund 900 Einwohner auf der Insel.

Am Middenstreek steht heute noch der älteste Bau der Insel von 1724, das Haus *Marten*. Weil die Männer in früheren Jahren oft monatelang auf See waren, bauten sie ihre Häuser in zwei Partien, die, noch immer, vorne und hinten je einen Eingang haben. Bei Abwesenheit der Männer, und um Heizkosten zu sparen, wurde im Winter ein Teil der Wohnung geschlossen. Noch vor 100 Jahren lebten zahlreiche Kapitäne in Schiermonnikoog, die in der inseleigenen Seefahrtsschule ausgebildet wurden und erfolgreich mit den deutschen Ostseehäfen Handel trieben. Die Krise der dreißiger Jahre führte allerdings auch hier zur Schließung der Schule.

Obwohl dieser Tage jeder Quadratmeter Wohnfläche genutzt wird und massenweise Ferienhäuschen und Apartments Badegäste anlocken, herrscht für die dauerhaft auf der Insel lebende Bevölkerung akute Wohnungsnot. Zur Zeit stehen gut 60 Leute auf der Warteliste der Gemeinde, und es wird überlegt, eine letzte Überbauung mit Wohnungen für die Insulaner zu erstellen.

Sehenswertes

■ **De Oude Centrale,** Torenstreek 20, Apr-Nov Mo, Mi, Fr 13.30-17 und 19-21 Uhr, Di, Do 10-12 unf 13.30-17 Uhr, Sa 13.30-17 Uhr.

Das Besucherzentrum beim Wasserturm informiert mit seiner Dauerausstellung über den Nationalpark Schiermonnikoog und behandelt verschiedene Aspekte der Natur. In der oberen Etage setzen sich die jährlich wechselnden Ausstellungen mit kulturhistorischen Themen auseinander. Zudem stehen ein Diasaal und eine Bibliothek zur Verfügung. Der Zutritt ist gratis, auch für Rollstühle möglich. Lohnenswert ist für ein paar Gulden die Teilnahme an den Exkursionen, die das Besucherzentrum organisiert.

■ **Eendekooi:** Beim Kooiplaats, zwischen Dünen und Banckspolder, werden von Mitte April bis Mitte Juli Führungen organisiert, die verdeutlichen, wie in früheren Jahren auf dem waldumstandenen Teich mit zahmen Enten die wilden angelockt und schließlich gefangen wurden. Als die Insel 1989 zum Naturpark ernannt wurde, fiel der Entscheid, den halb verfallenen Fangplatz wieder aufzupäppeln. Bald kann er für das Beringen von Vögeln wieder in Betrieb genommen werden. Gleichzeitig ist »De Kooiplaats« ein historischer Ort, der während des letzten Weltkrieges eine besondere Rolle spielte. Kurz vor Kriegsende, als die Besetzer auf dem Festland bereits vor den Kanadiern kapituliert hatten, flüchteten einige hohe SS-Leute nach Schiermonnikoog und verschanzten sich auf dem Hof, da sie Gerichtsverhandlungen und hohe Strafen zu fürchten hatten.

Nach wie vor war auch die deutsche Truppe auf der Insel, mit der sich die Bevölkerung verhältnismäßig gut arrangiert hatte. Immerhin gehörte Schiermonnikoog damals dem deutschen Grafen Bernstorff, und viele Soldaten waren fast Nachbarn aus Norddeutschland. Im Juni drohten die Kanadier, ganz Schiermonnikoog zu bombardieren, falls sich die SS-Leute nicht stellen sollten. Die übrigen auf der Insel verbliebenen Soldaten hatten absolut keine Lust, sich niederknallen zu lassen, während ihre Kumpane auf dem Festland bereits den Frieden genossen. Sie drohten deshalb ihrerseits, »De Kooisplaats« mit den Nazis in die Luft zu sprengen, falls diese sich nicht ergeben sollten.

Als ich den Hof im Sommer 1992 besuchte, hatte sich am Küchentisch eine Runde über 80jähriger Männer versammelt, der damals als Richter in Groningen mit der Verurteilung der SS-Leute beschäftigt war. Die alten Männer hatten sich für die Recherche eines Buches über die damaligen Ereignisse eingefunden. Sie waren der Meinung, daß dieses Kapitel der Geschichte längst nicht abgeschlossen sei.

■ **Leuchtturm und Wasserturm:** In den Jahren 1853/54 wurden die beiden 30 m hohen Türme im Westen der Insel auf den Dünen im Abstand von einem Kilometer erbaut. Sahen die Seefahrer die durch Ölfeuerung erzeugten und mit Spiegeln und Reflektoren ausgesandten Lichtstrahlen in einer Linie, lagen sie auf dem richtigen Weg von der Nordsee ins Wattenmeer. Als der *Nooderlichttoren* 1911 mit elektrischem Licht ausgestattet wurde, verlor der südliche, weiße Turm seine Funktion. Seit 1950 nutzen ihn deshalb die »Friesischen Wasserwerke« als Wasserturm. Vor wenigen Jahren wurde er frisch restauriert, und auch der unverändert funktionierende Leuchtturm ist inzwischen mit modernen Apparaturen und Radar ausgerüstet. Man kann beide Türme nur von außen bestaunen.

Schiermonnikoog

■ **Tierpark:** Ein Heidengaudi für kleine und große Kinder sind die Rehe, Esel, Schafe, Geißen, Gänse, Enten und Hühner im Minizoo am Ende des Langestreek. Die liebenswerten Tiere tollen nach Herzenslust auf der Wiese herum und dürfen gefüttert werden, sofern die Nahrung nicht schädlich für sie ist.

Unterkunft

Hotels/Pensionen:

■ **Van der Werff,** Reeweg 2, 9166 PX, Tel. 312 03, Fax 317 48.

Die Limousine chauffiert ihre illustren Gäste vom Fährhafen zum Hotel, wo auch die königliche Hoheit *Prins Bernard* schon abgestiegen ist. Das Ambiente im legendären, 1726 eröffneten Herrschaftshaus am Dorfrand ist liebenswert verstaubt. Die Zimmer mit Bad sind ab f 70 pro Gast zu haben, auf Wunsch mit Verpflegung. Stimmungsvolle Lounge, hauseigene Tennisplätze. Haustiere sind willkommen.

■ **Duinzicht,** Badweg 17, 9166 ND, Tel. 312 18, Fax 314 25.

Ideal zwischen Dorf und Strand liegt dieses bequeme Familienhotel. Frischverliebte mieten die Brautsuite mit Himmelbett und Sprudelbad. Die Standardzimmer haben Bad und Telefon für rund f 65. Um f 75 pro Person kosten die Doppelzimmer im modernen Anbau (auch für Rollstühle geeignet) mit eigenem Gartensitzplatz. Im Restaurant werden echt holländische Speisen serviert. Hunde nach Absprache.

■ **Zonneweelde,** Langestreek 94, 9166 LG, Tel. 311 33, Fax 311 99.

Die Zimmer mit ihren Bricksteinwänden wirken rustikal in dieser ruhig im Dorf, bei den beiden Kirchen gelegenen Pension. Sie kosten f 45-60, HP f 60-80, haben zum Teil ein eigenes Bad, TV und Terrasse und sind für Rollstühle geeignet. Für 4 Personen wird auch ein Apartment vermietet. Der Zutritt zum öffentlichen Schwimmbad ist für Gäste gratis.

■ **Noderstraun,** Badweg 32, 9166 NK, Tel. 311 11, Fax 318 57.

Direkt hinter den Dünen beherbergt das Strandhotel bis zu 70 Gäste, teilweise in Doppelzimmern, vorwiegend jedoch in Hotelapartments mit einem oder zwei Schlafzimmern und Balkon, die in der Hauptsaison nur mit HP oder VP für f 90-155 vermietet werden. Die einfache Übernachtung kostet f 60-110. Auch hier ist man für Behinderte eingerichtet. Haustiere sind willkommen. Zum Hotel gehört ein Tennisplatz.

■ **NJHC Rijsbergen,** Knuppeldam 2, 9166 NZ, Tel. 312 57.

Die einstige, reizvoll am Dorfrand gelegene Residenz der Stachouwers ist inzwischen eine Jugendherberge, auch für etwas ältere Leute. Die Übernachtung kostet f 20-25; Ermäßigung mit Jugendherbergsausweis. Man kann in der Kantine auf Wunsch vegetarisch essen, an der Bar etwas trinken oder sich auf der Terrasse sonnen.

■ **Bêd & Brochje:** Zwei, drei Zimmer mit Bett und Frühstück bieten folgende Familien für f 25-35 pro Kopf: Bouman, Langestreek 70, Tel. 313 06. Van Dijk, Oosterreeweg 24, Tel. 316 32. Groendijk, Reeweg 11, Tel. 312 42. Hellinga, Oosterreeweg 26, Tel. 316 86, und Oosterreeweg 8, Tel. 312 19. Kuipers, Middenstreek 32, Tel. 312 16.

Für Gruppen:

Die Kampierhöfe sind, mit einer Ausnahme, das ganze Jahr geöffnet, obwohl nur einer Zentralheizung hat. Die Übernachtung pro Person kostet um f 15, sofern nicht anderes vermerkt ist. Haustiere sind, mit einer Ausnahme, nicht willkommen; dafür kann man bei den meisten auch im Garten ein Zelt aufschlagen. Alle haben eine ausgerüstete Küche und Aufenthaltsräume.

■ **De Aude Schúele,** Badweg 3, 9166 NG, Tel. 314 46.

Die alte Schule bietet für 15 Leute von März bis Dezember stimmungsvolle Unterkunft hinter den großen Fenstern nahe dem Strand. Die Zimmer mit 1-3 Betten kosten für ein Wochenende pauschal f 750, für die Dauer einer ganzen Woche f 1.300. Auch für Rollstühle zugänglich. Es hat Garten und Terrassensitzplatz. Haustiere sind willkommen.

■ **Binnendijken,** Middenstreek 5, 9166 LL, Tel. 316 33.

Am Südrand des Dorfes, im van der Molenpad, liegt dieser Hof mit 2 Räumen für je 30 Leute sowie einem Zimmer für 4 Personen. Die Unterkunft ist zentralgeheizt. Zum Hof gehören Pferdestallungen – also ein idealer Standort für regelmäßige Ausritte.

■ **De Branding,** Heereweg 2, 9166 SE, Tel. 315 57.

Der umgebaute Hof liegt zwischen Dorf und Fähre am Kooiweg und beherbergt 4-100 Personen in 8 Sälen. Es stehen ausreichend sanitäre Anlagen bereit, und für die Gruppenleitung hat es ein Spezialzimmer.

■ **De Dorpshoeve,** Langestreek 86, Tel. 313 45.

Zentral im Dorf können bis zu 40 Personen in 2 Sälen übernachten. Es gibt allerdings nur 2 Duschen und 3 Toiletten. Da ein Garten fehlt, kann man hier nicht campen.

■ **St. Egbert,** Badweg 67, 9166 NG, Tel. 312 08.

Das Erholungsheim hat Zimmer mit 2-6 Betten, kann aber bis zu 234 Personen aufnehmen, die um f 25 zahlen. Mit Frühstück, HP oder VP kostet die Nacht f 35-55. Das Haus ist mit Spielräumen, Bibliothek, Bar und Sporthalle ausgerüstet.

■ **De Kooiplaats,** Kooipad 1, 9166 SB, Tel. 313 72.

Am Rande des Banckspolders, beim Entenfangplatz, liegt dieser schöne Hof, der von sich behauptet, der nördlichste Kampierhof der Niederlande zu sein. In den 15 Räumen kommen bis zu 100 Gäste unter, denen 8 Duschen und ausreichend Toiletten zur Verfügung stehen.

Camping:

■ **Seedune,** Seeduneweg 1, 9166 RX, Tel. 313 98.

Schiermonnikoog hat einen reinen Zeltplatz, der schön am Waldrand zwischen Dorf und Strand liegt. Da im Sommer bis zu 800 Leute kommen, reserviert man besser im voraus. Die Übernachtung pro Person, inklusive Zelt, kostet um f 12.50. Geöffnet ist die Anlage mit Blick auf den Leuchtturm von Mitte März bis September. Es gehören ein Laden und ein Imbißstand zum Gelände. Jugendliche unter 16 Jahren müssen in Begleitung von Älteren sein.

Verpflegung

Im Dorf duftet es natürlich von den Imbißbuden nach den unvermeidlichen Pommes. Die Eiscrèmes bei 'T LUIFELTJE schmelzen im Sommer auf der Zunge. Und wenn abends die Küchen der Restaurants schon geschlossen sind, brutzeln noch kleine Mahlzeiten im *Shoarma Oase* im Badweg. Zum gemütlichen Dinieren laden ausreichend Restaurants ein, denn bis zum Abend sind die meisten Tagesausflügler wieder am Festland.

■ **Brakzand,** Langestreek 66, Küche 16-21.30 Uhr.

Unübersehbar, an der Ecke zum Badweg, sitzt dieses prächtige Steakhouse, wo von April bis Oktober in angenehm holländischer Atmosphäre Fleisch- und Fischspezialitäten (f 30-40) ebenso wie günstigere, vegetarische Gerichte und Tagesmenüs an massiven Holztischen serviert werden.

■ **Pizzeria Maria,** Langestreek 46.

Etwas weiter an der Hauptmeile sitzen sich gleich zwei Pizzerien gegenüber, wobei diese kleine stimmungsvolle 1980 als erste eröffnet wurde. In der Hochsaison möchten manchmal mehr Gäste die schmackhaften Pizzen ab f 15 verspeisen, als Platz an den Tischchen vorhanden ist.

■ **Pizzeria Di Marco,** Langestreek 11.

Insofern hatte der Nachbar gut kalkuliert, als er gegenüber sein umfangreiches, modernes Lokal eröffnete. Neben Pizzen bestellt die Kundschaft auch italienische Fleisch- und Fischgerichte. Zum Schluß wird Espresso oder Cappuccino geboten. Am Eisstand nebenan gibt es oft Großandrang.

■ **Boszicht,** Badweg 91.

Auf dem Weg zum Strand sonnt sich die Gästeschar im gemütlichen Garten vor dem Café und genießt kleine Mahlzeiten.

■ **De Zeester,** Badweg 117, täglich 10.30-22 Uhr.

Mitten in den Dünen, noch näher beim Strand, liegt dieser quadratische »Seestern« mit einem Eßcafé im Parterre, wo auf der großen Veranda Pfannkuchen, Tellergerichte und Snacks geboten werden. Im Sommer brutzelt auch Fleisch auf dem Grill. Gepflegt wirkt der erste Stock mit seinen hell gedeckten Tischen zwischen den Zimmerpflanzen. An langen Abenden schweift der Blick durch die Panoramafenster über die reizvolle Landschaft. Das Restaurant ist ab 17.30 Uhr geöffnet und bietet à la carte Fleisch- und Fischgerichte für f 20-45, wie auch vegetarische und Kindermahlzeiten.

■ **Noderstraun,** Badweg 32.

Einen faszinierenden Ausblick über den Nordseestrand bietet selbstverständlich auch das Fischrestaurant im Strandhotel. Die Küche bemüht sich, den klassischen Gerichten durch frischen Kochstil einen Schuß nouvelle cuisine zu verleihen. Das Dekor ist adrett; die Karte bietet ein dreigängiges Tagesmenü um f 35 oder, zu ähnlichem Preis, à-la-carte-Hauptgerichte. Auf der Terrasse wird gerne Apfelgebäck bestellt.

■ **Berkenplas,** Prins Bernhardweg 1, täglich 10-22 Uhr, Küche 12-20.30 Uhr.

Idyllisch am gleichnamigen Seelein liegt dieser gemütliche Pavillon. Während sich die Eltern auf der Terrasse räkeln, vergnügen sich die Kinder im Wasser. Drinnen ist es bei weniger schönem Wetter behaglich.

■ **De Grilk,** Prins Bernardweg 2, täglich 10-18 Uhr.

Nicht nur die Sonnenhungrigen vom bewachten Badestrand, sondern auch Radfahrer lädt dieser Strandpavillon zu einer Verschnaufpause in den Dünen ein. Das rundgebaute Selbstbedienungsrestaurant hat eine überdachte Terrasse und bietet bis in den Oktober Snacks an.

Nachtleben

Das Nachtleben ist ebenso klein wie die Insel, doch dafür locker und entspannt. Viele Urlauber kommen jedes Jahr wieder und freuen sich, in den Bars Bekannte zu treffen oder Einheimische kennenzulernen. So um zwei Uhr früh löschen die Lichter.

■ **It Aude Beathús,** Nieuwestreek 6.

Tagsüber sitzen die Gäste gerne auf der Terrasse, doch abends entpuppt sich das Café als populärster Treffpunkt auf der Insel. Spielt gerade die Lokalband, flippt dazu halb Schiermonnikoog an der Bar herum. Es werden verschiedene Biersorten ausgeschenkt. Oder wie wäre es mit einem starken Espresso?

■ **Van der Werff,** Reeweg 2.

Der altehrwürdige Evergreen im gleichnamigen, stillvollen Hotel bietet für Romantiker genau die richtige Atmosphäre. An den Wänden hängen vergilbte Fotos hochrangiger Gäste und Jagdtrophäen.

■ **Toxbar,** Reeweg 7.

Schräg gegenüber, im Haus mit dem Anker davor, kehren die älteren Insulaner nur in der Nebensaison ein, weil dann bloß vorne das gesellige Pub geöffnet ist. Die Jungen können es dagegen nicht abwarten, bis im Frühjahr der Saal zum Dancing öffnet, um sich allabendlich zum neuesten Sound Freud und Leid aus der Seele zu tanzen.

■ **Akbar,** Langestreek 94.

Etwas abseits vom Gedränge, zwischen den beiden Kirchen, kehren die Leute gerne ein, um an der gemütlichen Bar zu plaudern oder Billard zu spielen.

■ **De Koele,** Badweg 17, Fr, Sa ab 21 Uhr.

Nur Freitag- und Samstagnacht ist die Kellerbar unter dem Hotel Duinzicht geöffnet. In erster Linie sind es denn auch Einheimische, die die Stufen hinunter steigen, und manchmal unterhalten sie Lokalvirtuose, die dem kleinen Publikum einheizen.

Naturschutzgebiete

In den achtziger Jahren ist Schiermonnikoog zum Nationalpark erklärt worden. Seit 1989 steht die Insel unter Aufsicht der niederländischen Vereinigung zum Schutz von »Naturmonumenten«, der *Vereniging tot Behoud van Natuurmonumenten*. Durch diesen Status ist genau festgelegt, welche Zonen wofür und wie zu nutzen sind. In diesem Zusammenhang ist beispielsweise der 1962 betonierte Seedeich entlang dem Banckspolder 1988 frisch begrünt, ist der vergammelte Entenpferch wieder instandgesetzt worden. Auch ist es seither auf der ganzen Insel verboten, Blumen zu pflücken – immerhin sind auf Schiermonnikoog die Hälfte aller in den Niederlanden gedeihenden Pflanzen heimisch. Vor allem im Sommer entziehen die Gewächse dem Boden viel Grundwasser, und da die Insel keine Trinkwasserleitung zum Festland besitzt, ist sie darauf angewiesen, daß Urlauber sparsam mit dem köstlichen Naß umgehen – es war schon im letzten Jahrhundert für seinen ausgezeichneten Geschmack bekannt. Auf der Höhe der Strandmarkierung 5 streckt sich eine Sandbank in die Nordsee, auf der sich öfters Seehunde ausruhen. Bitte stören Sie die Tiere nicht. Wer kranke oder verletzte Seehunde beobachtet hat, kontaktiert die Auffangstation über Tel. 31555. Kranke Seevögel werden bei der

Vogelwacht (Tel. 317 03 und 313 72) gemeldet.

Innerhalb des Nationalparks existieren drei Naturreservate, die bereits seit den fünfziger Jahren bestehen:

■ **Westerplas:** Zwischen der westlichen Sandplatte *Het Rif* und dem Banckspolder strömte bis zu Beginn des letzten Jahrhunderts ein tiefer Priel, der Noorder Noorman, entlang dem damaligen Südwestzipfel. In der Sturmnacht vom 3. Februar 1825 drang das Wasser von dieser Rinne bis zum Dorf vor, doch später versandete der Wasserlauf und formte den *Hoge Waal*, den östlichen Teil der heutigen Sandplatte. Von hier wehte der Sand unbekümmert über das fruchtbare Land des Banckspolders, bis der *Stuifdijk* zur Abgrenzung angelegt wurde. Hinter dem Deich säumt eine ausgesprochen reizvolle Riedlandschaft den Weiher *Westerplas,* der 1860 durch das Ausgraben von Lehm für die Befestigung des Seedeiches entstanden ist. Auch die steile Dünenreihe im Norden hat sich durch die Entnahme von Sand – für den Bau des Fährhafens 1928 – gebildet.

■ **Kapeglop:** *Glop* ist die Bezeichnung für ein Dünental. Es dehnt sich über nur 8 ha zwischen dem Badweg und dem Jacobspad aus und ist mit seinen kleinen Dünenweihern und der abwechslungsreichen Heidelandschaft mit wilden Orchideen ein besonders hübscher Flecken Erde.

■ **Kobbeduinen:** Mit 2500 ha schon einiges größer ist diese Quellerlandschaft östlich des Prins Bernardweges und nördlich des Kooiweges. Während der Brutzeit sitzen zahlreiche Vögel auf ihren Nestern, weshalb man die östliche Zone von Mitte April bis Mitte Juli nur im Rahmen geführter Exkursionen besichtigen kann. Das restliche Gebiet ist jedoch das ganze Jahr frei zugänglich.

Inseln/Orte

Ameland 156
Anreise 11
Aktivitäten 21
Auskünfte 15

Ballum 178
Buren 176

De Cocksdorp 100
De Koog 86
Den Burg 81
Den Helder 54
Den Hoorn 91
De Waal 97
Dokkum 63

Formerum 148

Groningen 59

Harlingen 60
Hollum 180
Holwerd 62
Hoorn 151

Klima 15

Lauwersoog 63
Leeuwarden 56

Midsland 145

Nes 171

Oosterend/Terschelling 153
Oosterend/Texel 98

Oost-Vlieland 118
Oudeschild 95

Praktische Hinweise 15

Reisezeit 15

Schiermonnikoog 186

Texel 64
Terschelling 125

Unterhaltung 21
Unterkunft 18

Verpflegung 20
Vlieland 106

West-Terschelling 139
Wörterbuch 30

Lesertips

Claudia Schneider, die Autorin, freut sich über alle Anregungen, Kritik, Verbesserungsvorschläge usf. Lesertips werden, wo immer möglich, in die nächste Ausgabe dieses Reiseführers aufgenommen.
Adresse:
Regenbogen-Reiseführer
Stichwort **«Niederländische Wattinseln»**
Postfach 472
CH-8027 Zürich

Das alte Badehotel war Anziehungspunkt für die feine Gesellschaft.
◀ *Doch in den zwanziger Jahren fraß sich die Nordsee ins Mauerwerk*

LIEFERBARE TITEL

STÄDTE

Amsterdam (Schneider)	24,80
Barcelona (Igramhan)	24,80
Florenz (Sorges)	22,80
Madrid (Igramhan)	24,80
Paris (Igramhan)	24,80
Prag (Sorges)	32,80
Rio de Janeiro (Allemann)	22,80
Rom (Sorges)	24,80
San Francisco/Los Angeles (Preuße)	24,80
Venedig (Fossati)	22,80

GLOBETROTTER-HANDBÜCHER

Equador, Peru, Bolivien (Helmy/Träris)	36,80
Finnland (Kreuzenbeck)	29,80
Florida (Preuße/Born)	26,80
Indien (Schwager)	29,80
Indonesien (Möbius)	34,80
Irland/West & Süd (Schmidt)	22,80
Kalifornien (Leon)	26,80
Kanarische Inseln (Stromer)	34,80
Malaysia, Singapore (Möbius/Ster)	29,80
Malta (Sorges)	29,80
Portugal (Möbius/Ster)	26,80
Nepal (Schwager/Treichler)	22,80
Südschweden (Kreuzenbeck)	29,80
Südspanien (Möbius/Ster)	26,80
Südostasien (Möbius/Treichler)	34,80
Thailand (Möbius/Ster)	29,80
Westnorwegen/Fjordland (Geh)	29,80

STROMER'S PRAKTISCHE REISEFÜHRER

Andalusien (Möbius)	16,80
Kapverdische Inseln (Matthews)	29,80
Skiatos, Skiros, Skopelos (Wessel)	22,80
USA mit dem Auto (Fischer/Wessel)	29,80

INSELN / LANDSCHAFTEN

Cornwall (Schmidt)	16,80
Fuerteventura (Stromer)	19,80
Gomera, Hierro (Stromer)	19,80
Gran Canaria (Stromer)	14,80
Griechische Inseln–Dodekanes (Sperlich)	16,80
Ibiza, Formentera (Naegele)	16,80
Karibische Inseln 1 (Stromer)	16,80
Kreta (Sperlich/Reiser)	19,80
Korsika (Naegele)	16,80
La Palma (Stromer)	19,80
Lofoten (Möbius)	32,80
Mallorca (Stahel)	16,80
Menorca (Stahel/Last)	12,80
Mykonos (Sperlich/Reiser)	16,80
Nordmarokko (Machalett)	16,80
Peloponnes (Sperlich)	14,80
Sizilien (Sorges)	22,80
Teneriffa (Stromer)	19,80
Toscana (Naegele)	16,80
Tunesien (Machalett)	16,80
Türkische Ägäis (Tüzün)	19,80
Türkische Mittelmeerküste (Tüzün)	16,80
Wales (Schmidt)	16,80

CAMPING-/AUTOFÜHRER

Autoreiseführer Finnland	24,80
Autoreiseführer Schweden	29,80
Autoreiseführer Skandinavien	36,80
Campingführer Skandinavien	29,80

NORDIS BEI REGENBOGEN

Auto/Norwegen	26,80
Auto/Dänemark	22,80
Gebirgswandern/Schweden	26,80
Kanuwandern/Nordfinnland	22,80
Kanuwandern/Nordschweden	22,–
Kanuwandern/Südschweden	22,–
Kanuwandern/Südfinnland	22,80
Reisehandbuch/Nordschweden	29,80
Reisehandbuch/Jütland	26,80
Wintersport/Norwegen	22,–
Wintersport/Schweden	22,–
Wanderführer/Grönland	26,80